Etwas zum Angeben gefällig?
Sämtliche Karten in diesem Wanderführer sind GIS-basiert und im UTM-Koordinatensystem mit dem geodätischen Datum WGS 84 erstellt und damit wirklich auf der Höhe der Zeit.

Wo bin ich gerade?
Die Wegpunkte 1, 2, 3 & Co. wurden vom Autor Florian Fritz für jede Tour vor Ort mit dem GPS-Gerät an wichtigen Stellen im Gelände aufgezeichnet. Aufgrund einer technisch bedingten Ungenauigkeit kommt es zu Abweichungen. In Tunneln ist kein Empfang möglich. Als Lesezeichen finden Sie die entsprechenden Ziffern sowohl im Text wie in der Karte und im Diagramm.

Mehr als nur Skizzen
Die 35 topografischen Ausschnittswanderkarten wurden eigens für diesen Gardasee-Wanderführer erstellt – nach den Regeln der Kartenkunst, aber mit unkonventioneller Mehrwertinformation vom Café bis zur Bushaltestelle. Im Buch finden Sie die Karten in den Maßstäben 1:25.000 sowie 1:50.000.

Wie & wo, hin & zurück, Wind & Wetter, Hunger & Durst
Im Tourinfo-Kasten stellt sich die Tour vor. Sie erfahren außerdem alles, was Sie zur Wanderlogistik und zum Überleben brauchen, und das im Detail.

Kleingedrucktes
Die in diesem Gardasee-Wanderführer enthaltenen Angaben wurden vom Autor Florian Fritz nach bestem Wissen erstellt und von ihm und dem Michael Müller Verlag mit größter Sorgfalt überprüft und veröffentlicht. Dennoch können weder Autor noch Verlag bezüglich der Beschreibungen und Karten sowie der Gegebenheiten vor Ort Verantwortung übernehmen. Natur und Klima sind und bleiben letztlich unberechenbar. Der Zustand der Wege ist immer auch von der Zeit, der Witterung, von Eingriffen durch Menschenhand und anderen Unvorhersehbarkeiten abhängig. Wir bitten um Verständnis und sind jederzeit für Verbesserungsvorschläge dankbar.

Zu Ihrer Sicherheit
Überschätzen Sie sich nicht – machen Sie einfach Urlaub, auch die mit ✳ oder ✳✳ gekennzeichneten Touren sind rund um den Gardasee wunderschön. Wandern Sie möglichst nicht allein, setzen Sie jemanden aus Ihrem Quartier über die geplante Tour in Kenntnis, und nehmen Sie ausreichend Trinkwasser sowie Ihr Handy mit (nicht in allen Gebirgsgegenden ist ein guter Empfang gewährleistet!). Wegabschnitte können vor allem in engen Schluchten nach Regenfällen noch lange matschig und rutschig sein.

In jedem Notfall wählt man ☏ **112** (EU-weite Notrufnummer) oder ☏ **118** (Pronto Soccorso/Bergrettung)

Kartenlegende

Symbole

Turm			Gatter/Zaun
Sende-/Strommast			Mauer
Campingplatz			Information
Schwimmbad			Kloster
bewirtsch. Hütte/Gastronomie			Kirche
Gebäude			Burg/Schloss/Befestigungsanlage
Schutzhütte			Burg-/Schlossruine/ehem. Befestigung
Hausruine			Besonderheit
Schild			Sehenswürdigkeit
Berggipfel			Archäologische Stätte
Kreuz/Bildstock/Marienschrein			Museum
Aussichtspunkt			Friedhof
Mine/Steinbruch			Stadion
Höhle/Tor			Hafen
Felsen			Bushaltestelle
bes. Baum			Parkplatz
Rastplatz			Bahnhof
Naturattraktion			Brücke/Unterführung
Steinmännchen			Tunnel
Brunnen/Pozzo			Autobahnausfahrt
Wasserfall			Schnellstraßenausfahrt
Quelle			
Viehtränke/Wasserbecken			

Höhenschichten

- bis 300 m
- 300 bis 600 m
- 600 bis 900 m
- 900 bis 1200 m
- 1200 bis 1500 m
- 1500 bis 1800 m
- 1800 bis 2100 m
- 2100 bis 2400 m
- über 2400 m
- *100 m* Höhenlinie
- Höhenpunkt

Straßen und Wege

- Autobahn
- Fernstraße
- Hauptstraße
- Nebenstraße
- Piste
- Fußweg
- Tunnel
- Eisenbahn
- Seilbahn

Grenzen

- Nationalpark/Schutzgebiet

Wanderung

- Wandersepp (Wanderrichtung)
- **5** Wegpunkt mit Nr.
- Tourverlauf
- Variante

Gewässer

- Wasserfläche
- Fluss
- Kanal

Orte

- bebautes Gebiet
- Ort

Sämtliche Karten in diesem Buch sind nach Norden ausgerichtet.
Die Beschriftungen der Höhenlinien zeigen talwärts.
Beim Maßstab 1:25.000 entspricht 1 cm in der Karte 250 m in der Natur,
beim Maßstab 1:50.000 entspricht 1 cm in der Karte 500 m in der Natur.

2. Auflage 2015

GARDASEE

FLORIAN FRITZ

Wandern am Gardasee

Wanderregionen am Gardasee ▶ 8 ■ Wetter und Wandersaison ▶ 13 ■ Stein- und Felskunde für Wanderer ▶ 17 ■ Pflanzenwelt ▶ 18 ■ Tierwelt ▶ 22 ■ Ausrüstung und Verpflegung ▶ 23 ■ Notfall und Notfallnummern ▶ 24 ■ Tourplanung und -durchführung ▶ 24 ■

Südliches Sarcatal

| Tour 1 | ** | Durch das Biotop der Marocche di Dro: artenreiche Mondlandschaft im Sarcatal Länge: 5,5 km ■ Gehzeit: 2:20 Std. ■ ☺ | ▶ 38 |

| Tour 2 | **** | Durch Felswände über dem Sarcatal: Sentiero degli Scaloni und Sentiero dell'Anglone Länge: 6,6 km ■ Gehzeit: 3:15 Std. | ▶ 43 |

| Tour 3 | *** | Auf den Monte Stivo Länge: 9,8 km ■ Gehzeit: 4:00 Std. | ▶ 49 |

| Tour 4 | ** | Steinbrüche und Ritzzeichnungen bei Arco: von San Martino nach Pianaura Länge: 5,2 km ■ Gehzeit: 1:55 Std. ■ ☺ | ▶ 54 |

Tour 5 — Von Arco auf den Monte Colodri und den Monte Colt
*** Länge: 7,1 km ■ Gehzeit: 3:15 Std.
** Länge: 2,4 km ■ Gehzeit: 1:00 Std. ■ ☺ ▶ 59

| Tour 6 | * | Auf Rilkes Spuren in und um Arco I: zur Eremo di San Paolo Länge: 5,6 km ■ Gehzeit: 1:35 Std. ■ ☺ | ▶ 64 |

| Tour 7 | ** | Auf Rilkes Spuren in und um Arco II: zur Mühle von Vigne Länge: 6,9 km ■ Gehzeit: 2:45 Std. | ▶ 68 |

Monte-Baldo-Massiv

| Tour 8 | ** | Von Torbole nach Tempesta: auf dem Sentiero Panoramico Busatte – Tempesta Länge: 6,1 km ■ Gehzeit: 2:10 Std. ■ ☺ | ▶ 74 |

| Tour 9 | *** | Von der Bergstation der Monte-Baldo-Seilbahn auf den Monte Altissimo di Nago Länge: 15,7 km ■ Gehzeit: 5:50 Std. | ▶ 79 |

| Tour 10 | ** | Abstieg von der Bergstation der Monte-Baldo-Seilbahn nach Malcesine Länge: 7,8 km ■ Gehzeit: 2:55 Std. | ▶ 86 |

| Tour 11 | *** | Durch die Felsabbrüche am Sentiero del Ventrar Länge: 4,9 km ■ Gehzeit: 1:45 Std. | ▶ 91 |

| Tour 12 | ** | Ölbaumterrassen über dem Lago: von Cassone nach Castelletto di Brenzone Länge: 7,8 km ■ Gehzeit: 2:55 Std. | ▶ 96 |

| Tour 13 | *** | Von der Punta Piaghen über den Monte Luppia zur Punta San Vigilio Länge: 13,7 km ■ Gehzeit: 4:15 Std. | ▶ 103 |

| Tour 14 | ** | Rund um San Zeno di Montagna Länge: 4,7 km ■ Gehzeit: 1:55 Std. | ▶ 110 |

| Tour 15 ∗∗∗ | Rundwanderung von Prada Alta über das Rifugio Fiori del Baldo und die Costabella Länge: 11,6 km ■ Gehzeit: 4:35 Std. | ▶ 115 |

| Tour 16 ∗∗ | Rundwanderung von Corrubio über die Almen des Monte Baldo Länge: 9,3 km ■ Gehzeit: 3:30 Std. | ▶ 121 |

| Tour 17 ∗∗ | Rundwanderung von Lumini über den Monte Belpo Länge: 5,6 km ■ Gehzeit: 2:00 Std. | ▶ 128 |

Südlicher Gardasee

| Tour 18 ∗∗ | Auf die Rocca von Garda Länge: 5,1 km ■ Gehzeit: 1:35 Std. ■ 😊 | ▶ 132 |

| Tour 19 ∗ | Am Seeufer von Garda nach Lazise Länge: 9,1 km ■ Gehzeit: 2:40 Std. ■ 😊 | ▶ 136 |

| Tour 20 ∗∗ | Auf die Rocca di Manerba Länge: 4,3 km ■ Gehzeit: 2:00 Std. ■ 😊 | ▶ 141 |

| Tour 21 ∗∗ | Dreikirchenrundgang – auf Glaubenspfaden durch einsame Idylle über der Bucht von Salò Länge: 8,9 km ■ Gehzeit: 3:20 Std. | ▶ 146 |

Westlicher Gardasee

| Tour 22 ∗ | Ins Valle delle Cartiere –auf den Spuren mittelalterlicher Papierproduktion Länge: 4,0 km ■ Gehzeit: 1:30 Std. ■ 😊 | ▶ 154 |

| Tour 23 ∗∗∗ | Auf den Monte Castello di Gaino Länge: 8,8 km ■ Gehzeit: 4:10 Std. | ▶ 160 |

| Tour 24 ∗∗∗ | Stille Einkehr und grandiose Panoramen: von Sasso über die Eremo San Valentino auf die Cima Comer Länge: 7,8 km ■ Gehzeit: 4:10 Std. | ▶ 166 |

| Tour 25 ∗∗∗ | Von der Cima Rest auf den Monte Caplone Länge: 15,4 km ■ Gehzeit: 5:30 Std. | ▶ 171 |

| Tour 26 ∗∗ | Von Prabione zur Wallfahrtskirche Santuario di Montecastello Länge: 4,8 km ■ Gehzeit: 2:05 Std. ■ 😊 | ▶ 178 |

| Tour 27 ∗∗∗ | Von Campione auf der Hochebene von Tremosine nach Pieve di Tremosine Länge: 6,9 km ■ Gehzeit: 3:20 Std. | ▶ 182 |

| Tour 28 ∗ | Im stillen Hinterland: von Polzone zur Eremo San Michele Länge: 7,6 km ■ Gehzeit: 2:10 Std. ■ 😊 | ▶ 188 |

Nordwestlicher Gardasee

| Tour 29 ∗∗ | Auf dem Sentiero del Sole bei Limone Länge: 6,9 km ■ Gehzeit: 2:40 Std. ■ 😊 | ▶ 192 |

| Tour 30 ∗∗∗∗ | Höhentour über Limone: von Pregasina über die Punta dei Larici und die Cima Bal Länge: 11,3 km ■ Gehzeit: 5:20 Std. | ▶ 197 |

| Tour 31 ∗∗ | Badespaß und Buchenwälder: rund um den Lago di Ledro Länge: 9,5 km ■ Gehzeit: 3:40 Std. | ▶ 203 |

Tour 32 **	Die Via del Ponale: von Pré nach Riva auf historischen Wegen		
	Länge: 8,2 km ■ Gehzeit: 2:50 Std. ■ 😊	►	208
Tour 33 ***	Zur Kapelle Santa Barbara hoch über Riva		
	Länge: 4,6 km ■ Gehzeit: 2:30 Std. ■ 😊	►	214
Tour 34 **	Auf den Monte Brione		
	Länge: 6,1 km ■ Gehzeit: 2:05 Std.	►	217
Tour 35 *	Rund um den Lago di Tenno und nach Canale		
	Länge: 4,6 km ■ Gehzeit: 1:25 Std. ■ 😊	►	222

Register ► 226

😊 „besonders attraktiv für Kinder", findet der Autor Florian Fritz

Vielen Dank!

Der Autor dankt Bille, Annalena, Lara und Tom „Freisl" Freisleder fürs Mitwandern!

Impressum

■ Text und Recherche: Florian Fritz ■ Reihenkonzept: Michael Müller, Angela Nitsche, Hana Gundel, Dirk Thomsen ■ Lektorat und Redaktion: Angela Nitsche ■ Layout: Claudia Hutter ■ Karten und Weg-Zeit-Höhen-Diagramme: Inger Holndonner ■ GIS-Consulting: Rolf Kastner ■ Klimadatenauswertung: Steffen Fietze ■ Fotos: Florian Fritz, Autorenfoto: Tom Freisleder ■ Covergestaltung: Karl Serwotka ■ Covermotiv: Blick vom Gipfel des Monte Castello di Gaino nach Süden (Tour 23) ■ Innentitel: Cassone (Tour 12) ■ Gegenüberliegende Seite: Südliches Flair und schneebedeckte Bergspitzen bei Campione del Garda (Tour 27) ■

ISBN 978-3-89953-966-0
© Copyright Michael Müller Verlag GmbH, Erlangen 2012-2015. Alle Rechte vorbehalten. Alle Angaben ohne Gewähr. Printed in Germany by Stürtz GmbH, Würzburg.

Wenn Sie Ergänzungen, Verbesserungsvorschläge und Tipps zu diesem Buch haben, lassen Sie es uns bitte wissen! Schreiben Sie an: Michael Müller Verlag, Gerberei 19, 91054 Erlangen, info@michael-mueller-verlag.de.

Aktuelle Infos zu unseren Titeln, Hintergrundgeschichten zu unseren Reisezielen sowie brandneue Tipps erhalten Sie in unserem regelmäßig erscheinenden Newsletter, den Sie unter www.michael-mueller-verlag.de kostenlos abonnieren können.

2. Auflage 2015

Wandern am Gardasee

▶ Der Gardasee, größter See Italiens, ist nicht nur durch den viel zitierten Goethe zum Spiegelbild der Sehnsüchte all jener geworden, die nördlich des Alpenhauptkamms über zu kurze, kühle Sommer und zu lange Winter klagen. Er steht für so gut wie alles, was zwischen Garmisch-Partenkirchen und Flensburg mit Italien in Verbindung gebracht wird: endlose Sonnenstunden, Badespaß, rasantes Surfen und Segeln über zackigen Schaumkronen, delikates Olivenöl, fruchtigen Wein, hohe Zypressen über blauem Wasser. Nicht zuletzt hat er sich in den vergangenen Jahren insbesondere im Nordteil zu einem Mekka der Mountainbiker entwickelt. Auch Kletterfreunde kommen an zahllosen Steilwänden auf ihre Kosten – in Arco fanden sogar schon mehrfach die Kletterweltmeisterschaften statt (zuletzt 2011).

Die Folge der vielfältigen Freizeitmöglichkeiten sind die hohen Besucherzahlen. Weit über zwei Millionen Gäste reisen jährlich an die Gestade des Lago, ein großer Teil davon im Juli und August, wenn die italienischen Sommerferien mit denen vieler deutscher Bundesländer zusammenfallen. Dann heißt es auch: endlose Staus auf den Straßen um den See, überhöhte Preise in Hotels und Pensionen, schlecht gelauntes Personal in Restaurants und auf Campingplätzen.

Und hier kommen diejenigen ins Spiel, für die dieses Buch geschrieben ist: die Wanderer nämlich haben, sofern sie nicht an die Sommerferien gebunden sind, einen großen Vorteil. Der Gardasee eignet sich eigentlich das ganze Jahr über zum Wandern, am schönsten ist es nicht im Hochsommer, sondern im Mai, Juni und Oktober. Während im Frühjahr die Farben und Formen unzähliger Blüten und Blumen beglücken, sind es im Herbst das stabile Wetter, die Färbung der Laubbäume und das entspannte Durchatmen der Nachsaison, das förmlich um den ganzen See herum zu spüren ist.

Die Vielfalt der Landschaft macht die Region zum einzigartigen Wanderrevier. Zwischen 100 m und 2200 m über dem Meeresspiegel finden sich auf engem Raum zahllose Landschaftsformen und eine reichhaltige, oftmals endemische Flora und Fauna. Sonnige Olivenhaine, dichte Buchenwälder, saftige Almwiesen, enge Felsschluchten und zackige Grate lassen das Wandererherz höher schlagen. Und wo sonst lässt sich schon eine Wanderung auf windumtostem Grat zwischen Schneeresten beginnen und wenige Stunden später in wärmender Sonne am Seeufer im Angesicht sanft plätschernder Wellen bei einem entspannten Glas Wein oder einem Cappuccino beenden? ■

Kleine Namenskunde

Der Gardasee hieß bis ins 11. Jh. lacus benacus. Der römische Name stammt angeblich von der Siedlung Benacum, die einmal an der Stelle des heutigen Toscolano existiert haben soll. Es gibt aber auch die Sage vom Wassergott Benacus, der den lacus benacus für die Bergnymphe Engadina schuf – woraufhin sie ihm das Kind Garda gebar. Der Begriff taucht auch heute an vielen Stellen auf: z. B. im „Giro del Benaco" oder in „Torri del Benaco".

Wanderregionen am Gardasee

Die Wanderregionen am Gardasee lassen sich gut anhand geographischer Gegebenheiten einteilen. Von Trento kommend, führt das fruchtbare, von Gletschern geschaffene Sarcatal zwischen den mächtigen Gipfeln Monte Casale, Brento, Monte Bondone und Monte Stivo nach Süden. Es endet schließlich, vom in seiner Mitte einsam aufragenden Monte Brione zweigeteilt, bei Riva und Torbole an den Wassern des Sees.

Hier beginnt der gewaltige Bergrücken des Monte-Baldo-Massivs. Er erstreckt sich mit steil zum Ufer abfallenden Felsflanken an der gesamten östlichen Seeseite entlang und endet erst auf der Höhe von

Die kleine Kirche Sant'Apollinare nördlich von Arco (Tour 6)

Wanderregionen

Auf alten Pflasterspuren durch Olivenhaine (Tour 12)

Garda, wo er in sanfte, weinbewachsene Hügel übergeht. Diese fruchtbare, vom früheren Gletscherabraum gebildete Endmoränenlandschaft zieht sich dann um den gesamten, weitläufigen **Südteil des Gardasees**. Im Südwesten, auf der Höhe von Salò, geht das flache Gelände allmählich wieder in gebirgigere Landschaft über. Der **westliche Gardasee** wird von zahllosen markanten Gipfeln geprägt. Der **nordwestliche Gardasee** schließlich besticht durch steile Felswände, die direkt aus dem tiefblauen Wasser des hier schmalen und windreichen Sees in den Himmel emporzusteigen scheinen.

▶ **Südliches Sarcatal (S. 38–73):** Inmitten weitläufiger Pflaumen-, Apfel- und Kiwiplantagen windet sich der Fluss Sarca, der im Sommer oft eher einem Rinnsal gleicht, nach Regenfällen aber zum breiten Strom anschwellen kann, am beschaulichen Drò und dem quirligen, geschichtsträchtigen Arco vorbei nach Süden. Das Tal wird im Osten von den mächtigen Monte Bondone und Monte Stivo (→ Tour 3) und im Westen von Monte Casale und Brento begrenzt. Weite, im Frühjahr und Sommer blumenübersäte Almwiesen begleiten den Wanderer am Monte Stivo und lassen nicht vermuten, dass auf der Ostseite mächtige Felsen zum Etschtal hin abbrechen. Die senkrecht aus dem Sarcatal emporsteigenden Felswände südlich des Monte Brento verbergen eine atemberaubende Wanderung mit Kraxelementen über Eisentreppen und Drahtseilversicherungen (→ Tour 2). Westlich von Arco ragen die berühmten Kletter-

Gardasee in Zahlen

Der Gardasee ist 51,6 km lang. Er misst im Norden zwischen Riva und Torbole nur 4 km in der Breite, im Süden dagegen bis zu 17,2 km. Bei einer Fläche von 370 km² hat er einen Umfang von 160 km. Seine tiefste Stelle liegt mit 346 m vor Magugnano di Brenzone.

Der Gardasee grenzt an drei italienische Regionen: Im Norden bis Tempesta (Ostufer) und kurz vor Limone (Westufer) ist es das Trentino, am Westufer von Limone abwärts die Lombardei und am Ostufer von Tempesta abwärts Venetien. Die Grenze zwischen Venetien und der Lombardei verläuft dabei ziemlich genau in der Mitte des Sees.

felsen des Monte Colodri und Monte Colt empor. An ihrer Westseite zeigen sie sich sanft und bewaldet, so dass man ihre Gipfel auch ohne Kletterausrüstung bezwingen kann (→ Tour 5) – der Grat, der sie verbindet, hat allerdings durchaus einige spektakuläre Abschnitte mit Schwindel erregendem Blick ins Sarcatal!

Daneben bietet das Sarcatal ungewöhnliche Talwanderungen, so z. B. durch die felsübersäte Mondlandschaft der Marocche von Dro (→ Tour 1) oder durch Oliven- und Laubmischwälder vorbei an einigen alten Kalksteinbrüchen zu prähistorischen Ritzzeichnungen (→ Tour 4). In Arco weilte zudem im 19. Jh. für einige Wochen der Dichter Rainer Maria Rilke. Er durchwanderte den Ort und seine Umgebung und schrieb seine Eindrücke in Briefen und Gedichten nieder. Auf zwei beschaulichen Wanderungen (→ Touren 6 und 7) folgen wir seinen Spuren und stellen fest, dass trotz vieler Veränderungen manche seiner Eindrücke nichts von ihrem Zauber verloren haben.

▶ **Monte-Baldo-Massiv (S. 74–131):** Der majestätische Gebirgsstock des Monte-Baldo-Massivs zieht sich entlang der gesamten Ostseite des Gardasees. Zunächst steigt er steil zum Gipfel des Monte Altissimo (→ Tour 9) empor und senkt sich dann zur Bocca di Navene und den Cime di Ventrar (→ Tour 11). Dann steigt er wieder an und führt über die Gipfel Cima delle Pozze und Cima Valdritta (mit 2218 m der höchste Punkt des Massivs) bis zur Punta Telegrafo. Diese Region ist durch steile Felsflanken, zackige Grate und endlose Geröllfelder geprägt und vermittelt dem Wanderer hochalpine Erlebnisse mit spektakulären Panoramen. Nach der Punta Telegrafo senkt sich das Massiv hin zum breiten Bergrücken der Costabella und den darunter liegenden weitläufigen Almflächen. Hier faszinieren Wanderungen (→ Touren 10 sowie 15 bis 17) über Blumenwiesen und durch Kastanienhaine, im Sommer begleitet vom Gebimmel unzähliger Kuhglocken.

Wer es mediteraner mag, kann das Massiv des Monte

Trockensteinmauern am Gardasee – Kampf um fruchtbaren Boden

An den Hängen des Gardasees sind terrassierte Anbauflächen bis etwa 500 m Höhe häufig zu finden. In Jahrhunderten wurden diese landwirtschaftlichen Nutzflächen den steilen Hängen abgetrotzt, indem man in aufwändiger Handarbeit Trockensteinmauern errichtete.

Dem Wanderer begegnen diese Zeugnisse bäuerlicher Architektur auf Schritt und Tritt – welche Mühe ihre Herstellung erfordert, wird er sich kaum vorstellen können.

Zur Errichtung einer solchen Mauer wird in 50 cm Tiefe im Erdreich zunächst eine robuste Steinschicht verlegt, die das Fundament bildet. Danach werden die Mauerschichten von außen nach innen schichtweise auf das Fundament gesetzt. Kleinere Steine dienen als Füllmaterial für die Zwischenräume und werden mit dem Hammer festgeklopft. Um Stabilität zu gewährleisten, muss immer wieder ein großer Stein auf zwei kleinere darunter liegende gesetzt werden.

Die Pflege und Reparatur von Trockensteinmauern ist mit einigem Aufwand verbunden. Dennoch sind in den Olivenhainen noch viele von ihnen in relativ gutem Zustand zu finden.

Baldo auch 1000 Höhenmeter niedriger erwandern. Hier ist das Klima milder und die Panoramen sind ähnlich beeindruckend wie oben. Bei Torbole beginnt die Palette mit Höhenwanderungen oberhalb des Seeufers durch Buchenwälder und Olivenhaine, immerzu das glitzernde Wasser des Lago vor Augen. Die Wege ziehen sich in stetem Auf und Ab vorbei an Malcesine, Brenzone und Torri del Benaco bis nach Garda (→ Touren 8, 12 und 13).

▶ **Südlicher Gardasee (S. 132–153):** Der südliche Teil des Gardasees beginnt bei Garda und seiner steil aufragenden Rocca (→ Tour 18). Das Seeufer schwingt sich in weitem Bogen über die quirligen und mediterran anmutenden Ortschaften Bardolino, Lazise (→ Tour 19), Peschiera, Sirmione und Desenzano mit ihren malerischen Häfen bis nach Manerba mit seinem charakteristischen Felsen (→ Tour 20). Das flache Hinterland ist mit Weinreben bepflanzt (erhöhte Bekanntheit erlangte in den letzten Jahren der fruchtige Roséwein Chiaretto) und ansonsten ziemlich zersiedelt.

Nördlich von Manerba ändert sich die Landschaft und auf der Höhe von Salò steigen die ersten Ausläufer der waldreichen südlichen Brescianer Voralpen empor. Hier lässt sich auf einer malerischen Wanderung (→ Tour 21) vorbei an mehreren kleinen Kirchen das einsame Hinterland erkunden.

▶ **Westlicher Gardasee (S. 154–191):** Der westliche Teil des Gardasees wird vom wald- und gipfelreichen Parco Alto Garda Bresciano dominiert. Oberhalb des mondänen Kurorts Gardone und des etwas zersiedelten Toscolano-Maderno ragen der zerklüftete Monte Castello di Gaino (→ Tour 23) und der mächtige Monte Pizzocolo, mit 1581 m höchster Gipfel im Südwesten, empor. Nördlich schließt sich oberhalb des pittoresken Orts Gargnano die wilde Cima Comer (→ Tour 24) mit ihren unzugänglichen bewaldeten, fast 1000 m hohen Abbrüchen zum Seeufer hin an. Nordwestlich der Cima Comer findet sich im einsamen, dicht bewaldeten Herzen des Parco Alto Garda Bresciano der mächtige Aussichtsgipfel des Monte Caplone (→ Tour 25), eine lange, spektakuläre Bergtour völlig abseits allen touristischen Trubels. Dichte Buchenwälder und weite Hochflächen, Steilhänge und Grate lassen sich dabei erkunden.

Wer es weniger alpin mag und die Nähe des Sees schätzt, kann im Valle delle Cartiere (→ Tour 22) auf historischen Pfaden der Papierproduktion wandeln. Nördlich von Gargnano verläuft die Küstenstraße durch zahlreiche Tunnel. Auf einer kurvigen Serpentinenstraße gelangt der Wanderer ins Dorf Tignale. Von hier

Historische Papierfabrik im Valle delle Cartiere (Tour 22)

läuft man aussichtsreich zu der einem Adlerhorst gleich auf einem Felsen gelegenen Wallfahrtskirche Santuario di Montecastello (→ Tour 26) am Monte Cas. Nördlich des Monte Cas mit seiner zum See hinabstürzenden Felsflanke kauert der frühere Industrieort Campione auf einer kleinen Landzunge am Seeufer. Nur über einen Tunnel erreichbar, ist er Ausgangsort für eine schöne Rundwanderung (→ Tour 27) zur Hochebene von Tremosine. Am westlichen Rand der Hochebene findet sich schließlich eine beschauliche Wanderung im stillen Tal des Flusses San Michele zu einer alten Einsiedelei (→ Tour 28).

► **Nordwestlicher Gardasee (S. 192–225):** Der nordwestliche Teil des Gardasees beginnt geographisch beim malerischen und quirligen Ort Limone mit seinen zahlreichen verfallenen Zitronengärten. Er liegt am Seeufer unmittelbar unterhalb der gewaltigen Felswand der Cima Mughera. Eine aussichtsreiche Wanderung führt vom alten Hafen im Ort zwischen Zypressen etwas oberhalb des glitzernden Wassers entlang in Richtung Norden (→ Tour 29). Nördlich von Limone verläuft die Straße bis nach Riva zum guten Teil durch Tunnel. Von Riva aus gelangt man mit Auto oder Bus ins Tal des Flusses Ponale, das sich von Pré di Ledro zum Seeufer hin erwandern lässt (→ Tour 32). Dabei läuft man auf einem Teil der spektakulär in den Fels gehauenen alten Ponalestraße – ein einmaliges Erlebnis! Eine prächtige Panoramatour auf einem Grat hoch über dem Wasser verläuft von Pregasina über die Punta dei Larici und die Cima Bal (→ Tour 30). Hier bewegen wir uns auf dem Bergmassiv, das den Gardasee vom Ledrotal trennt. Im Ledrotal und dem weiter nördlich gelegenen Tennotal liegen die „kleinen Geschwister" des Gardasees, der Lago di Ledro (→ Tour 31) und der Lago di Tenno (→ Tour 35). An ihren Ufern lassen sich gemächliche Wanderungen mit Badegarantie absolvieren.

Hoch über Riva thront als schneeweißer Fleck im scheinbar endlosen Fels der Berge die Kapelle Santa Barbara, die sich in einem schweißtreibenden Aufstieg erreichen lässt (→ Tour 33). Zu guter Letzt ist dem isoliert zwischen Riva und Torbole westlich der Mündung des Flusses Sarca liegenden Monte Brione eine Wanderung gewidmet (→ Tour 34). Sie verbindet spektakuläre Ausblicke auf See und Berge mit einem Wegverlauf zunächst entlang steiler Felsabbrüche und später durch Buchenwald und mediterrane Olivenhaine. So stellt diese Tour gewissermaßen die Essenz der Vielfalt dar, die das Wanderrevier Gardasee zu bieten hat. ■

Naturparks am Gardasee

Um den Gardasee gibt es zahlreiche kleine Naturparks und Biotope, die sich vor allem durch eine große botanische Vielfalt auszeichnen. In diesem Führer erwandern Sie das Biotop der Marocche von Dro (Tour 1), das Biotop des Monte Brione (Tour 34), das Riserva Naturale Integrale Lastoni Selva Pezzi (Tour 12) sowie den Parco Alto Garda Bresciano (Tour 21–30). Er stellt mit 38.000 ha das bei weitem größte Schutzgebiet und den einzigen Regionalpark am Gardasee dar und verfügt über ein eigenes Besucherzentrum (→ Tour 26 „Besucherzentrum und Museum").

Wetter und Wandersaison

▶ **Klima und Jahreszeiten:** Das Klima am Gardasee ist für all jene, die nördlich der Alpen leben, Ausdruck der immerwährenden Sehnsucht nach besserem Wetter. Die Temperaturen sind ganzjährig mild, da die Berge die kalten Nordwinde abhalten. Die Wassermassen des Sees (366 km² bei max. 364 m Tiefe) wirken zusätzlich temperaturausgleichend – die Wassertemperatur fällt nie unter 8 °C.

Der Frühling setzt früh ein. Schon im März blühen am Seeufer die Wiesen. Der Sommer ist heiß, aber durch die häufigen Winde selten drückend. Im Herbst herrscht noch bis in den Oktober warmes, stabiles Wetter. Selbst im Januar kann es sonnige, milde Tage geben – die mittleren Januartemperaturen liegen etwa 2 bis 3 °C über denen in der Po-Ebene. Allerdings können dann nachts Minusgrade auftreten und die Gipfel und Grate der hohen Berge, allen voran der Monte Baldo, sind unter einer Schneedecke verborgen.

Dabei gibt es am See selbst beträchtliche Klimaunterschiede. Besonders mild und mediterran ist es an der Südwestecke. So herrscht in

---

Peler, Ora und Balinot – von wo am Gardasee der Wind weht

Über die Winde am Gardasee ließen sich dicke Abhandlungen schreiben – nicht umsonst befinden sich hier einige der bekanntesten Surfspots Europas. Aber auch die Wanderer können die häufig wechselnden Winde durchaus zu spüren bekommen – sei es als willkommene Abkühlung an einem heißen Tag oder als Zeichen, Schutz vor nahendem Unwetter zu suchen.

Peler – auch Nordwind genannt: Es handelt sich um einen Schönwetterwind, der kontinuierlich von Juni bis September im Schnitt jede dritte Nacht zwischen Mitternacht und 3 Uhr morgens einsetzt. Er beginnt auf dem nördlichen und mittleren Gardasee und breitet sich mit dem Sonnenaufgang auf der gesamten Fläche des Sees aus. Er dauert bis zu 12 Stunden.

Ora – Südwind: Dieser bläst aus dem Süden und setzt sich aus sehr vielen kleinen, einzelnen Winden zusammen, die sich auf der Höhe von Gargnano und Brenzone vereinigen. Die Ora beginnt nach abflauendem Peler gegen Mittag und hält bei stabiler Wetterlage bis Sonnenuntergang an. Der Wind bläst das ganze Jahr über, am stärksten allerdings im Sommer, denn er benötigt eine starke Sonneneinstrahlung auf dem Wasser und der umliegenden Bergkette im Norden des Gardasees.

Balinot: Er weht aus dem Tal von Ballino nördlich des Lago di Tenno über das nordwestliche Tal von Riva. Der Balinot setzt meistens nach einem Schneefall in den Bergen oder im Sommer nach starker Abkühlung ein und weht im Gebiet des Peler. Er ist allerdings erheblich stärker als dieser und kann zwei bis drei Tage dauern.

Ponal: Dieser sommerliche Westwind kommt aus dem Ledrotal durch die schmale Ponaleschlucht gefegt und beginnt nicht vor dem Nachmittag. Wenn er sich mit dem Peler vereinigt, deutet dies auf einen Wetterumschwung hin.

Weitere Winde am Gardasee sind der Vènt da Mut bei Gargnano, der Vènt de la Val bei Campione oder als Fallwind nach einem Gewitter bei Limone, der Vinesa am Südufer in Verbindung mit einer Bora (Nordostwind an der Adria), der Fasanella im Golf von Salò und der seltene Wärmegewitterwind Vènt de Tèp in der südlichen Seehälfte.

14   Wandern am Gardasee

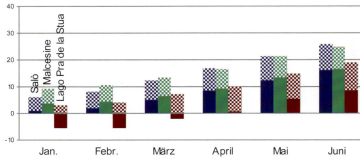

Tagestemperaturen in Grad Celsius

⊠ Mittlere Höchsttemperatur   ■ Mittlere Tiefsttemperatur

Gardone Riviera das mildeste Klima nördlich des Apennins.

Das Gebiet am Gardasee ist vor allem durch große Höhenunterschiede auf engem Raum charakterisiert: Salò im Südwesten liegt auf gerade mal 75 m, der höchste Gipfel am Monte Baldo, die Cima Valdritta, kommt dagegen auf 2218 m. Dies schlägt sich auch in den mittleren Tageshöchsttemperaturen nieder: Betragen sie z. B. im Juli in Salò 28,5 °C, liegen sie am Stausee Lago Pra de la Stua bei Brentonico am Osthang des Monte Baldo in 1045 m Höhe nur noch bei 21,7 °C (→ Diagramm Tagestemperaturen).

Die Niederschlagsmengen am Gardasee sind in etwa so hoch wie auf der Alpennordseite. Allerdings tritt hier insbesondere im Frühjahr und Herbst eine sog. Südstaulage auf. In diesem Fall presst von Süden wehender Wind die Luftmassen gegen die Alpensüdseite. Es bilden sich kräftige Wolken, die zu heftigem Regen und Unwetter führen können. Solch eine Wetterlage kann über mehrere Tage anhalten und

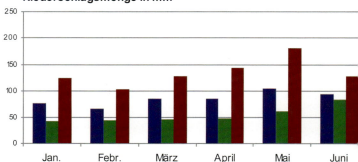

Niederschlagsmenge in mm

Wetter und Wandersaison 15

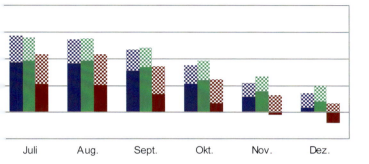

Daten: Servicio Meteorologico Italia

führt auf der Alpennordseite zum berühmten Föhn, der dann – ausnahmsweise – die Wetterverhältnisse einmal umkehrt.

Der Südstau bedingt hohe Niederschlagsmengen, die allerdings häufiger in Form von Platzregen niedergehen, dafür aber an viel weniger Tagen als nördlich der Alpen. Die niederschlagsreichsten Monate sind in Malcesine Juni, August (wegen der Gewitterneigung im Hochsommer) und November. Am Lago Pra de la Stua sind es Mai und Oktober (→ Diagramm Niederschlagsmenge).

Die jährliche Sonnenscheindauer liegt am Gardasee deutlich höher als auf der Alpennordseite. In Malcesine scheint die Sonne im Schnitt 2044 Stunden im Jahr, in Oberstdorf nur 1596 Stunden.

▶ **Wandersaison:** Es mag auf den ersten Blick überraschend wirken, aber Wandersaison am Gardasee ist eigentlich (fast) das ganze Jahr über. Bedingt durch die großen Höhenunterschiede genießt der Wanderer das seltene Vergnügen, verschiedene Jahreszeiten im Laufe nur

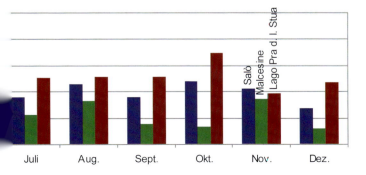

Daten: Servicio Meteorologico Italia

einer Tour (z. B. Tour 10) durchwandern zu können. Während am Monte Baldo gerade mal die ersten zarten Schneeglöckchen unter dem Schnee hervorspitzen, kann man bei Malcesine am Ende der Tour schon (fast) ins Wasser springen! Und während sich am Monte Baldo unter Umständen noch die Skifahrer auf den – zugegebenermaßen überschaubaren – Pisten tummeln, wandern wir bei Brenzone (→ Tour 13) oder der Rocca von Garda (→ Tour 18) schon durch blühende Wiesen.

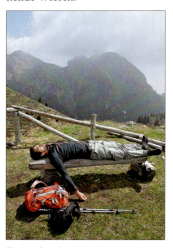

Dolce far niente in der Frühlingssonne (Tour 25)

Um die weltberühmte Blumenvielfalt des Monte Baldo kennenzulernen, ist der Zeitraum von Ende Mai bis Ende Juni am geeignetsten. Hohe Berge wie der Monte Stivo (→ Tour 3), der Monte Caplone (→ Tour 25) und eben der Monte Baldo (→ Touren 9 bis 11, 14 und 15) können allerdings durchaus bis Anfang Juni noch mit Schneeresten bedeckt sein.

Im Juli, August und bis Mitte September ist es am Gardasee nicht nur sehr voll und ziemlich heiß, sondern es steigt auch die Gewitterneigung. Zudem gibt es dann häufig die Besonderheit, dass der Kamm des Monte Baldo schon am frühen Vormittag von

Tageslängen Riva del Garda

Tag	Sonnenaufgang	Sonnenuntergang	Tageslänge
15. Jan.	7.53 Uhr	16.58 Uhr	9:05 Std.
15. Febr.	7.21 Uhr	17.41 Uhr	10:20 Std.
15. März	6.32 Uhr	18.20 Uhr	11:48 Std.
15. April	6.31 Uhr	20.02 Uhr	13:31 Std.
15. Mai	5.45 Uhr	20.41 Uhr	14:56 Std.
15. Juni	5.26 Uhr	21.08 Uhr	15:42 Std.
15. Juli	5.41 Uhr	21.04 Uhr	15:23 Std.
15. Aug.	6.15 Uhr	20.28 Uhr	14:13 Std.
15. Sept.	6.53 Uhr	19.32 Uhr	12:39 Std.
15. Okt.	7.32 Uhr	18.33 Uhr	11:01 Std.
15. Nov.	7.17 Uhr	16.46 Uhr	9:29 Std.
15. Dez.	7.50 Uhr	16.33 Uhr	8:43 Std.

Alle Zeitangaben sind in MEZ bzw. MESZ (Monate April bis Oktober).

einer Wolkendecke verhangen ist, während am übrigen Gardasee die Sonne scheint. Dies erklärt sich durch die isolierte Lage des Bergmassivs, das an beiden Längsseiten von tiefen Tälern begrenzt wird. So steigt an der Ostseite die feuchtwarme Luft des milden Etschtals an den Bergflanken empor und kondensiert in den kühleren oberen Luftschichten. Dieses Phänomen kann bei einem stabilen Hoch mehrere Tage währen und ändert sich erst, wenn über mehr als einen Tag kräftige Winde zu wehen beginnen. Wegen der Gewitterneigung ist es in den Sommermonaten ohnehin ratsam, früh aufzustehen und seine Touren bis zum Nachmittag beendet zu haben.

Ein herrlicher Wandermonat ist meist der Oktober. Stabiles Wetter, klare Luft und eine spektakuläre Färbung der Buchenwälder prädestinieren ihn geradezu für die hoch hinausgehenden Touren. Hinzu kommt die Ernte der Kastanien, die mit zahlreichen Festivitäten verbunden ist. Allerdings sind im Oktober die Tage kurz, was bei langen Touren unbedingt berücksichtigt werden muss.

In den Wintermonaten lassen sich an schönen Tagen alle Talwanderungen und solche in Talnähe in entspannter Nebensaisonatmosphäre durchführen – während die Lieben daheim entweder im Regen oder im Schneematsch mit ihrem Schicksal hadern …!

Stein- und Felskunde für Wanderer

Die Berge um den Gardasee sind Teil der Südalpen und wurden durch Verschiebungen der Erdkruste empor gestemmt. Diese Auffaltung endete etwa vor 40 Millionen Jahren. In weiteren geologischen Prozessen, die bis vor etwa 5 Millionen Jahren andauerten, nahm das Gardaseegebiet seine heutige Form an. Da das Adamello-Massiv im Nordwesten des heutigen Sees als Gegenkraft auf die westlich gelegenen Berge wirkte, wurden diese zu einem breit aufgefächerten, komplexen System. Sein höchster Punkt im Norden ist der Monte Cadria mit 2254 m. Im südlichen Teil, den Brescianer Voralpen, dominiert der Gipfel des **Monte Caplone** mit 1976 m (→ Tour 25). Der **Monte Baldo** blieb von diesen Kräften verschont und stellt sich daher heute als ein eigenständiges Massiv mit schnurgeradem Kammverlauf dar.

In den folgenden Erdzeitphasen führte eine teilweise Bedeckung der Alpen durch Meere zu Sedimentablagerungen. Mit etwas Glück kann man z. B. am **Monte Brione** (→ Tour 34) versteinerte Zeugnisse dieser Epoche, wie beispielsweise Muscheln, finden.

Die harten Schichten der Berge am Gardasee bestehen aus Dolomit (der ältesten Gesteinsschicht), Granit und Gneis. Im Südwesten kommt auch der sog. lombardische Splitter aus der Kreidezeit vor, ein weiches, rötliches Gestein, z. B. im **Valle delle Cartiere** (→ Tour 22). Er enthält zahlreiche kleine Fossilien. Kalk und Kiesel finden sich am gesamten Westufer.

Geschaffen durch Wasser und Wind: Karst am Colodri (Tour 5)

Versteinerung am Monte Brione

Am **Monte Baldo** kommen neben Dolomit, Gneis und Granit auch zahlreiche Marmorarten vor. Der Kalkstein späterer Epochen führt dazu, dass die Hänge des Massivs von unterirdischen Höhlen und Grotten durchzogen sind. In diesen verlaufen auch die meisten Wasserläufe talabwärts zum See. Einige Grotten haben einen Zugang von der Oberfläche her und können im Rahmen einer Führung besichtigt werden, z. B. die Grotte von Tanella bei Pai di Sopra (www.speleogarda-coop.eu). So erklärt es sich, dass am Monte Baldo nur sehr wenige Bäche an der Oberfläche bergab fließen.

Prähistorische Bergstürze haben einige beeindruckende Felswüsten geschaffen, in denen die tonnenschweren Blöcke in wildem Chaos herumliegen, die sogenannten **Marocche** (→ Touren 1 und 8).

Der Gardasee selbst ist durch den Ausschliff eines Gletschers entstanden, der durch das Sarcatal nach Süden drängte. Bei seinem Rückzug vor etwa 10.000 Jahren hinterließ er an beiden Ufern Terrassen und Schuttablagerungen bis auf die Höhe von 700 m. Um den südlichen Uferbogen etwa von **Salò** im Westen bis zur **Punta San Vigilio** im Osten schuf er Moränenablagerungen, die sich heute als sanfte Hügellandschaft zeigen. Sie verhinderten den Abfluss der Wassermassen und sorgten so dafür, dass der See sich bilden konnte. Sein einziger natürlicher Abfluss ist der **Mincio**, der sich beim heutigen Peschiera ein Bett durch die Moränenwälle gegraben hat.

Pflanzenwelt

▶ Die Vegetation wird maßgeblich durch die Höhenlage bestimmt. Das wird am Gardasee durch die großen Höhenunterschiede auf geringem Raum besonders deutlich. Während in Ufernähe teilweise submediterrane Vegetation (Palmen, Zypressen, Oliven, Zitronen) vorherrscht, werden die Bergregionen von alpinem Bewuchs (Latschenkiefern, Erika etc.) geprägt.

Pflanzenwelt 19

Submediterrane Region (bis etwa 1000 m): Das milde Sarcatal nördlich des Gardasees ist für seine Fruchtbarkeit bekannt. Dort werden Kiwifrüchte angebaut und die berühmten „Pflaumen von Dro" geerntet. Auch Weinbau und Apfelplantagen gibt es hier. An den Ufern des Gardasees und in den flachen Seitentälern wachsen Zypressen, Oleander und Zedern, in Ufernähe sieht man auch palmengesäumte Promenaden. Im Süden ab Bardolino und Salò wird ebenfalls Wein angebaut. Bekanntheit hat in jüngerer Zeit insbesondere der Bardolino Chiaretto erlangt, ein fruchtiger Roséwein – perfekt geeignet, um sich nach einer ausgiebigen Wanderung bei einem eiskalten Glas selbst zu belohnen ...

Christrosen

Das westliche und südwestliche Ufer ist für seine **Zitronengewächshäuser** (Limone, Gardone) berühmt, die bis zum Beginn des 20. Jh. einen bedeutenden Wirtschaftsfaktor am Gardasee darstellten. Das milde Klima führte auch dazu, dass botanische Gärten wie der **Giardino Botanico Hruska** angelegt wurden, der bei Gardone Riviera tausende tropischer und suptropischer Pflanzen präsentiert und der seit 1988 im Besitz von André Heller ist (www.hellergarden.com).

Enzian

Weitere Bäume im submediterranen Gebiet sind Steineichen und Eschen. Dazwischen wachsen Rosmarin, Kapernstrauch, Margeriten, Geranien, Oleander. An den Ufern und Hängen des Gardasees gedeihen auch Olivenbäume. Die Haine um Arco sind die nördlichsten ganz Italiens.

Soldanellen

Weißer Daffodil

Dach-Hauswurz

Weiße Trichterlilie

Filzige Königskerze

Oberhalb von 400 m wachsen Flaumeichen, Hopfenbuchen, Schwarzkiefern und Waldkiefern. Im Buschwald finden sich Lorbeer, Terpentinbaum, Judasbaum, Vogelkirsche, Kreuzdorn, Glockenblumen, Veilchen und vereinzelt Haselnusssträucher, die jedoch in größeren Gruppen eher über 1000 m vorkommen (→ Tour 16).

Auf den Mähwiesen z. B. am südlichen Monte Baldo bei San Zeno, Lumini und Prada wächst eine vielfältige Blumenpracht aus Glockenblumen, Nelken, Lupinen, Hyazinthen, Narzissen, Mohn – je nach Jahreszeit. Eine der spektakulärsten Blumen ist die **Feuerlilie**, die auf italienisch „Giglia di San Giovanni" heißt, weil sie um Johanni (24. Juni, Tag der Sonnwende) herum ihre riesigen feuerroten Blütenkelche öffnet.

Auf einer Höhe zwischen 400 m und 900 m gedeihen v. a. an den Hängen des Monte Baldo ausgedehnte Kastanienhaine. Unterschieden wird zwischen Edelkastanien (eher ovale Frucht) und Maronen (eher quadratische Frucht). Zur Zeit der Kastanienernte ab Mitte Oktober pilgern die Feinschmecker zum Fest von San Zeno di Montagna (→ Tour 14).

Gebirgslagen (ab etwa 1000 m): Über 1000 m finden sich um den Gardasee ausgedehnte Buchenwälder. Besonders schön sind sie am südlichen Monte Baldo oberhalb von Prada (→ Tour 15) oder am Monte Caplone (→ Tour 25). Es gibt auch weite Gebiete, in denen sich Buchen mit Weiß- und Rottannen und Kiefern mischen. Ebenfalls weit verbreitet über 1000 m ist die Haselnuss. In höheren Lagen oberhalb von 1500 m finden sich nur noch vereinzelt Buchen, dafür dominieren Latschenkiefern.

Die Almweiden am Monte Baldo und auf den westlichen Gardaseebergen beeindrucken durch reiche Blütenpracht. Pfingstrosen, Lilien, Knabenkräuter, Gelber und Blauer Enzian, Glockenblumen, Anemonen und viele andere tauchen die

Berghänge im Frühsommer in ein Farbenmeer. Die Weiden reichen dabei vereinzelt bis auf über 2000 m empor wie z. B. an der Punta Telegrafo.

Während im hochalpinen Bereich keine Bäume mehr wachsen, kommen gerade dort viele geschützte Arten wie das Edelweiß oder die Alpenrose und sogar endemische Arten vor, z. B. die berühmte Ranuncolo di Kerner (Kerners Schmuckblume), die nur an wenigen Stellen des Monte Baldo wächst und Blumenfreunde aus aller Welt anzieht.

Die Pflanzenvielfalt des Monte Baldo war bereits im Mittelalter Gegenstand von Forschungen. Der Veroneser Botaniker Giovanni Pona gab schon 1607 ein umfassendes Bestimmungsbuch zu diesem Thema heraus. Wer sich heute ausführlich über die hochalpine Flora des Baldo informieren will, dem sei der alpine botanische Garten auf der Ostseite des Monte Baldo empfohlen: Der **Orto Botanico del Monte Baldo** liegt beim Rifugio Novezzina und ist über die Monte-Baldo-Höhenstraße ab Caprino Veronese über Ferrara di Monte Baldo zu erreichen (www.ortobotanicomontebaldo.org). ■

Flüssiges Gold vom Lago – Olivenanbau am Gardasee

Einige der Wanderungen in diesem Buch (→ Touren 4–7, 12, 13, 21, 34) führen durch zum Teil ausgedehnte Olivenhaine – die knorrigen Bäume mit den harten Blättern und den kleinen, grünen und später schwarzen Früchten stehen für einen Exportschlager des Gardasees: das native Olivenöl.

Am Gardasee begannen schon Etrusker und Römer mit dem Olivenanbau. Neben der aufwändigen Terrassierung der Hänge durch Trockenmauern verlangt auch die Kultivierung des Ölbaums viel Einsatz. Alle paar Jahre muss er zurechtgeschnitten werden. Wird der Stamm vom Pilz befallen, führen die dann ausgeschnittenen Stellen später zu den bizarren Verformungen, die viele Olivenbäume an Geisterwesen aus einer Sagenwelt erinnern lassen. Zwischen den Bäumen wächst Gras, das früher zur Heugewinnung benutzt wurde und heute als Dünger nach der Mahd liegen bleibt.

Die Oliven werden am Gardasee ab November bis März geerntet. Dazu und zur Pflege werden sogenannte Einbaumleitern („scalini") benutzt. Das native Olivenöl („extra vergine") des Gardasees trägt das Gütesiegel D.O.P. (denominazione di origine protetta), welches eine hohe Qualität garantiert. Mehr über den Anbau und die Varianten des Öls erfährt man im Olivenölmuseum bei Cisano (www.museum.it).

Tierwelt

▶ Auch endemische Tierarten gibt es zahlreich am Gardasee und insbesondere im Gebiet des Monte Baldo. Allerdings handelt es sich dabei um gemeinhin weniger bekannte Wesen wie eine Unterart des Eismohrenfalters (ein Schmetterling; erebia pluto burmanni) oder einen Laufkäfer (cychrus cilindrocollis).

Unter den Vögeln gibt es einige bekanntere Arten zu bestaunen: diverse Schwalben- und Finkenarten, den Specht, den Wiedehopf, den Mauersegler, die seltenere Mönchsgrasmücke. Über den Gipfeln kreischen Bergdohlen, auch Turmfalken kommen vor, sogar der Steinadler zieht vereinzelt seine Kreise.

In den Wäldern gibt es Rotwild, Füchse, Marder, Dachse, Hasen, Fasane, Rebhühner und den seltenen Auerhahn.

In der Dämmerung und des Nachts flattern lautlos Fledermäuse, Schleiereulen und manches Mal der Uhu umher.

Auf den Trockensteinmauern huschen oftmals (Smaragd-)Eidechsen, seltener der Feuersalamander entlang.

Die häufigsten Schlangen sind die ungefährliche Glattnatter und die giftige Aspisviper, die beide knapp einen Meter lang werden können. Sie bleiben jedoch in der Regel unsichtbar, weil sie schon die Flucht ergreifen, wenn sie die Erschütterung eines Wanderschuhs wahrnehmen. Der Autor hat im Laufe seiner 35 Wandertouren ganze zwei Mal den Schatten einer Schlange am Wegesrand wahrgenommen.

Die für den Wanderer attraktivsten Tiere finden sich oberhalb der Baumgrenze: es sind die **Gämsen** („camosci") und die **Murmeltiere** („marmotte"). Bei fast allen alpinen Wanderungen dieses Buches (→ Touren 9 bis 11 sowie 15) gibt es durchaus Chancen, sie zu sehen. Dabei galten die Murmeltiere um 1850 am Monte Baldo als ausgestorben. Eine Wiederansiedlung wurde erst 1975/76 mit Hilfe des Alpenzoos Innsbruck und der Region Aostatal begonnen. Sie verlief erfolgreich und trug wesentlich dazu bei, dass auch der Adler sich wieder etablieren konnte.

Kaisermantel

Gämse am Monte Altissimo

Sogar Bären haben sich in den weiten Flanken des Monte Baldo schon herumgetrieben. Das bisher letzte Mal wurden im April 2011 von Waldarbeitern Bärenspuren oberhalb von Belluno Veronese in etwa 1400 m Höhe entdeckt – den dazugehörigen Bären haben sie aber nicht gesichtet ... ■

Ausrüstung und Verpflegung

▶ **Ausrüstung:** Viele Wanderwege am Gardasee führen über steinigen Untergrund, so dass für die allermeisten Touren knöchelhohe Wanderschuhe mit gutem Profil notwendig sind. Einige Spazierwege in der Ebene (→ Touren 6, 7, 19, 31 und 35) lassen sich mit Turnschuhen oder Outdoorsandalen ebenfalls erwandern, bei allen anderen Touren raten wir nachdrücklich zu passendem Schuhwerk! Ebenso zur Ausrüstung gehören ausreichend Sonnenschutz, Erste-Hilfe-Set, Kopfbedeckung, Regenjacke und ein dicker Pullover bzw. Funktionskleidung nach dem Mehrschichtprinzip (Letztere vor allem im Frühling/Herbst und in Höhenlagen). In den Wintermonaten sind Mütze und Handschuhe sinnvoll. Wanderstöcke sind vor allem bei längeren steilen Auf- und Abstiegen von Vorteil. Bei manchen Wanderungen (→ Touren 19, 31 und 35) sollte man im Sommer die Badesachen einpacken, weil man nahezu an jeder Ecke eine neue Badestelle vor sich hat!

▶ **Verpflegung:** Nicht sparen sollten Sie beim Getränkevorrat: 1,5 bis 2 Liter Wasser pro Person sollten es schon sein; Quellen, Brunnen oder Einkehrmöglichkeiten finden sich nur auf einigen Strecken und sind bei den Touren angegeben. Ähnlich verhält es sich mit dem Proviant: Lieber ein paar Müsliriegel oder Sandwiches zuviel dabei haben, als sich die letzten Kilometer mit knurrendem Magen den Berg hinauf zu quälen. ■

Verdiente Einkehr im La Colombera (Tour 34)

Notfall und Notfallnummern

▶ Ein Handy mit vollem Akku sollte man immer dabei haben, um im Notfall folgende Nummer wählen zu können: 📞 112, die europaweite Notrufnummer. Unter 📞 118 sind Notarzt und Rettungswagen zu erreichen, unter der gleichen Nummer kann man sich auch an die italienische Bergrettung **Soccorso Alpino** (Corpo Nazionale Soccorso Alpino e Speleologico, kurz CNSAS) weiterverbinden lassen. Ein paar Worte Italienisch sind bei diesen Telefonaten von großem Vorteil. Wer kein Handy dabei hat oder sich im Funkloch befindet, das **internationale Notrufsignal** am Berg lautet: optisches oder akustisches Signal 6x hintereinander mit jeweils 10 Sekunden Abstand dazwischen, danach 1 Minute warten, Notruf wiederholen (6 Signale im Abstand von je 10 Sekunden). ■

Tourplanung und -durchführung

Unsere ausgewählten Touren sind zumeist Rundwanderungen, z. T. auch Streckenwanderungen, d. h. der Rückweg entspricht dem Hinweg. Dabei können Sie aus einer großen Bandbreite von anstrengenden Tageswanderungen bis hin zu kurzen leichten Touren auswählen. Die jeweils angegebene Dauer der Touren ist als reine Gehzeit ohne Pausen zu verstehen. Mit Kindern wird es möglicherweise etwas länger dauern. Hunde sollten generell an der Leine geführt werden. Grundsätzlich ist ein zeitiger Aufbruch zu empfehlen (→ Tageslängen Riva, Wetter und Wandersaison). So weicht man im Sommer eher der Hitze aus und minimiert das Risiko, in einen Gewitterregen zu gelangen. Zudem

Farbenfrohes Hafenbecken in Lazise (Tour 19)

ist selbst im Sommer der Verkehr um den Gardasee vor acht Uhr noch erträglich und man kommt dann erheblich schneller zum Ausgangsort. ∎

▶ Standorte: Der Gardasee besticht nicht nur durch die große Vielfalt und Schönheit seiner Landschaft – auch die ihn umgebenden Ortschaften haben einiges zu bieten. Malerische, verwinkelte Gassen, bunte Häuser mit jahrhundertealter Bausubstanz, würdevolle Kirchen, steinerne Burgen und moderne Museen gehören dazu.

Da die Entfernungen nicht allzu groß sind, ist man in der Wahl der Quartiere vergleichsweise flexibel (wobei der Verkehr auf der Uferstraße und der damit verbundene Zeitverlust nicht unterschätzt werden darf). Eine Anfahrtszeit über 0:30 Std. wird man selten benötigen.

Mediterrane Flora bei Arco (Tour 5)

Im Norden bieten sich für die Touren 1 bis 8 und 30 bis 35 sowohl Arco als auch Riva und Torbole als Standort an. Arco ist zusätzlich als Mekka für Kletterer und Mountainbiker bekannt. Hier herrscht trotz allen Trubels eine recht entspannte Atmosphäre und die engen Gassen des historischen Zentrums sind in jedem Fall einen Besuch wert. Nebenbei bemerkt, ist hier die Auswahl an Outdoor- und Fahrradbekleidung der großer Städte wie München durchaus ebenbürtig. Riva gibt sich etwas mondäner und ist von seinem großzügig bemessenen Marktplatz am Seeufer und der Architektur der österreichisch-ungarischen Monarchie geprägt. Torbole schließlich ist Verkehrsknotenpunkt am nordöstlichen Seeufer und vor allem Aufenthaltsort der Surfer.

Für die Touren 9 bis 11 ist trotz allen Trubels Malcesine der geeignete Standort, da hier die Seilbahn auf den Monte Baldo führt. Somit spart man sich eine Anfahrt mit dem Auto. Übrigens: früh am Morgen oder spät am Abend, wenn die Touristenmengen der Tagesbusse fort sind, lässt sich der Charme der alten Gassen und der Skaligerburg ganz gut genießen.

Malcesine ist auch eine Option für die Touren 12 und 13. Alternativ bieten sich hier die Streugemeinde Brenzone oder Torri del Benaco mit seiner malerischen Skaligerburg an. Hier geht es einen Tick ruhiger zu als in Malcesine.

Dieser Stuhl ist privat

Für die Wanderungen 14 bis 17 ist der ideale Standort San Zeno di Montagna (→ Kasten Tour 14), eine beschauliche Berggemeinde abseits des Trubels. Eine wenig bekannte, aber lohnenswerte Alternative stellt Caprino Veronese östlich des Monte-Baldo-Massivs dar. Dieser ruhige Ort bietet zahlreiche Agriturismo-Unterkünfte und man ist auf gut ausgebauter Straße schnell in San Zeno oder Prada.

Für die Wanderungen 18 und 19 kann man wahlweise in Garda, Lazise oder Bardolino logieren. Garda hat den Vorteil, Ausgangspunkt beider Touren zu sein.

Sucht man ein Quartier für die Touren 20 bis 24, bietet sich Salò mit seiner mondänen und zugleich beschaulichen Promenade und der großzügigen Architektur an. Da der Ort zu Beginn des 20. Jh. bei einer Feuersbrunst fast vollständig zerstört wurde, besteht das Zentrum nun aus einem baulichen Ensemble selten gesehener Harmonie.

Auch Gargnano mit seinem kleinen Hafenbecken ist ein reizvoller Standort für die Touren 23 und 24, ebenso für die Tour 25 zum Monte Caplone. Dies ist die einzige Wanderung des Buchs, bei der mit einer längeren Anfahrt kalkuliert werden muss (gut eine Stunde ab Gargnano).

Für die Touren 27 und 29 ist das quirlige Limone mit seiner pittoresken Altstadt und den bekannten Zitronengärten geeigneter Ausgangspunkt.

Um die Touren 26 und 28 zu bestreiten, bietet es sich an, Quartier auf der Hochebene von Tremosine zu nehmen, um sich die kurvenreiche Anfahrt vom Ufer zu ersparen. Auch die Tour 27 kann von hier aus absolviert werden. ■

▶ **Wanderwege und ihre Markierungen:** Obwohl der Gardasee ein Wandergebiet mit langer Tradition ist, sind Markierungen und Wegzustand der einzelnen Touren recht unterschiedlich. Häufig stehen alte, verblasste Markierungen (meist rot-weiß oder rot-weiß-rot) neben neuen Wegweisern anderer Farbe, die Fernwanderwege oder in lokalen Karten ausgestaltete Routen markieren. Das kann mitunter verwirrend wirken.

Am Corno Réamol (Tour 29)

Zudem stehen Wegweiser nicht immer da, wo man sie vermuten würde, und Markierungen sind manchmal am Boden oder an Baumstämmen angebracht und daher leicht zu übersehen. Eine typische „Spezialität", die man auch in anderen Regionen Italiens findet, sind Markierungen, die plötzlich aufhören und dann, irgendwann, viel später, vielleicht wieder weitergehen – vielleicht aber auch nicht ...

Dennoch sind die Wege in diesem Buch bis auf wenige Ausnahmen, auf die extra hingewiesen wird, gut erkennbar und in zufriedenstellendem Zustand.

▶ **Fernwanderwege/Wanderwege:** Der Bassa Via del Garda ist ein Weitwanderweg, der aus zwei nicht zusammenhängenden Teilen besteht und in der Regel gut markiert ist (BVG). Am Westufer führt er von Limone bis Salò (ca. 50 km) und hat dabei abschnittsweise alpinen Charakter (bis über 1000 m). Unsere Wanderungen 26 und 27 folgen teilweise seinem Verlauf. Am Ostufer startet er oberhalb des Seeufers bei Torbole und steigt zunächst bis auf über 1000 m. Auf der Höhe von Navene kommt er bis auf 400 m herab und verbleibt im weiteren Verlauf in Höhen zwischen 400 m und 800 m. Bei Cassone erreicht er dann fast das Seeufer. Ab hier folgen unsere Touren 12 (komplett) und 13 (teilweise) seinem Verlauf bis zur Punta San Vigilio.

Das hochalpine Gegenstück, der etwa 25 km lange Alta Via del Monte Baldo, beginnt bei San Giacomo östlich des Monte Altissimo und führt über diesen und den gesamten Kamm des Monte Baldo bis Caprino Veronese (Weg Nummer 622). Die Touren 9, 11 und 15 folgen teilweise seinem Verlauf.

Der Sentiero della Pace, der Friedensweg, ist ein Weitwanderweg, der über 450 km von den Sextener Dolomiten über Südtirol und das Trentino bis fast zur Schweizer Grenze führt. Er wurde als Versöhnungsprojekt ab den 1950er Jahren auf Basis der alten Militärwege des Ersten Weltkriegs angelegt. Ein Abschnitt führt von Riva über den Monte Brione zum Monte Altissimo (→ Touren 9, 34). Er ist mit einer weißen Taube markiert.

Hier geht's lang. – Oder da?

Alpiner Steig durch steilen Fels
auf dem Weg zum Gipfel des Caplone (Tour 25)

Wer den gesamten Gardasee per Fuß umrunden will, begibt sich auf den Giro del Benaco. Information über die Umwanderung finden sich ausschließlich im Internet; Publikationen dazu gibt es nicht.

Neben den genannten Weitwanderwegen gibt es eine Fülle lokaler Touren, die entsprechend benannt und ausgeschildert sind, z. B. den Giro del Crero um den Monte Luppia (→ Tour 13). Dabei gelten allerdings die im Abschnitt „Markierungen" beschriebenen Einschränkungen.

▶ **Touristeninformation von zu Hause aus:** Das staatliche Fremdenverkehrsamt ENIT betreibt in Deutschland, Österreich und der Schweiz jeweils ein Büro.

ENIT in Deutschland, Barckhausstr. 10, 60325 Frankfurt, ☏ 004969/237434, www.enit-italia.de.

ENIT in Österreich, Mariahilferstr. 1b, 1060 Wien, ☏ 00431/5051639, www.enit.at.

ENIT in der Schweiz, Uraniastr. 32, 8001 Zürich, ☏ 004143/4664040, www.enit.ch. ■

▶ **Touristeninformation vor Ort:** Nahezu jeder Ort am Gardasee hat ein eigenes Tourismusbüro. Einige dieser Büros (uffici) wie in Tenno oder San Zeno di Montagna haben allerdings nur in der Hauptsaison geöffnet. Die Büros in den Hauptorten Riva, Arco, Malcesine, Limone oder Salò sind mit umfangreichem Material bestückt und oft deutschsprachig. Neben den staatlichen Fremdenverkehrsämtern APT (Agenzia di Promozione Turistica) und I.A.T. (Informazioni e Accoglienza Turistica) gibt es die privaten Büros Pro Loco.

Da die Öffnungszeiten der Büros ja nach Saison stark variieren und darüber hinaus oft geändert werden, wird hier auf detaillierte Angaben verzichtet. Die Büros in den Haupttouristenorten wie Arco, Riva, Limone und Malcesine haben jedoch zumindest in der Hauptsaison Mo–Sa, oftmals auch So Vormittag geöffnet.

Die Auskünfte über Wanderwege sind in der Regel eher spärlich und die lokalen Karten oft ungenau und daher kaum zu gebrauchen. In manchen Büros, insbesondere in Riva, Arco und Limone gibt es allerdings Tourenvorschläge, die zumindest als Appetitanreger dienen können.

Arco: APT-Büro, Viale delle Palme 1, 38062 Arco, ✆ 0464-532255, www.gardatrentino.it.

Bardolino: IAT-Büro, Piazzale Aldo Moro 5, 37011 Bardolino, ✆ 045-7210078, www.tourism.verona.it.

Brenzone: IAT, Fraz. Porto, 37010 Brenzone, ✆ 045-7420076, www.brenzone.it.

Garda: IAT-Büro, Piazza Donatori di Sangue 1, 37016 Garda, ✆ 045-6270384, www.tourism.verona.it.

Gardone Riviera: IAT-Büro, Corso Repubblica, 8, 25083 Gardone Riviera, ✆ 0365-20347, www.comune.gardoneriviera.bs.it/turismo.html.

Gargnano: Pro Loco, Piazza Boldini 2, 25084 Gargnano, ✆ 030-3748736, www.gargnanosulgarda.it.

Lazise: IAT-Büro, Via Francesco Fontana 14, 37017 Lazise, ✆ 045-7580114, www.tourism.verona.it.

Limone: IAT-Büro, Via IV Novembre 29/L, 25010 Limone sul Garda, ✆ 0365-918987, www.visitlimonesulgarda.com.

Malcesine: IAT-Büro, Via Capitanato 6–8, 37018 Malcesine, ✆ 045-7400044, www.malcesinepiu.it.

Riva del Garda: APT-Büro, Largo medaglie d'Oro al Valore Militare 5, 38066 Riva del Garda, ✆ 0464-554444, www.gardatrentino.it.

Salò: IAT-Büro, Piazza S.Antonio 4, 25087 Salò, ✆ 030-3748745, iat.salo@provincia.brescia.it.

San Zeno di Montagna: IAT-Büro, Contrada Cà Montagna, 37010 San Zeno di Montagna, ✆ 045-6289296, www.comunesanzenodimontagna.it.

Tenno: IAT-Kiosk am Parkplatz, Lago di Tenno, 38060 Tenno.

Tignale: Pro Loco, Via Europa 5, 25080 Tignale, ✆ 0365-73354, www.tignale.org.

Torbole sul Garda: APT-Büro, Via Lungolago Conca d'Oro 25, 38069 Torbole sul Garda, ✆ 0464-505177, www.gardatrentino.it.

Torri del Benaco: IAT-Büro, Via Fratelli Lavanda 1, 37010 Torri del Benaco, ✆ 045-7225120, www.comune.torridelbenaco.vr.it.

Toscolano-Maderno: IAT-Büro, Via Sacerdoti, 25088 Toscolano-Maderno, ✆ 0365-641330, iat.toscolanomaderno@provincia.bs.it.

Tremosine: Pro Loco, Piazza Marconi 1, 25010 Tremosine, ✆ 0365-953185, www.infotremosine.it. ■

Markttreiben in Arco

▶ **Unterwegs am Gardasee:** Gewöhnlich ist ja das eigene Automobil auch des Wanderers liebstes Fortbewegungsmittel. Damit ist er unabhängig und nicht auf Ankunfts- und Abfahrtszeiten angewiesen. Am Gardasee allerdings kann einem die Lust am Autofahren zumindest in der Hauptsaison

Tourplanung und -durchführung

Der Mohn als Frühlingsbote ...

vergehen. Dann wälzen sich die Blechschlangen auf den Uferstraßen Gardesana Orientale und Occidentale oft nur im Schritttempo vorwärts. Auf den Ortsdurchfahrten sorgen Verkehrschaos und ein Durcheinander von Kreisverkehren, Ampeln und Fußgängermassen, die an allen möglichen Stellen die Straßen überqueren, regelmäßig für Stillstand.

Hinzu kommt, dass vor allem in den Küstenorten oftmals Parkplatzmangel herrscht und das Parken zudem gehörig den Geldbeutel belastet: Unter 1 € pro Stunde parkt man selten, auch 2 € sind möglich. Bei einer Tageswanderung kommen da schnell über 10 € zusammen (von November bis Mai gibt es in manchen Orten keine Parkgebühren!).

Vermeiden lässt sich dieser nervenaufreibende Zustand nur, wenn man die Monate August, September und die Wochenenden meidet oder früh aufsteht (vor 8 Uhr sind die Straßen relativ leer) und spät zurückkehrt (nach 21 Uhr). Sofern die Anfahrtsroute einer Wanderung es erlaubt, kann man aber auch den Bus und/oder das Schiff benutzen. Im Bus steht man zwar unter Umständen auch im Stau, muss aber zumindest nicht selber fahren und keinen Parkplatz suchen.

Das öffentliche Busnetz am Gardasee ist insgesamt gut ausgebaut und deckt das gesamte Gardaseeufer ab und, mit allerdings oftmals nur wenigen Fahrten am Tag, auch das gebirgige Hinterland.

Das Nordufer befahren die Busse der Trentino Trasporti (www.ttspa.it) zwischen Riva, Torbole, Arco und dem Hinterland sowie bis Rovereto und Trento.

Das Westufer wird von SIA (www.sia-autoservizi.it) bedient, die etwa zwischen 7 und 19 Uhr von Arco über Riva bis Salò und Brescia fahren, aber auch auf der Hochebene von Tremosine verkehren.

Fahrplan lesen

Feriale bedeutet werktags, festivo sonntags, scolastico nur zur Schulzeit, estivo im Sommer und invernale bezieht sich auf den Winterfahrplan.

Im Südwesten und Süden sind die Busse von **Trasporti Brescia Nord** (www.trasportibrescia.it) unterwegs und verkehren von Riva bis Desenzano und am südlichen Uferbogen.

Das Ostufer wird von **Azienda Trasporti Verona** (ATV, www. atv.verona.it) abgedeckt, die etwa zwischen 7 und 20 Uhr von Riva bis Verona unterwegs sind.

Busfahrkarten bekommt man, sofern man sich nicht an einer größeren Bushaltestelle mit Biglietteria befindet, in Tabacchi- und Zeitschriftenläden. Ein Nachkaufen im Bus ist mittlerweile im Gegensatz zu früher meist möglich. Dann wird es aber etwas teurer.

Kleines Glossar für Gardaseewanderer

Alimentari	Lebensmittelladen	Località	Weiler
Alta Via	Höhenweg	Lungomare	Uferpromenade
Aperto	geöffnet	Macchia	Niederwald, Gestrüpp
Asfaltata	geteert, Teerstraße	Malga	Alm, Almwiese
Baita	Almhütte	Marmotta	Murmeltier
Bivio	Abzweig, Kreuzung	Marocche	Gesteinshalde,
Bocca	Schlucht, Senke		Geröllhalde
Borgo	Weiler	Monte	Berg
Bosco	Wald	Mulattiera	Maultierpfad
Caduta sassi	Achtung, Steinschlag!	Passo	Pass
Calchera	Kalkofen	Piano	Ebene
Camoscio	Gämse	Piazza	Platz
Capanna	Hütte	Pietra	Fels
Capolinea	Endhaltestelle	Ponte	Brücke
Carrugio	Gasse	Pronto Soccorso	Erste Hilfe
Casa	Haus	Punto Panoramico	Aussichtspunkt
Castello	Burg, Schloss	Rifugio	Hütte
Chiesa	Kirche	Rio	Bach
Chiuso	geschlossen	Rocca	Fels
Cima	Gipfel	Salita	Aufstieg
Cimitero	Friedhof	Sasso	Felsbrocken
Colle	Hügel	Scoglio	Klippe
Deviazione	Umleitung	Sella	Sattel, Joch
Direttissima	Abkürzung	Selva	Forst, Wald
EE Esperti Escursionisti		Sentiero	Pfad
Abkürzung für einen Klettersteig		Sorgente	Quelle
Entroterra	Hinterland	Stambecco	Steinbock
Fermata	Bushaltestelle	Strada	Strasse
Fiume	Fluss	Strada bianca	Schotterweg
Foce	Mündung	Tappa	Etappe
Foresta	Waldgebiet	Torrente	Sturzbach, Bergbach
Frazione	Ortsteil	Valle	Tal
Funivia	Seilbahn	Via	Straße
Incrocio	Kreuzung	Vicolo	Gasse

Der Schiffsverkehr wird von Navigazione Lago di Garda (www.navigazionelaghi.it) durchgeführt. Insgesamt fährt die Gesellschaft 29 Orte am gesamten Gardaseeufer an. Die Kosten belaufen sich auf 34,30 € für eine Tageskarte (erm. 17,60 €). Etappen zwischen zwei Orten kosten etwa 3 € und addieren sich der Anzahl der Anfahrtsstationen entsprechend auf.

Zwischen Toscolano-Maderno und Torri del Benaco sowie Limone und Malcesine werden auch Autos transportiert. Diese Fähren sind zwischen dem 1.6. und dem 30.9. etwa von 9 bis 18 Uhr unterwegs. Die Kosten liegen bei 6,50 € pro Person und 10,70–21,30 € je nach Größe des Autos für den PKW.

Eine weitere Autofähre verkehrt zweimal täglich auf der Strecke von Riva nach Desenzano (9.25 und 15 Uhr von Riva, 9.45 und 15.05 Uhr von Desenzano).

Der Monte Stivo über Riva im Abendlicht

Detaillierte Fahrpläne gibt es im Internet und an den Verkaufsstellen, die sich meist an der Anlegestelle befinden.

Kontakt: Navigazione Lago di Garda, 25015 Desenzano, Piazza Matteotti 1, ✆ 030-9149511, numero verde (gebührenfrei in Italien) 0800-551801. ■

▶ **Spezielle Internetseiten für Gardaseewanderer**

www.gardasee.de: Infos in Hülle und Fülle – Unterkünfte, Veranstaltungen etc.

www.gardasee.com: allgemeine Infos, Unterkünfte, Restaurants etc.

> Mittlerweils besitzen viele Unterkünfte und auch gastronomische Betriebe eine Facebook-Seite. Sie ist nicht selten aktueller als die entsprechende Website.

www.gardatrentino.it: Infos, Tipps, Öffnungszeiten für den Norden, auch deutschsprachig.

www.tourism.verona.it: Infos, Tipps, Öffnungszeiten für den Südosten, auch deutschsprachig.

www.bresciatourism.it: Infos, Tipps, Öffnungszeiten für den Südwesten, auch deutschsprachig.

www.meteotrentino.it: Wetterbericht für den Norden des Gardasees, auch deutschsprachig.

www.meteo.it: Wetterbericht für Italien, nur italienisch.

www.agraria.org/parchi.htm: umfassende Infos zu allen Naturparks am See, italienisch.

www.parks.it: reichhaltige Seite zu Naturparks in Italien, auch deutschsprachig. ■

Wandern am Gardasee

▶ **Straßen-, Land- und Wanderkarten:** Als Straßenkarten empfehlen sich entweder Trentino/Südtirol von Kümmerly & Frey (1:200.000, 10,95 €), vom TCI Italien oder Marco Polo Südtirol/Trentino (1:200.000, 8,99 €).

Zum Gardasee gibt es zahlreiche Wanderkarten, die, wie man bei intensiver Nutzung und den oft nicht leicht zu findenden Wegen feststellen wird, alle nicht frei von Fehlern sind. Von der Abdeckung am umfassendsten sind die **Kompass-Karten** im Maßstab 1:25.000, die auch in Deutschland erhältlich sind. Vor Ort gibt es Kartenblätter von **4Land** (1:25.000) und **LagirAlpina** (1:25.000). Grundsätzlich sind die neuen Karten alle GPS-fähig. Alle Karten kosten etwa 8–10 €.

Als einzige Karte mit kompletter Abdeckung des Monte Baldo in einem Blatt ist die recht neue **4Land Monte Baldo** (1:25.000) für etwa 10 € zu empfehlen, die es auch für das Gebiet des nördlichen Seeabschnitts gibt („Valli dei Laghi Alto Garda"). Diese beiden Karten sind sehr exakt und detailgenau.

Nur in Buchläden auf Bestellung erhältlich sind die militärischen Karten des **I.G.M.** (Instituto Geografico Militare) im Maßstab 1:25.000 oder 1:50.000. Sie werden in einem schon Jahrzehnte dauernden Prozess überarbeitet, viele stammen noch aus den 1970er-Jahren. Deshalb stimmen z. T. die Straßenverläufe und Siedlungsgrenzen nicht mehr. An geographischer Genauigkeit sind sie aber eine Klasse für sich. Über das Internet bekommt man sie über www.maps-store.it.

In den Touristenbüros von Arco und Riva erhält man eine kostenlose Karte, auf denen das Gebiet nördlich des Gardasees (Torbole, Riva, Arco) mit seinen Orten recht detailliert dargestellt ist.

Skaligerburg und Yachthafen von Torri del Benaco

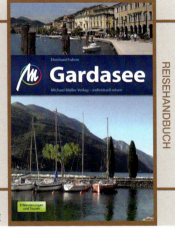

ZAHLREICHE TIPPS ...

... weitere Ausflugsmöglichkeiten und Wissenswertes zur Region finden Sie in unserem Reiseführer Gardasee von Eberhard Fohrer. Erhältlich im Buchhandel oder auf unserer Homepage www.michael-mueller-verlag.de.

7. Auflage 2013 | ISBN 978-3-89953-776-5 | 17,90 €

In San Zeno gibt es im Tourismusbüro eine brauchbare „carta dei sentieri" mit zahlreichen Wanderungen. ∎

► **Literaturtipps**

Fohrer, Eberhard: Gardasee. Michael Müller Verlag 2013. Umfassender Reiseführer mit zahlreichen praktischen Tipps.

Pippke, Walter/Leinberger, Ida: Gardasee, Verona, Trentino, Mantua. DuMont Verlag 2011. Kunstreiseführer in gewohnter Qualität. Für alle kulturgeschichtlich Interessierten ein Muss.

Costatini, Luciano/Kock, Lil de: Bilderflora des Baldo. CGAV 2009. Schwergewichtiges Kompendium zu Flora und Fauna des Baldo-Gebiets mit vielen Fotos und Hintergrundinformationen. Zweisprachig.

Stephan, Rainer: Gebrauchsanweisung für den Gardasee. Piper 2007. Amüsantes und Wissenswertes zum Lago zum Vorlesen, Dort-Lesen oder Nachlesen, feuilletonistisch dargeboten.

Wolffheim, Franziska: Gardasee. Wo der Süden beginnt. Insel Taschenbuch 2006. Kurze, oft fragmentarische Geschichten und Eindrücke, die sich zu einem poetischen Gesamtbild verdichten.

Kellermann, Monika/Bernhart, Udo: Gardasee. Eine kulinarische Rundreise. Collection Rolf Heyne 2010. Eine mit prächtigen Fotos dargebotene Mischung aus Restauranttipps, Porträts und Hintergrundinformationen, die Appetit macht.

Schramm, Godehard: Zweite Heimat Gardasee. Wiesenburg 2010. Geschichte und Geschichten aus drei Jahrzehnten von einem Sprachkünstler und Gardaseekenner. Manchmal verschroben, aber kenntnisreich und amüsant zu lesen.

Filosi, Elena: Rainer Maria Rilke ad Arco. MAG Edizioni 2010. Bis jetzt leider nur in italienischer Sprache erhältliches Büchlein über Rilkes Aufenthalt in Arco und Umgebung (→ Touren 6 und 7).

Bonavida, Giuliana: Umweltfragmente. euroedit 1997. Etwas älteres, zeitlos kenntnisreiches Büchlein über das nördliche Drittel des Gardasees und sein Umland.

Simoni, Carlo: Das Besucherzentrum des Naturparks des Oberen Gardasees. Comunità Montana Alto Garda Bresciano 2002 (dreisprachig). Weit mehr als ein Museumsführer, mit vielen Hintergründen zu Geschichte, Kultur und Geomorphologie der westlichen Gardaseeseite. ∎

Blick von der Burg von Arco auf den Monte Colodri und das Sarcatal (Tour 5)

**Durch das Biotop der Marocche di Dro: artenreiche Mondlandschaft im Sarcatal

Die Wanderung führt in abwechslungsreichem Auf und Ab durch das Gebiet der Marocche von Dro – eine gigantische Felslandschaft, entstanden durch Steinlawinen und Bergrutsche im Tal der Sarca. Der Pfad windet sich durch die kahle zerklüftete Felslandschaft, aber ebenso durch bewaldete Abschnitte mit artenreicher Vegetation.

▶▶ Wir beginnen unsere Wanderung unmittelbar westlich des Parkplatzes in der Nähe der Ortschaft **Drena** an einer deutschsprachigen Infotafel **1**. Sie informiert über das unter Naturschutz stehende Biotop der **Marocche von Dro** (→ „Ein Felssturz in grauer Vorzeit").

Ein Wegweiser leitet uns zwischen Felsblöcken hindurch leicht bergab in westlicher Richtung. Am Wegrand wachsen einzelne Pinien. Wir wandern jetzt und im weiteren Verlauf entlang einer Hochspannungsleitung. Vor uns im Westen türmen sich die steilen Felswände des Monte Brento auf. Der Blick zurück fällt auf die Silhouette der **Burg von Drena** (→ „Castello di Drena") im Osten über uns. In Richtung Süden sehen wir die Häuser von Dro.

Bergauf und bergab wandern wir durch ein Meer

Castello di Drena
Einen Besuch lohnt die malerisch am Osthang des Sarcatales gelegene Burg von Drena aus dem 12. Jh.
Öffnungszeiten: Im Sommer tägl. (außer Mo) 10–19 Uhr, sonst 10–18 Uhr, im Winter nur am Wochenende 10–17 Uhr.

Muster im Fels der Marocche

aus Felsblöcken, das einer Mondlandschaft gleicht. Wir folgen der Hochspannungsleitung, die sich nach Norden wendet, und erreichen etwa 10 Min. nach dem Start einen **Wegweiser** **2** mit einem stilisierten Vogel und einem kleinen gelben Dinosaurier – eine Anspielung darauf, dass in dieser Gegend Dinosaurierspuren gefunden wurden.

Wir folgen dem von nun an in regelmäßigen Abständen mit dem **Vogelsymbol** ausgewiesenen Pfad auf und ab in nördlicher Richtung. Felsige Abschnitte wechseln mit vereinzelten Pinien und Steineichen.

Etwa 10 Min. nach dem Wegweiser treffen wir an einer italienischsprachigen **Infotafel** **3** zu Flora und Fauna des Gebietes auf den Rand einer weiten Senke, die sich nach Norden hin öffnet. Auf ihrem bewaldeten Grund liegt versteckt auf privatem Grundstück der kleine **Lago Solo**. Von hier oben ist nur eine hölzerne Toreinfahrt zu erkennen.

Wir folgen unserem Pfad am östlichen Rand der Senke entlang, zunächst wenige Meter bergab, dann allmählich ansteigend. Im folgenden Verlauf wechseln Abschnitte mit kleinen Steineichen und Gesträpp mit offenen Flächen voller Felsbrocken. Wir wandern weiterhin unterhalb der Hochspannungsleitung. Rechts windet sich oberhalb von uns die SP 84 durch die steinerne Landschaft.

Etwa 0:20 Std. nach der letzten Infotafel treffen wir an einer weiteren **Infotafel** **4** zu Flora und Fauna auf den Rand einer weiteren, kleinen, mit Felsbrocken verfüllten **Senke** nördlich von uns. Wir steigen die Senke hinab und unterqueren etwa 5 Min. später die Hochspannungsleitung **5**. Gleich darauf erreichen wir die Talsohle der Senke und steigen in nördlicher Richtung durch einen Geröllhang bergauf. Am oberen Ende des Hanges queren wir abermals die Stromleitung und wandern nun durch duftenden Pinienwald weiter stetig bergan bis zu einer Anhöhe **6** mit ▶

Länge/Gehzeit: 5.5 km, ca. 2:20 Std.

Charakter: abwechslungsreiche Wanderung mit leichten An- und Abstiegen und kurzen steilen Abschnitten auf felsigen Pfaden und Waldwegen. Im ersten Teil etwas mühselig, schattenlos und an sonnigen Tagen heiß, im zweiten Teil leicht zu gehen und überwiegend schattig. Für größere Kinder ist das Herumklettern auf den zahlreichen riesigen Felsbrocken ein Erlebnis.

Markierung: deutschsprachige Infotafel zu Beginn der Wanderung. In den ersten 10 Min. ohne Markierung, dann durchgehend mit dem Symbol eines stilisierten Vogels markiert, ab **7** zusätzlich mit blauem Balken, ab **13** zusätzlich mit rotem Balken.

Ausrüstung: festes Schuhwerk und Sonnenschutz.

Verpflegung: unterwegs keine Einkehrmöglichkeit. Trinkwasser mitnehmen!

Hin & zurück: am nördlichen Ortsende von Dro auf die SP 84 Richtung Castello di Drena und Valle di Cavedine (beschildert). Nach 2,4 km auf der linken Seite ein teilweise betonierter Parkplatz, an dessen Ende eine Infotafel zum Biotop steht. **Busverbindung:** werktags Linie 204 um 13.05, 13.25 und 17.55 Uhr von Riva Richtung Cavedine/Trento. Den Busfahrer am Touranfang um Halt bitten oder bis Drena fahren und dann in etwa 0:30 Std. zu Fuß zum Start. Von Drena (Bushaltestelle an der SP 84 etwa in der Ortsmitte) um 13.43 und im Sommer 19.31 Uhr Richtung Riva.

40　Südliches Sarcatal/Dro

▶ **Wegweiser.** Nach Norden öffnet sich der Blick zum **Lago di Cavedine**. Wir befinden uns am **höchsten Punkt** unserer Wanderung.

Die Vegetation wird dichter, und nun geht es durch Pinienwald und zunehmend von Gras und überwachsenen Felsen bedeckten Boden steil bergab. Etwa 5 Min. nach der Anhöhe gabelt sich der Weg **7**. In nördlicher Richtung weist ein Schild mit dem Dinosymbol in Richtung Lago di Cavedine. Wir aber folgen dem Pfad mit dem **Vogelsymbol** nach links in westlicher Richtung.

Wir wandern erst leicht bergauf an einer Steinmauer vorbei (blaue Balkenmarkierung) und dann durch Büsche, Niederwald mit Pinien, Steineichen und Buchen stetig bergab. Vor uns ragen die Wände des Brento empor. Der Wald wird zunehmend dichter und schattiger. Ungefähr 10 Min. nach der Gabelung öffnet er sich an einem großen

▼ Zarte Blüten
　 im kargen Fels

▼ Felstrümmer,
　 wohin man blickt

Tour 1 ** 41

Strommast **8**. Von hier schweift der Blick ins **Sarcatal** und nach Arco bis zum Monte Brione im Süden.

Der Pfad beschreibt einen Knick nach Süden und führt durch Mischwald bergab. In weit geschwungenen Serpentinen nähert er sich allmählich dem Talgrund. Das Rauschen des Flusses **Sarca** mischt sich mit dem Dröhnen des Autoverkehrs auf der vielbefahrenen SS 45bis. Am Talgrund öffnet sich der Blick auf ein Feld mit Weinreben. Nach wenigen Metern erreichen wir ungefähr 0:15 Std. nach dem großen Strommast einen Wegweiser **9** am Feldrand, an dem wir nun auf breitem Feldweg entlang wandern. Zu unserer Linken wachsen die berühmten **Pflaumenbäume von Dro**, deren Früchte zu den besten Europas zählen sollen.

Am Ende des Pflaumenhains treffen wir linker Hand auf einen Kanal. Unser Feldweg endet an einer Teerstraße. Wir folgen der Straße über die **Brücke 10** über den Kanal nach links. ▶

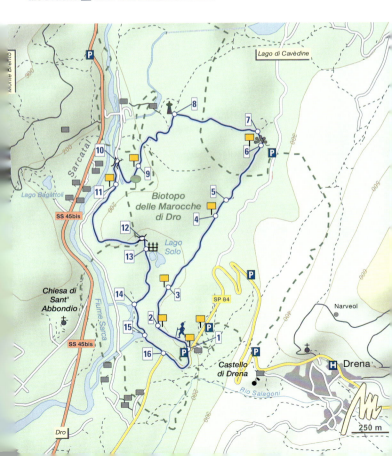

▶ Ungefähr 5 Min. später zweigt zur Linken ein Weg ab. Die gleiche Infotafel **11** wie auf unserem Parkplatz erläutert die Besonderheiten des Biotops, außerdem verweist ein Schild auf die Località Caglioli.

Wir folgen diesem Weg, der breit und eben in den Wald führt, und wandern am westlichen Rand der **Marocche** entlang. Bald mischen sich zunehmend Felsen unter den Baumbestand. Der Weg führt leicht bergauf in südwestlicher Richtung und beschreibt nach wenigen Minuten eine Kurve Richtung Osten. Der Blick öffnet sich auf die uns schon bekannte Steinwüste. Ungefähr 10 Min. nach dem Abzweig an der Infotafel überqueren wir auf einer **Brücke** **12** abermals den Kanal. Wir wandern etwa 50 m an seinem Ufer entlang und folgen dann unserem Weg in einer Kurve nach Süden. Sogleich stehen wir an der Toreinfahrt **13** zum Privatgrundstück am **Lago Solo**, das wir zu Beginn unserer Wanderung von oben (bei **3**) gesehen haben.

Ein Felssturz in grauer Vorzeit

Die **Marocche di Dro** entstanden, als mit dem Rückzug des eiszeitlichen Gletschers, der hier eine Höhe von etwa 1500 m über dem Meer erreichte, der Druck auf die Bergflanken wegfiel. In der Folge gingen von den Hängen der Monti Casale, Brento und Bondone gewaltige Felsstürze herab – insgesamt 15. Die Marocche erstrecken sich heute über ein Gebiet von 12 qkm und haben ein Volumen von etwa 750 Mio. Kubikmetern. Das Wort Marocche stammt vom trentinischen marocca ab, das wiederum Stein, Fels bedeutet. Das Gebiet der Marocche weist typische Merkmale eines Trockengebietes – wenig Humus, kleinwüchsige, karge Vegetation – bei dennoch beachtlichem Artenreichtum auf. Neben Flaumeiche, Wacholder, Felsenbirne und Zitterpappel finden sich eine endemische Ginsterart und der seltene Alpen-Seidelbast.

Wir wandern auf dem beschilderten, mit rotem Balken markierten Pfad weiter. Er führt zunächst schmal und eben durch dichte Vegetation und nach wenigen Metern und einem kurzen steilen Anstieg erneut durch Felsbrocken und Geröll. In mehreren Kurven verläuft unsere Route unterhalb zweier großer, paralleler Hochspannungsleitungen bergauf und bergab. Etwa 10 Min. nach der Toreinfahrt treffen wir abermals auf den **Kanal** **14**.

Nach einer Linkskurve wandern wir ein kurzes Stück steil bergauf und stoßen auf ein **Rückhaltebecken** **15**. Hier halten wir uns links und verlassen das felsige Gelände. Auf breitem Fahrweg wandernd treffen wir etwa 5 Min. nach dem Becken auf die SP 84 **16**.

Wir folgen ihr geradeaus nach Südosten. Entlang der Straße geht es bergauf Richtung Drena, bis wir in knapp 10 Min. unseren **Parkplatz** **1** erreicht haben. ∎

**** Durch Felswände über dem Sarcatal: Sentiero degli Scaloni und Sentiero dell'Anglone

Die nicht allzu lange, aber spektakuläre Bergtour mit Kletterpassagen, die unbedingt Schwindelfreiheit und Trittsicherheit erfordern, verbindet die zwei kurzen Kletterpfade Sentiero degli Scaloni und Sentiero dell'Anglone über einen schattigen Waldpfad und eine malerische Talwanderung. Auf dem historischen Steig Percorso delle Cavre macht sie zudem mit dem harten Leben der Bergbauern vor über 100 Jahren vertraut.

▶▶ Die Wanderung startet am westlichen Ende des Parkplatzes **1** von **Dro**. Wir gehen in Richtung Westen an einem Sportplatz vorbei durch die Via Capitell und folgen ihr in einer Rechtskurve an einer Kiwiplantage entlang und an einigen Wohnhäusern vorbei. An ihrem Ende biegen wir nach links ab und überqueren die **Brücke** über die Sarca.

Am anderen Ende der Brücke treffen wir etwa 5 Min. nach dem Start auf eine **Infotafel 2** zu Wanderwegen in der Region. Nach links gehen wir in die Strada di Campagnola, vorbei am Eingangstor zu einem Privatgrundstück. Zunächst an seinem Zaun entlang, wandern wir im weiteren Verlauf durch ausgedehnte Wein- und Olivenplantagen. Zu unserer Rechten ragen die Felswände der **Coste dell'Anglone** empor, an deren oberem Rand wir später zurückwandern werden. Zur Linken betten sich die Häuser von Dro in die sanfte und fruchtbare Tallandschaft. ▶

Länge/Gehzeit: 6,6 km, ca. 3:15 Std.

Charakter: absolute Schwindelfreiheit und Trittsicherheit sind für diese abwechslungsreiche Bergtour mit zwei kurzen Kletterpassagen, die gut drahtseilversichert sind, nötig! Die luftigsten Passagen werden mit Leitern überbrückt. Im Sarcatal und im Abstieg (Sentiero dell'Anglone) wenig Schatten und im Sommer daher heiß. Eher eine Tour für bedeckte Tage oder im Frühjahr/Herbst. Keinesfalls nach Regen oder bei Gewittergefahr gehen!

Markierung: ab 2 Weg 425 rot-weiß-rot, ab 3 Weg 428b rot-weiß-rot, ab 4 auch „Percorso delle Cavre" in grün-gelb, ab 10 Weg 428b und „Percorso", ab 14 zusätzlich „Dro", ab 16 425 und „Percorso" und „Dro", ab 19 nur noch 425.

Ausrüstung: feste Bergschuhe erforderlich!

Verpflegung: Trinkwasser und Brotzeit mitnehmen. Unterwegs keine Einkehrmöglichkeit und kein Trinkwasserbrunnen. Im Zentrum von Dro einige nette Bars.

Hin & zurück: auf der SS 45 von Arco kommend nach etwa 5 km am Ortseingang von Dro rechts ab (Schild „Dro Centro"), nach ca. 200 m links, der Beschilderung „Dro" folgend, nach weiteren 200 m einen Kreisverkehr überquerend ins winzige Zentrum (Piazza della Repubblica). Dem Parkplatzschild geradeaus über die Piazza in Richtung Westen folgen. Nach wenigen Metern links ein weiträumiger kostenloser Parkplatz. An der Piazza Repubblica auch Bushaltestelle an der Grundschule (scuola elementare). Busse der Linie 205 etwa stündlich zwischen 7 und 19 Uhr in Richtung Arco/Riva und Trento.

▶ In der Folge wandern wir eben auf breitem, gekiestem Weg am westlichen Talrand entlang. Bänke laden mehrmals zu einer kurzen Rast ein. Etwa 0:15 Std. nach der Infotafel steigen wir am Rand eines Buchenwäldchens leicht bergauf. Vorbei an Feigenbäumen und durch terrassierte Olivenhaine erreichen wir eine hohe Steinmauer zur Rechten. Sie begrenzt das weitläufige Grundstück der **Maso Lizzone**, eines geschmackvoll restaurierten alten Bauernhofs, heute Agriturismo.

Am Ende der Mauer öffnet sich nach einer bisherigen Wegzeit von etwa 0:30 Std. das Eingangsportal **3** zur Maso Lizzone. Hier zweigt ein Weg nach rechts ab. Wir folgen ihm und gehen entlang der südlichen Grundstücksmauer auf die Felswand der Coste dell'Anglone zu. Nach wenigen Metern beschreibt die Mauer eine Kurve Richtung Süden und endet an einer Abzweigung **4**.

Wir folgen dem steilen Pfad („Sentiero degli Scaloni" und „Percorso delle Cavre") nach rechts und wandern einige Meter durch einen kleinen Olivenhain. Dieser wird alsbald von einem Geröllfeld abgelöst, durch das wir auf steinigem Pfad emporklettern. Talwärts erblicken wir die grün schimmernde Sarca und die alte Römerbrücke von Ceniga.

Nach etwa 10 Min. auf unserem Pfad ignorieren wir eine Abzweigung **5** nach links und bleiben auf dem Hauptweg in nordwestlicher Richtung. Nach wenigen Metern endet das Geröllfeld und wir wandern durch Mischwald aus Buchen und Pinien. Wir nähern uns zunehmend der hinter den Bäumen kaum erkennbaren Felswand. Nach einer scharfen Linkskurve (wir ignorieren hier einen schmalen Abzweig bergab) stehen wir vor dem Einstieg **6** zur Kletterpassage **Sentiero degli Scaloni**.

Zunächst hangeln wir uns an Drahtseilen auf schmalem Steig durch die Felswand empor. Im Wechsel folgen nun **drahtseilversicherte** Passagen und kurze Teilstücke durch Buchen, auf denen wir etwas ver-

Spektakulärer Blick vom Steig hinab ins Sarcatal

schnaufen können. Ein Wegabschnitt, der unsere volle **Konzentration** erfordert! Ungefähr 10 Min. nach dem Einstieg treffen wir auf die erste Leiter **7**. Sie führt als Holzbohlenkonstruktion mit Drahtseilgeländer luftig durch ein Stück Felswand. An ihrem oberen Ende blicken wir zurück und erkennen wunderbar den Verlauf des Sarcatals zwischen den mächtigen Bergen.

Nach dem Ende der ersten folgt gleich die zweite Leiter. Anschließend geht es weiter auf in den Stein gehauenen, drahtseilversicherten Stufen. Einer weiteren gesicherten Passage folgen Serpentinen zwischen Steineichen, dann wieder Felsen. Es bleibt steil und vor allem schweißtreibend! Etwa 0:20 Std. nach der ersten Leiter erreichen wir am Ende eines Wäldchens den Fuß einer **Felswand** **8**. An ihrem unteren Rand führen Steinstufen hinauf. Hat man sie erklommen, bietet sich erneut ein schöner Ausblick ins Tal.

An ihrem Ende müssen wir eine **ausgesetzte Passage ohne Sicherung** überwinden und wenden uns dem Wegverlauf folgend anschließend nach Norden. Die Felsen weichen zunehmend Baumbewuchs. Durch dichter werdenden Buchen- und Steineichenwald wandern wir aufwärts. Der Boden ist mit Moosen und Gras bedeckt. Stille und angenehme Kühle erwarten uns nach dem anstrengenden Aufstieg!

Auf einer kleinen **Lichtung** **9** am Abbruchrand der Felswand bietet sich etwa 10 Min. später für Schwindelfreie ein großartiger Ausblick ins Tal – aber **Vorsicht**, es geht 400 m senkrecht hinab! Am Abbruchrand treffen wir auch auf den ersten Lastenaufzug, eine der sog. **Cavre** (→ „Percorso delle Cavre"), die dem Weg seinen Namen gaben: **Percorso delle Cavre**.

Unser Weg verläuft in westlicher Richtung in den Wald und trifft nach einer Rechtskurve und knapp 5 Min. nach dem Aussichtspunkt wiederum auf eine Lichtung. In der Mitte der Lichtung auf der Erhebung **Dos Tondo** steht ein Pfahl **10** mit mehreren Wegweisern. Unser Weg gabelt sich hier.

Wir wählen den rechten Abzweig in Richtung Lastoni und wandern durch Buchen und Steineichen erst eben und dann ein kurzes Stück steil bergab. Danach führt der Weg eben an einem mehrere Meter hohen Felsabbruch links von uns entlang. Unvermittelt öffnet sich ca. 5 Min. nach dem Wegweiser eine weitere schattige ▶

Percorso delle Cavre

Unsere Wanderung verläuft zu einem großen Teil auf dem sog. Percorso delle Cavre. Das Wort „Cavra" stammt aus dem Venezianischen und meint hier einen Lastenaufzug. Mit Hilfe einer einfachen Konstruktion aus Holzgestellen und einer Seilwinde transportierten die Bauern, die in einfachen Unterständen übernachteten, schon vor hundert Jahren das Brennholz, das sie auf der bewaldeten Hochebene sammelten, über die Felswände zu Tal. Mehrere dieser Aufzüge begegnen uns im Laufe der Wanderung (9, 15, 17), meist spektakulär unmittelbar an der Hangabbruchkante stehend.

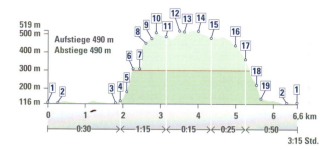

▶ Lichtung am Rand der **Hangabbruchkante** 11. Wer sich traut, kann wieder den tollen Ausblick genießen.

Die Lichtung wird von dem oben genannten Felsabbruch begrenzt. **Ruinen** deuten darauf hin, dass hier früher ein gemauerter Unterschlupf der Bauern aus dem Tal stand (→ „Percorso delle Cavre"). Die Lichtung benutzten sie zum Hüten ihres Viehs. Heute laden Sitzbänke zu einer Rast ein. Tief unten im Tal dröhnt der Verkehrslärm. Hunde bellen. Eichelhäher schimpfen auf uns ungebetene Gäste. In den Aufwinden der Felsen ziehen Bussarde pfeifend ihre Kreise. Infotafeln versetzen uns in die Zeit zurück, als dieser heute magisch anmutende Ort ein Platz harter Arbeit und kärglicher Existenzen war.

Am nördlichen Ende der Lichtung überqueren wir verfallene Mauerreste und folgen unserem Weg (Schild „Dro") leicht bergab. Wenige Meter weiter treffen wir erneut auf einen Felsabbruch zur Linken, aus dessen Ritzen Wasser tropft. Es sammelt sich in einer steinernen **Wanne** am Fuß der Wand, die die Bauern in mühevoller Arbeit aus dem Fels meißelten. Die Wanne (Schild: kein Trinkwasser) diente früher als Tränke für das Vieh auf der Lichtung, die

Auch Schwindelfreien empfiehlt sich der Halt am Seil

wir gerade passiert haben. Die sog. **Fonte Albi** stellt die einzige Wasserquelle weit und breit dar und war daher von enormer Bedeutung.

Nach dem Brunnen steigt der Weg leicht an. Der Wald lichtet sich. Einzelne Steineichen und Buchen wachsen verstreut zwischen Felsbrocken. Wenige Meter weiter mündet unser Pfad in einen breiten Fahrweg 12. Wir halten uns bergab in nördlicher Richtung und biegen bereits nach etwa 100 m auf einen schmalen Pfad 13 nach rechts unten ab. An einer mächtigen Buche am rechten Rand des Pfades zeigt uns eine rot-weiß-rote Markierung, dass wir richtig sind.

Der Pfad führt in der Folge zunächst parallel zum Fahrweg in nördlicher Richtung durch lockeren Baumbewuchs und dann wieder auf dem Fahrweg bis zu einer Gabelung **14**. Wir gehen geradeaus (Schild „Dro") und treffen etwa 50 m nach der Gabelung auf einen **Rastplatz** mit Infotafeln, auf denen bäuerliche Gerätschaften der Vergangenheit präsentiert werden. Nach dem Rastplatz führt der Pfad ein kurzes Stück durch mächtige, von Jungpflanzen überwucherte tote Bäume und dann bergab durch Laubmischwald.

Ungefähr 5 Min. nach der Weggabelung treffen wir erneut auf eine **Cavra 15** am Abbruch der Felswände mit großartiger Aussicht auf die Marocche von Dro und die trutzige Burg von Drena (→ Tour 1). Etwa 10 Min. nach der Cavra müssen wir einen kurzen steilen Abstieg zwischen Felsblöcken bewältigen. Anschließend geht es wieder eben weiter. Wenig später erreichen wir eine Weggabelung **16** mit dem Schild ▶

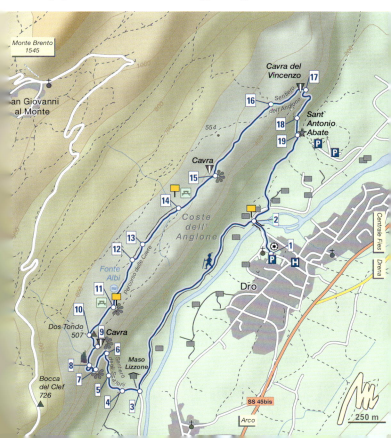

▶ „Lastoni". Wir folgen einem daneben stehenden Schild „Percorso delle Cavre" nach rechts.

Nach wenigen Metern öffnet sich der Wald und gibt den Blick aufs Tal frei. Hier beginnt der **Sentiero dell'Anglone**. Der Kletterpfad führt steil und gerölig in Serpentinen bergab und ist abschnittsweise **drahtseilgesichert**. Vereinzelt wachsen Steineichen und Büsche am Weg. Unter uns fallen die Felswände senkrecht ab. **Vorsicht ist geboten!**

Etwa 10 Min. nach der Weggabelung erreichen wir in einer Rechtskurve **17** den wenige Meter oberhalb stehenden **Cavra del Vincenzo**, den letzten Lastenaufzug dieser Tour.

In der Folge klettern wir immer wieder mit Hilfe von Drahtseilversicherungen und in den Fels gehauenen Stufen abwärts. Die Ausblicke sind spektakulär, aber die meiste Zeit haben wir keinen Schatten und bei Sonne ist das eine schweißtreibende Angelegenheit! Etwa 10 Min. nach der Cavra verschnaufen wir bei einem kurzen Gegenanstieg, um gleich darauf wieder bergab zu kraxeln. Wir passieren eine Gedenktafel im Fels. Es folgen weitere **Drahtseilversicherungen** und ein etwa drei Meter langer Betonsteg. Über einige steile Felsstufen hinabkletternd, erreichen wir ca. 0:20 Std. nach der Cavra einen großen schattigen **Felsüberhang 18**.

Das geht in die Knie ...

Hier endet der Kletterpfad. Wir ruhen uns einige Minuten im Schatten aus und kraxeln dann noch wenige Stufen hinab in den Wald. Auf schmalem Pfad geht es südlich zunächst durch Mischwald. Zur Linken begleitet uns eine kleine Mauer. Nach wenigen Metern wird der Pfad gerölig und führt steil durch einen Olivenhain bergab. Ungefähr 5 Min. nach dem Felsüberhang treffen wir am Bildstock von **Sant'Antonio Abate 19** auf den Wander- und Fahrradweg, der am Westrand des Sarcatals entlangführt.

Hier biegen wir rechts ab in Richtung **Dro** und wandern durch Olivenhaine und Weinfelder. Wenig später treffen wir auf erste Wohnhäuser. Ab hier führt der Weg geteert in Richtung Süden, vorbei an Kiwiplantagen. Nach wenigen Metern gelangen wir zur Via Cesare Battisti.

Wir halten uns rechts und erreichen knapp 0:20 Std. nach dem Bildstock die Infotafel **2** am Ende der Brücke über die Sarca. Ab hier wandern wir in ca. 5 Min. auf dem Hinweg zurück zum Parkplatz **1** in **Dro**. ∎

*** Auf den Monte Stivo

Die abwechslungsreiche Streckenwanderung führt durch Bergwald und über weite, blumenreiche Almhänge auf den Gipfel des Monte Stivo über senkrechten Felsabbrüchen mit phantastischem Rundumblick.

▶▶ Wir starten die Wanderung am Bildstock **1** am Rande des Parkplatzes vor **San Antonio's Bar** (aus Santa Barbara kommend). Bereits von hier erkennen wir im Norden hoch über uns den breiten Rücken des Monte Stivo.

Wir folgen der geteerten Straße nach Norden und erreichen nach etwa 100 m das Haus **Baita Castil** **2**. Unmittelbar rechts davon weist uns ein Schild „608b, Le Prese, Rifugio P. Marchetti, Monte Stivo" den Weg nach links in Richtung Osten.

Wir folgen dem geteerten Sträßchen. Knapp 5 Min. nach dem Start beschreibt es eine Linkskurve **3**, an der ein Waldweg nach rechts abzweigt. Wir aber bleiben auf unserem Sträßchen, passieren wenige Meter weiter einen kleinen Parkplatz und einen **Schaukasten**, in dem angeschrieben ist, ob das Rifugio P. Marchetti am Monte Stivo geöffnet hat. Unser Fahrweg windet sich in weitgeschwungenen Serpentinen zwischen Lärchen bergauf.

Wir passieren nach wenigen Minuten eine alte Steinhütte, die oberhalb des Weges thront und erreichen gleich darauf einen kleinen **Brunnen** **4** mit köstlichem, eiskaltem Wasser. Etwa 50 m nach dem Brunnen ignorieren wir den Waldweg, der halb rechts abzweigt und folgen dem Hauptweg mit dem Schild „Le Prese" **5** nach links.

Zwischen Lärchen, Kiefern, Buchen und Wiesenflächen wandern wir stetig bergauf. Gut 5 Min. nach dem Brunnen treffen wir auf eine Weggabelung **6**. ▶

Länge/Gehzeit: hin und auf selber Strecke zurück 9,8 km, ca. 4:00 Std. (hin 2:20 Std., zurück 1:40 Std.).

Charakter: abwechslungsreiche Gipfelbesteigung abseits des Massentourismus durch verschiedene Vegetationszonen mit phantastischen Ausblicken und großer Blumenfülle im Frühsommer. Bis zur Malga Stivo **12** auf breiten, stellenweise gerölligen Wegen, danach auf schmalem, aber gut erkennbaren Bergpfad. Bis Le Prese **8** schattig, danach der Sonne ausgesetzt!

Markierung: bis Le Prese **8** Wegnummer 608b, dann 608. Der Weg ist durchgehend bis zum Gipfel mit rot-weiß-roten Streifen markiert.

Ausrüstung: robuste Bergschuhe. Beständig relativ steil, daher für den Abstieg Stöcke nicht vergessen.

Verpflegung: Verpflegung und Einkehr am Start in San Antonio's Bar (dort auch ein Brunnen) **1** und im Rifugio P. Marchetti **14**, das von Juni bis Ende Sept. geöffnet hat (☎ 0464-520664, www.rifugiostivo.it, Info auch im Schaukasten nach **3**). Ein Brunnen findet sich außerdem bei **4**.

Hin & zurück: Von Arco, Ortsteil Bolognano-Vignole, führt die SP 48 eng, aber gut befestigt und kurvenreich in 13 km auf die abgelegene Hochebene von Santa Barbara. Im Ort links Richtung San Antonio's Bar und Monte Stivo. Nach 600 m Parkplatz vor San Antonio's Bar.

▶ Während die Teerstraße nach rechts weiterführt, wandern wir halb links, dem Schild „Le Prese" und „Rifugio" folgend durch zunehmend dichteren Laubmischwald bergauf. 10 Min. nach der Gabelung passieren wir eine geschlossene **Schranke** 7, unter der wir hindurchkriechen müssen. Der Weg wird steiniger und verläuft eine Weile durch schattigen Kiefern- und Lärchenwald.

Unvermittelt öffnet sich der Wald schließlich 0:20 Std. nach der Schranke an einer Rechtskurve. Hier steht eine Bank 8, darüber hängt an einem Baumstamm ein **Marterl**. Ein Wegweiser unmittelbar daneben verrät uns, dass wir die Almwiese **Le Prese** erreicht haben. Vor uns ziehen sich weite Wiesenflächen nach Norden die breite Flanke des **Monte Stivo** empor. Im Frühsommer sind diese Wiesen bis hinauf zum Rifugio P. Marchetti ein einziges Blütenmeer. Nur das Zirpen der Grillen, das Summen der Fliegen und Vogelgezwitscher durchbrechen hier die Stille.

Nach einer ausgiebigen Rast folgen wir dem breiten, steinigen Fahrweg, der in einem weiten Bogen und anschließend geradewegs Richtung Norden den weiten Hang hinaufführt. Verschiedene Abkürzungen lassen wir dem Schutz der Vegetation zuliebe aus und verbleiben auf dem Hauptweg. Nach Westen öffnet sich ein weiter Blick auf das Sarcatal und die westlichen Gardaseeberge. Im Süden thront der Monte Brione weit unter uns und hinter ihm glitzert im Dunst das Wasser des Gardasees. Dieser Ausblick wird uns nun bis zum Gipfel begleiten.

Der steinige, von lockerem Geröll bedeckte Weg führt steil bergauf. Etwa 0:15 Std. nach der Bank entdecken wir am rechten Wegrand einen halb verfallenen gemauerten Unterschlupf 9. Nach weiteren 10 Min. passieren wir eine große Viehtränke 10. Wir haben die Wiesen der Alm **Malga Stivo** erreicht, auf der im Sommer Kühe, Pferde und Ziegen weiden. Hoch über uns winkt der Gipfelgrat des Monte Stivo mit der Silhouette des Rifugio P. Marchetti.

Blumenpracht am Monte Stivo

Ähnlich wie am allerdings viel überlaufeneren Monte Baldo sind die Hänge des Monte Stivo von Mai bis August ein Blumenmeer: weiße Lilie,

Pfingstrose, Trollblume, Butterblume, Gelber Enzian, Anemone, Glockenblume und die majestätische Feuerlilie (ital. „Giglia San Giovanni", weil sie Ende Juni, um Johanni blüht, s. Foto links) sind unter anderem zu bewundern.

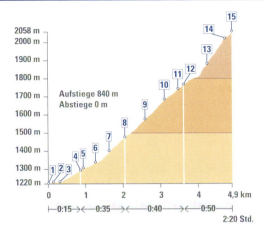

In weiten Serpentinen führt der Weg nun den Westhang des Monte Stivo empor und passiert dabei eine Almhütte. Einen Pfadabzweig **11** nach links etwa 10 Min. nach der Tränke ignorieren wir und verbleiben auf unserem Hauptweg. Nach einer weiteren Serpentine, an der der Lastenaufzug zum Rifugio P. Marchetti beginnt, erreichen wir die Almhütten und Ställe der Malga Stivo. Ein Wegweiser **12** führt uns direkt zwischen zwei Gebäuden hindurch.

Der breite Weg weicht ab hier einem schmalen und steinigen Gebirgspfad. Dieser führt in nördlicher Richtung durch die Almwiesen bergauf und unterquert etwa 5 Min. nach dem Wegweiser den Lastenaufzug zum Rifugio P. Marchetti. Die Wiesen sind alsbald von einzelnen ▶

Noch weit in der Ferne winkt der Gipfel des Monte Stivo

▶ Latschen durchsetzt. Wenige Minuten nach der Unterquerung des Lastenaufzugs wendet sich der Pfad nach Osten und klettert steil ansteigend durch dichte Latschenkiefern dem Gipfelgrat entgegen.

Wir passieren etwa 0:20 Std. der Malga Stivo an einer Kurve eine Gedenktafel **13** für Silvano Zanella, einen Pfarrer aus der Gegend, der im Alter von 93 Jahren im Juni 2006 an diesen Hängen tödlich verunglückte. Nach zwei weiteren langgezogenen Serpentinen queren wir abermals die Trasse des Lastenaufzugs und stehen nach einigen weiteren Kurven etwa 0:20 Std. nach der Gedenktafel auf der Aussichtsterrasse des **Rifugio P. Marchetti 14**.

Hier können wir uns stärken und den phantastischen Blick auf das Sarcatal und den Gardasee genießen oder aber weiter zum Gipfel wandern. Vom Rifugio führt der Pfad in östlicher Richtung bergauf. Wir passieren nach wenigen Metern ein verfallenes Hüttenfundament und gleich darauf eine mit Felsgeröll gefüllte Senke. 5 Min. nach dem Rifugio erreichen wir den **Gipfelgrat**. Vor uns stürzen die Felswände senkrecht in die Tiefe.

Wir halten uns links und erreichen nach wenigen Metern das Gipfelkreuz **15** des **Monte Stivo**. Es steht auf einem kleinen Felsplateau, das senkrecht nach Osten abbricht. Tief unten sehen wir Rovereto und die Etsch, die sich einem silbernen Band gleich durch das Tal windet. Im

▼ Ausblick auf Wolkentürme über dem Etschtal   ▼ Viehtränke als Wegweiser

Tour 3 ✱✱✱   53

Süden ragt das Massiv des Monte Altissimo empor, im Südwesten erheben sich die Berge am nördlichen Gardasee. Nach Norden geht der Blick in die Zentralalpen.

Die Sektion Arco des italienischen Alpenvereins hat wenige Meter neben dem Gipfelkreuz eine halbrunde, gemauerte Plattform errichtet und auf einer rundum verlaufenden Brüstung alle Berge und geographischen Sehenswürdigkeiten mit metallenen Wegweisern markiert. Sage und schreibe 115 dieser Wegweiser sind angebracht und verdeutlichen die umfassende Fülle des Panoramas.

Außer dem Krächzen einiger Dohlen, die in den Aufwinden der Felswände tanzen, einzelnem Vogelgezwitscher und fernen Kuhglocken stört kein Geräusch die Stille an diesem erhabenen Aussichtsplatz.

Nach einer ausgiebigen Rast und dem obligatorischen Eintrag ins Gipfelbuch, das in einem Metallkasten am Kreuz gelagert ist, geht es auf dem gleichen Weg in etwa 1:40 Std. zurück zum Ausgangspunkt **1**. ■

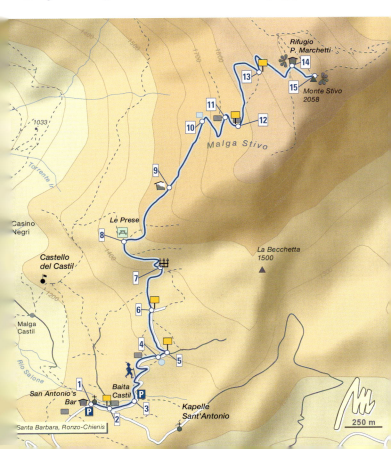

✱✱ Steinbrüche und Ritzzeichnungen bei Arco: von San Martino nach Pianaura

Die kurze, abwechslungsreiche Wanderung führt, vorbei an berühmten Kletterfelsen und ehemaligen Kalksteinbrüchen, durch Busch- und Buchenwald zu teils prähistorischen Ritzzeichnungen in einer Felswand.

▶▶ Wir beginnen unsere Wanderung in **San Martino** an der Bushaltestelle **1** gegenüber dem Parkplatz.

Zunächst gehen wir gut 10 m die Via Angelo Maino nach Osten. Dann biegen wir nach links in die Via San Martino und schlendern durch das alte Ortszentrum. Nach wenigen Metern passieren wir zur Linken ein altes steinernes Waschhaus, zur Rechten einen schmalen Aufgang an einem alten, mit „1581" datierten Gemäuer. Nach wenigen Metern gehen wir unter einem mit einer Uhr bestückten Torbogen hindurch. Die schmale Gasse entlang wandernd, erreichen wir nach etwa 150 m die von links kommende Via Alessandro Volta. Unsere Straße, die Via San Martino, biegt nach halb rechts ab und verläuft nach einem kleinen östlichen Schlenker in Richtung Nordosten (Schild „Chiesetta San Martino" am rechten Straßenrand).

▼ Auf altem Pflasterweg durch Buchenwald

▼ Langsam tickt die Uhr im alten Ortszentrum von San Martino

Es folgen noch ein altes Haus zur Rechten, ein Stück Mauer und ein schöner Olivenhain. Etwa 5 Min. nach dem Start zweigt eine Fahrstraße **2** nach rechts ab (Schild „Chiesetta" und „Falesia"). Wir folgen ihr bergauf und wandern durch den Hain aus alten Ölbäumen.

Knapp 5 Min. später biegen wir erneut rechts **3** ab und folgen der Beschilderung zur **Chiesa di San Martino**. Der kurze Weg dorthin (insgesamt ein etwa fünfminütiger Umweg) verläuft zwischen wunderschönen, verwachsenen Olivenbäumen mit ineinander verschlungenen und gespaltenen Stämmen. Die Kirche liegt idyllisch über dem Sarcatal.

Wir gehen die wenigen Meter zurück zur Fahrstraße und wenden uns dann nach rechts bergauf, über uns die bewaldete Westflanke Prato del Corno des Monte Stivo. Etwa 5 Min. nach dem Abzweig zur Kirche erreichen wir eine Straßenkreuzung **4**.

Wir folgen dem Wegweiser „Falesia, Pianaura" nach links und wandern die schmale geteerte Straße in nordöstliche Richtung zwischen weiteren alten Olivenbäumen hindurch. Nach gut 5 Min. treffen wir auf einen Parkplatz auf der linken Seite. Am östlichen Ende des Parkplatzes befinden sich ein Wasserhahn und eine Infotafel **5** zum hier beginnenden Wald **Bosco Caproni**. Hinter dem Parkplatz ragen die berühmten Kletterwände **Falesia Policromuro** über den Bäumen hervor.

Unmittelbar hinter der Infotafel beginnt ein grob gepflasterter Weg in nordöstlicher Richtung (Wegweiser „668 Troiana, Monte Stivo"). Wir wandern den Weg entlang auf die Felswände zu. Warnschilder weisen auf die Steinschlaggefahr hin, die durch die zahlreichen Kletterer droht. Der Weg führt unterhalb der Felswände in einem weiten Bogen nach Osten bergauf. Er ist von Busch- und Buchenwald umgeben, der ab und an den Blick auf die Felsen freigibt. Etwa 10 Min. nach dem Parkplatz weist ein Schild **6** „Sentiero Naturalistico" nach links, nach rechts führt ein gepflasterter Weg (unserer späterer Rückweg).

Wir folgen dem Schild und stehen nach wenigen Metern am Südrand eines stillgelegten **Kalksteinbruchs** (→ „Bis nach Wien und Padua"). Ein Pfad führt unter den ausgehöhlten Felswänden hindurch. Die Felspartien, die ▶

Länge/Gehzeit: 5,2 km, ca. 1:55 Std.

Charakter: überwiegend schattige Tour auf Fahrstraße, breiten Waldwegen und steinigen Pfaden. Keine Schwierigkeiten, allerdings können die alten Pflasterungen bei Nässe etwas rutschig werden. Spannend für Kinder!

Markierung: Schild „Sentiero (oder Percorso) Naturalistico" von **6** bis **12**. Am Rückweg zwischen **11** und **14** rot-weiß markiert. Der Rest des Weges ist mit Ortshinweisschildern versehen.

Ausrüstung: festes Schuhwerk.

Verpflegung: ein Wasserhahn am Parkplatz bei **5**. Trinkwasser und Verpflegung mitnehmen. Keine Einkehrmöglichkeit am Weg.

Hin & zurück: etwa 100 m nördlich des Kreisverkehrs unmittelbar östlich der Brücke in Arco Rechtsabzweig nach San Martino (Schild „Falesia Policromuro"). Nach 100 m links großer Parkplatz (Durchfahrtshöhe 2 m). Auf der anderen Straßenseite **Bushaltestelle** der Linie 3. Sie verkehrt von Riva über Arco Zentrum und Bolognano etwa alle 0:30 Std. zwischen 7 und 21 Uhr.

► zur Stabilisierung der Wand nicht abgebaut wurden, ragen wie Pfeiler aus dem Boden. Hier lässt es sich abenteuerlich umherkraxeln. Am Nordende der Höhlen führt der Pfad nach etwa 200 m zurück ans Licht.

Es geht links bergauf über einige steinige Stufen. Dann folgt erneut ein kleinerer Steinbruch zur Linken. Am rechten Rand begrenzt ein Geländer den Weg. Dahinter bietet sich ein schöner Blick hinab in den Wald **Bosco Caproni** am Fuß der Felswände unter uns. Im Süden liegen der Monte Brione und der Gardasee.

Auf den Spuren der Steinmetze durch den Kalk

Nach dem zweiten Steinbruch führt der Weg eben und schattig durch dichten Wald. Ein Künstler hat zur Rechten **Steininstallationen** an einigen Baumstämmen befestigt, die an Spinnen erinnern. Nach einigen Metern sehen wir links von uns zwei überwachsene Höhlen. Unmittelbar danach und etwa 0:15 Std. nach dem ersten Kalksteinbruch gabelt sich der Weg **7**.

Wir folgen weiter der Beschilderung „Percorso Naturalistico" geradeaus. Der Weg führt in einer Serpentine durch den Wald und erreicht knapp 5 Min. nach dem Abzweig einen weiteren **Kalksteinbruch** auf der linken Seite. Auch hier führt ein Pfad hindurch. Es ist dunkler und düsterer als beim ersten Steinbruch und etwas unheimlich.

Nach etwa 100 m endet der Steinbruch vor einem großen Haus. Hier gabelt sich der Weg. Wir folgen dem Schild **8** „Dosso Grande/Dro"

Bis nach Wien und Padua – der Kalkstein aus San Martino

In den Steinbrüchen wurde jahrhundertelang Kalkoolith abgebaut, ein Sedimentgestein aus der Jurazeit. Hierzu wurden die Felswände Stück für Stück ausgehöhlt. Die grob behauenen Felssäulen, die dem Areal ein düsteres Hallenambiente verleihen, blieben zur Stabilisierung stehen. Das feinkörnige, weißliche Gestein ließ sich gut mit Schneidegeräten bearbeiten. Es wurde sowohl in der lokalen Bauwirtschaft genutzt als auch für Rohrleitungen und Aquädukte verwendet, z. B. im 19. Jh. in Rovereto und Trento. Auch Bildhauer nutzten das Gestein. Statuen in Padua und am Wiener Prater wurden daraus hergestellt. Unbestätigten Berichten zufolge war es gar für den Sockel der Freiheitsstatue in New York vorgesehen – was daraus wurde, ist nicht bekannt.

Tour 4 ✸✸ 57

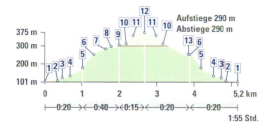

nach rechts. Zur Linken befindet sich ein steinerner Brunnenschacht zwischen zwei mächtigen Kastanien. Zu beiden Seiten des Weges ragen die überwachsenen Häuserruinen von **Vastre** aus dem Wald. Etwa 100 m nach dem letzten Haus genießen wir einen schönen Blick nach links auf das Sarcatal.

Der Weg führt erst ein Stück bergab, dann wieder bergauf durch dichten Wald. Etwa 5 Min. nach dem beschilderten Abzweig treffen wir auf eine Gabelung **9**. Links geht es nach Dro, nach rechts zweigt unser „Percorso Naturalistico" ab. ▶

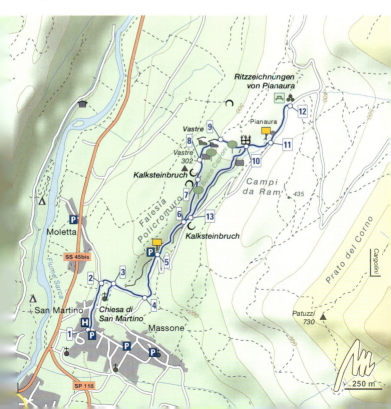

▶ Wir gehen rechts durch mit Felsen übersäten Wald. Nach etwa 5 Min. erreichen wir eine weitere Kreuzung an einem Holzgatter **10**. Der Weg nach rechts ist unser späterer Rückweg. Zunächst aber gehen wir durch eine Öffnung im Gatter hindurch und wandern in östlicher Richtung auf einem betonierten Weg durch Laubmischwald bergauf. An einer Holzschranke und einer Infotafel **11** zum „Percorso Naturalistico" etwa 5 Min. später mündet der Weg in die **Fahrstraße** nach Pianaura.

Wir halten uns links und wandern leicht bergauf. Nach etwa 100 m erblicken wir zur Linken die wenigen Häuser von **Pianaura**. Gut 5 Min. nach der Holzschranke kommen wir an eine Infotafel **12** am rechten Straßenrand, davor steht eine Picknickbank. Wenige Meter hinter der Infotafel ragt eine etwa 10 m hohe und 50 m breite Felswand aus dem Wald. Hier befinden sich die **Ritzzeichnungen** von Pianaura (→ Kasten). An diesem ruhigen und abgeschiedenen Platz lässt sich in Ruhe picknicken.

Die Ritzzeichnungen von Pianaura

Die „incisioni rupestri" stammen aus verschiedenen Epochen: der Eisenzeit, dem Mittelalter und der Neuzeit. Der überhängende Fels, an dem sie sich befinden, diente vermutlich vor etwa 7000 bis 8000 Jahren als Initiationsort für junge Männer sowie als Tempelstätte. Es finden sich Tiersymbole (Falken und Schlangen), Kreuze und magische Zeichen auf der Felswand – ein Ort, dessen Wirkung sich erst beim Verweilen richtig erschließt.

Zurück geht es in knapp 10 Min. bis zur **Kreuzung** am Holzgatter **10**. Wir halten uns nun links, einer rot-weißen Markierung folgend. Auf alter Pflasterung geht es durch den Wald bergab. Immer wieder sind Schleifspuren alter Räder in den Felsplatten am Boden zu erkennen. Ungefähr 5 Min. nach dem Gatter öffnet sich zur Linken eine von Felswänden umgebene Wiese, auf der eine **Blockhütte** steht – ein idyllischer Platz!

Am Ende der Wiese verengt sich der Weg und führt zwischen zwei Felswänden hindurch. Dichter Baumbewuchs sorgt für Schatten. An den Wänden hangeln sich meterlange Luftwurzeln weiter oben wachsender Bäume herab. Etwa 10 Min. geht es auf diese Weise zwischen Felsen hindurch. Dann öffnet sich der Wald und der Pfad führt eben und von dichtem Gebüsch fast überwachsen am östlichen Rand einer Wiese entlang.

Am Ende der Wiese wird der Weg breiter. Nach etwa 20 m zweigt rechts rot-weiß markiert ein gepflasterter Weg **13** ab, den wir einschlagen (geradeaus endet der Weg nach 10 m an der Fahrstraße nach Pianaura).Er führt uns nach rechts bergab und nach etwa 50 m an die Gabelung **6**, die wir bereits vom Hinweg kennen. Zur Rechten sehen wir den Beginn des unteren Steinbruchs. Ab hier wandern wir in etwa 0:20 Std. zurück zum Ausgangspunkt **1** in **San Martino**. ■

** / *** Von Arco auf den Monte Colodri und den Monte Colt

Diese aussichtsreiche Rundwanderung hoch über Arco und dem südlichen Sarcatal bringt uns auf zwei Aussichtsgipfel. Im ersten Teil führt sie als kindergeeignete Wanderung zum Gipfel des Monte Colodri mit Gardaseeblick, im weiteren Verlauf spektakulär am Grat in Richtung des Monte Colt entlang. Nach einem steilen Abstieg geht es gemächlich durch das Tal von Laghel zurück.

▶▶ Wir starten an den Picknickbänken **1** am Beginn des **Kreuzwegs** (Via Crucis) zur Kirche Santa Maria di Laghel. Auf dem gepflasterten Weg wandern wir durch einen malerischen Olivenhain bergauf. Zur Rechten ragt der **Burgfels von Arco** empor (→ Tour 7), vor uns die Südwand des Monte Colodri.

Etwa 5 Min. nach dem Start folgen wir einer von rechts kommenden Fahrstraße nach Norden und erreichen knapp 5 Min. später die Kirche **Santa Maria di Laghel 2**, errichtet 1725. Die Tür zum Vorraum ist tagsüber geöffnet, so dass man einen Blick ins Innere werfen kann.

Vor der Kirche befindet sich ein **Brunnen** (kein Trinkwasser!). Unmittelbar am Brunnen zweigt rechts unser Weg 431 ab, beschildert mit „Monte Colodri, Monte Colt, Ceniga" (der Weg geradeaus ist unser Rückweg). Über lockeres Geröll geht es in steilen Serpentinen bergauf durch Zypressen, Steineichen und Hopfenbuchen. Nach wenigen Metern kommen wir an drei Eisenkreuzen vorbei, die nachts illuminiert sind.

Weiter steil bergan steigend, erreichen wir etwa 5 Min. nach der Kirche einen Linksabzweig **3**. Wir aber verbleiben auf dem Hauptweg 431 nach rechts. Immer wieder genießen wir tolle Ausblicke nach Süden ▶

Länge/Gehzeit: 7,1 km, ca. 3:15 Std.; familientaugliche Variante von ⬛1⬛ bis ⬛6⬛ und auf selbem Weg zurück 2,4 km, 1:00 Std. (hin 0:35 Std., zurück 0:25 Std.).

Charakter: Die Wanderung zum Monte Colodri ist zwar steil, aber nicht schwierig. Der Weg zum Monte Colt und der Abstieg danach sind teilweise sehr steil, ausgesetzt und bei Nässe rutschig. Der überwiegende Teil der Wanderung ist schattig.

Markierung: von der Kirche ⬛2⬛ bis ⬛5⬛ und von ⬛6⬛ bis ⬛14⬛ Weg 431. Der Abstecher zum Monte Colodri ist 431B. Der gesamte Wegverlauf ist rot-weiß markiert.

Ausrüstung: Bergschuhe und Wanderstöcke für den steilen Abstieg.

Verpflegung: Brunnen zum Abkühlen bei ⬛2⬛, aber kein Trinkwasser! Daher Proviant und Wasser mitnehmen. Einkehrmöglichkeiten a ler Art in Arco.

Hin & zurück: in Arco westlich von der Touristeninfo von der SS 45 in die SP 36 delle Grazie einbiegen. Nach 100 m dem Schild Richtung „Laghel" folgen und vorbei am Parco Arciducale zum Parkplatz am Kreuzweg. **Bus:** Die nächste Bushaltestelle befindet sich etwa 100 m nach der Brücke über die Sarca an der SS 45 in Richtung Trento („Arco Svizzera"). Von dort etwa 0:20 Std. zu Fuß zum Startpunkt (genaue Beschreibung des Fußwegs → Tour 7 ⬛1⬛ bis ⬛6⬛). Zwischen 7 und 22 Uhr Verbindung mit Riva etwa alle 0:30 Std. mit den Linien 204/205.

Südliches Sarcatal/Arco

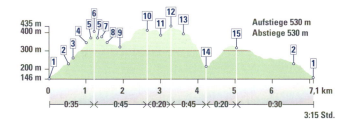

▶ auf den Monte Brione (→ Tour 34), die Rocchetta und den Gardasee. Unterhalb einiger Felsplatten vorbei geht es über Wurzeln und Steine am Weg allmählich Richtung Norden. Etwa 10 Min. später ignorieren wir einen weiteren Linksabzweig **4** und bleiben auf dem Hauptweg rechts.

Etwa 100 m nach dem Abzweig öffnet sich zu unserer Linken eine Wiesenfläche mit Picknickbänken und Feuerstelle. Sie befindet sich am Fuß einer etwa 30 m hohen **Felswand** – im Sommer ein beliebtes Übungsrevier für Kletterer (samt Familienanhang). Wir passieren die Wiesenfläche und kommen kurz darauf an eine Weggabelung **5**.

> **Varianten: familientauglich oder harte Tour**
>
> Im Grunde beschreibt diese Tour zwei Wanderungen in einer: Wer nur auf den Gipfel des Monte Colodri und dann zurück zum Start wandert, kann dies mit Kind und Kegel und festem Schuhwerk in etwa 1 Std. bewältigen und wird mit prächtigem Rundumblick belohnt. Der Weg zum Monte Colt und dem Croce di Colt ist dagegen beschwerlich und nur für Geübte, die schwindelfrei sind. Er belohnt dafür mit spektakulären Ausblicken über senkrechten Felswänden.

Links geht es zum Monte Colt (unser späterer Weg), nach rechts zum Monte Colodri. Wir gehen rechts (Weg 431 B) zunächst wenige Meter bergab und steigen dann scharf nach rechts abbiegend (Schild „Croce") einige Felsen hinauf. Nach wenigen Metern stehen wir vor dem mehrere Meter hohen metallenen Gipfelkreuz **6** des **Monte Colodri**.

Der Gipfelbereich besteht aus scharfkantigen, durch Erosion von kleinen Ablaufrillen zerfurchten Felsblöcken, wie wir sie auch im weiteren Verlauf der Wanderung immer wieder antreffen werden. Nach Süden geht der Panoramablick zum Monte Brione, zum Gardasee und zum Kamm des Monte Baldo (→ Touren 8 ff.), nach Osten zum Monte Stivo (→ Tour 3). Nach einer ausgiebigen Rast und einem Eintrag ins Gipfelbuch steigen wir in knapp 5 Min. zurück zur Weggabelung **5**.

Weniger Geübte oder Familien mit Kindern können nun in etwa 0:25 Std. zurück zum Ausgangspunkt wandern (→ „Varianten").

Wir aber halten uns rechts und folgen dem Wegweiser „Monte Colt, Ceniga" durch ein Geröllfeld und dann bergauf über lockere Steine zwischen Steineichen und Kiefern. Knapp 5 Min. nach der Weggabelung treffen wir unvermittelt auf einen spektakulären **Aussichtspunkt 7** am Grat. Unter uns brechen senkrecht die Felswände ins Sarcatal ab. Wir erkennen den Gratverlauf in Richtung Norden. Im Tal grüßen Ceniga und im Osten der mächtige Monte Stivo.

Wir wandern nun am Grat entlang. **Trittsicherheit und Schwindelfreiheit** sind in diesem Wegabschnitt erforderlich! Nach wenigen Minuten knickt der Weg scharf nach links ab und führt als steiler Steig durch Felsen, Geröll und Steineichenwald bergab. Seilgeländer und Eisentritte helfen uns bei diesem anstrengenden Wegstück.

Am Ende des Steilstücks treffen wir auf eine Weggabelung **8**. Wir gehen hier rechts durch Kiefern, dann Steineichen und Hopfenbuchen auf geröllligem Weg Richtung Norden. Ungefähr 5 Min. nach der Gabelung trifft unser Weg wieder auf den Grat. Eine Abzweigung nur wenige Meter weiter ignorieren wir. Nach einer Linkskurve führt unser Pfad an einer Mauer entlang vom Grat weg. Am Ende der Mauer mündet er in einen breiten, quer verlaufenden ungeteerten Fahrweg **9**.

Hier halten wir uns rechts, dem Schild „Monte Colt, Ceniga" folgend. Zur Linken ein Pferdegehöft, rechts ein Olivenhain, danach eine Hofeinfahrt. Ab der Einfahrt führt der Weg als schmaler Pfad an einer Mauer entlang. Am Ende der Mauer geht es stetig bergauf durch Mischwald. Immer wieder sind am Weg niedrige Reste von Begrenzungsmauern zu sehen. Im Gelände türmen sich vermehrt Felsbrocken.

Etwa 0:20 Std. nach der Einmündung auf den Fahrweg treffen wir an einem kleinen **Felsplateau 10** wieder auf den Grat. Im Norden erkennen wir den Ort Dro und die gewaltige Felstrümmerlandschaft der Marocche ▶

Südliches Sarcatal/Arco

Das Tal von Laghel vor der schneebedeckten Rocchetta

▶ (→ Tour 1). Östlich davon erhebt sich die mächtige Silhouette des Monte Bondone. Im weiteren Wegverlauf geht es in leichtem Auf und Ab durch Mischwald und Erikapolster. Nach ungefähr 5 Min. erreichen wir eine Wegkreuzung, an der wir uns rechts halten. Einige Meter weiter treffen wir vor einem gewaltigen Strommasten auf eine weitere Weggabelung **11**.

Hier gehen wir links (der rechte Weg führt hinab ins Sarcatal!) und kraxeln durch felsiges Gelände auf schmalem Pfad steil bergauf, bis wir etwa 10 Min. später erneut auf ein diesmal unscheinbares **Felsplateau 12** treffen, auf das die Buchstaben „Colt" gepinselt sind. Wir befinden uns auf dem **Gipfel des Monte Colt**. Nach Westen geht der Blick auf die gewaltige Felswand der Cima Nanzone, nach Norden auf die Marocche von Dro.

Nach einer **Gipfelrast** steigen wir auf felsigem, bei Nässe rutschigen Steig in nordöstlicher Richtung ab. In einer Linkskurve folgt ein kurzer Anstieg über einige Felsplatten. Im weiteren Verlauf steigen wir bergauf, bergab durch Mischwald und Felsen und treffen ca. 15 Std. nach dem Gipfel auf ein großes Betonkreuz **13** auf einem Felsplateau. Es handelt sich um das **Croce di Colt** oder auch **Croce di Ceniga**.

Unmittelbar nördlich des Kreuzes bricht die Felswand senkrecht bis zu den Dächern von **Ceniga** ab. Nach diesem letzten schönen Aussichtspunkt folgen wir dem Weg (Schild „Ceniga, Naroncolo") zunächst über einige Felsplatten, dann durch einen Buchenwald in Richtung Südwesten. Etwa 5 Min. nach dem Kreuz beginnt ein steiler und mühsamer Abstieg auf engen Serpentinen durch eine Geröllflanke. Bei Nässe **Rutschgefahr**!

Nach etwa 10 Min. Abstieg folgt ein Stück ebener Waldpfad Richtung Westen, dann nochmals ein steiler Abstieg. Es geht abwechselnd über Felsplatten und durch Mischwald. Nach einem letzten Schlenker

Richtung Norden erreichen wir gut 0:30 Std. nach dem Kreuz eine Weggabelung **14** am Fuße eines Strommasten. Rechts führt der Weg am von hier aus sichtbaren Gehöft Naroncolo vorbei nach Ceniga (Schild).

Wir wenden uns nach links und wandern einen teils gepflasterten, teils betonierten Fahrweg nun wieder bergauf durch Laubmischwald. Zu beiden Seiten des Tales, durch das wir wandern, ragen hohe Felswände empor. Nach etwa 5 Min. zweigt nach rechts ein Pfad ab, den wir ignorieren. Wir bleiben geradeaus auf unserem Fahrweg. Er zieht sich in einigen Serpentinen bergauf und erreicht etwa 10 Min. nach dem Abzweig einen Zaun, der zu unserer Rechten ein terrassiertes Grundstück begrenzt. Wir folgen dem Verlauf des Zauns auf unserem nunmehr ebenen Weg. Am Ende des Grundstücks steht ein Haus. Wenige Meter weiter zweigt nach links oben ein Weg ab. Wir bleiben geradeaus und erreichen ca. 100 m nach dem Abzweig eine geteerte Fahrstraße **15**.

Hier steht ein Schild „Bivio Laghel di Sopra, Ceniga" (bivio = Abzweigung). Wir befinden uns am oberen (oben = sopra) Ende des Tals von Laghel. Ab hier geht es auf der Teerstraße stets bergab in südwestlicher Richtung. Zunächst passieren wir ein altes gemauertes **Jagdhaus** am linken Wegrand, eine „casa di caccia". Vorbei an Wiesenflächen, einzelnen Häusern und Mischwald geht es weiter bergab. Zur Linken passieren wir mehrere Hofeinfahrten, es folgt links ein Olivenhain, rechts Wald. Zur Rechten öffnet sich unterhalb des Waldes eine geräumige Senke, die sich nach ausgiebigen Regenfällen zu einem kleinen See, dem **Lago di Laghel**, füllt.

Wir sehen bald den Kirchturm von Santa Maria di Laghel vor uns und erreichen ihn ungefähr 10 Min. nach den Hofeinfahrten. Von der **Kirche 2** wandern wir auf der Route des Hinwegs in knapp 10 Min. mit schönem Blick auf die Burg von Arco zurück zum Ausgangspunkt **1** am Beginn des Kreuzwegs. ■

Senkrecht über dem Sarcatal

* Auf Rilkes Spuren in und um Arco I: zur Eremo di San Paolo

Der erste Teil unserer Wanderung auf den Spuren des Dichters Rainer Maria Rilke führt flach durch Agrarland zur mittelalterlichen Eremo di San Paolo.

▶▶ Wir starten die Wanderung am Parkplatz **1** östlich der Altstadt von **Arco** unmittelbar am Ufer des Flusses **Sarca**.

An der nördlichen Ausfahrt des Parkplatzes halten wir uns rechts und wandern die geteerte Via Paolina Caproni entlang in Richtung Norden. Zur Linken begleitet uns eine von Efeu überwachsene, mehrstufige Mauer. Darüber ragen die senkrechten Felswände der **Burg von Arco** (→ Tour 7 „Ausflug ins Mittelalter") empor.

Zur Rechten passieren wir einige Wohnhäuser des Ortsteils **Prabi** und erhaschen dann einen Blick auf die berühmte künstliche Kletterwand, an der alljährlich der „Rock Master" von Arco stattfindet, ein weltbekannter Kletterwettbewerb. Hinter der Wand ragt im Osten der mächtige Monte Stivo empor (→ Tour 3).

Im weiteren Wegverlauf wandern wir zur Linken an einem Pflaumenhain vorbei. Es folgen einige Wohnhäuser und dann die malerische kleine Kirche **Sant'Apollinare di Prabi** aus dem 14. Jh. mit schönen Fresken aus dem 16. Jh. an der Außenwand.

Am rechten Straßenrand verläuft ein betonierter Kanal, hinter dem sich das Gelände des Camping Arco erstreckt. Wir erreichen die Zufahrt **2** zum Campingplatz etwa 10 Min. nach dem Start. Wir halten uns auf schmaler werdendem Sträßchen weiter nördlich, passieren ein

Stiller Platz an steilem Fels: die Eremo di San Paolo

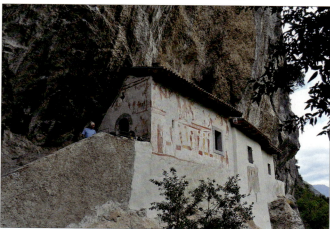

verfallenes, einstmals ansehnliches Wohnhaus zur Rechten und erreichen gleich darauf die Pizzeria California auf der linken Seite. In kurvigem Verlauf geht es zwischen mehreren mächtigen Felsen hindurch, über uns die gewaltigen Felswände des **Monte Colodri**.

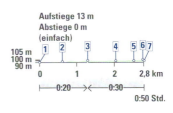

Links ragt ein ehemaliger **Kalkofen** (→ Tour 12 „Kleine Geschichte der Kalköfen") in Form eines runden Turmes empor, zur Rechten beginnt der langgestreckte Zaun des Camping Zoo. Wir erreichen seine Zufahrt ❸ etwa 10 Min. nach der Camping Arco. Auf der linken Straßenseite blicken wir über ein steinübersätes, unordentlich wirkendes Gelände, auf dem sich Fasane, Pfauen, Kaninchen und Gänse tummeln. Dieser Minizoo gehört zum gleichnamigen Campingplatz.

Neben der Zufahrt zum Campingplatz sprudelt ein kleiner **Brunnen** – Gelegenheit zu einer erfrischenden Pause. Wir wandern weiter die Straße entlang, am besten auf dem etwas erhöhten betonierten Wasserlauf entlang des Zauns. Das weite Gelände des Campingplatzes wird alsbald durch eine Abstellfläche aufgelassener Wohnwagen abgelöst. Hier tummelt sich ein Straußenpärchen, mit dem sich, sozusagen über den Zaun hinweg, gut um die Wette laufen lässt. Auf der linken Straßenseite wachsen Apfelbäume.

Rechts beginnen nach dem Ende des Campinggeländes ebenfalls weitläufige Apfelbaumplantagen. Etwa 10 Min. nach der Einfahrt zum Camping Zoo erreichen wir die Zufahrt ❹ zum **Ristorante La Lanterna**. Ab hier geht es auf schmalerer Straße weiter. Zur Linken wachsen zunächst Olivenbäume, dann dichter Laubwald. Der betonierte Wasserkanal führt seit der Zufahrt zum Restaurant auf der linken Straßenseite ▶

Länge/Gehzeit: hin und auf selbem Weg zurück 5,6 km, ca. 1:35 Std. (hin 0:50 Std., zurück 0:45 Std.).
Wer die beiden Touren auf Rilkes Spuren an einem Tag gehen will: Tour 7 ist eine Rundwanderung ab dem Endpunkt dieser Tour 6 und hat eine Wegstrecke von 6,9 km, für die ca. 2:45 Std. benötigt werden.
Charakter: ein Spaziergang auf geteerter Straße mit kurzem Schlussanstieg auf steilem Geröllweg (nach Regen rutschig) zur Eremo. Überwiegend in der Sonne und daher im Sommer um die Mittagszeit nicht zu empfehlen. Tour 7 kann angeschlossen werden (→ Länge/Dauer).
Markierung: keine.
Ausrüstung: Sonnenschutz und Straßenschuhe.
Verpflegung: Brunnen bei ❸, Einkehrmöglichkeiten in Arco und auf dem Weg zur Eremo San Paolo in der Pizzeria California (nach ❷) und im Ristorante La Lanterna ❹.
Hin & zurück: Parkplatz an der SS 45 am östlichen Zentrums von Arco, direkt an der Sarca gelegen. Die nächste **Bushaltestelle** befindet sich etwa 100 m nach der Brücke über die Sarca an der SS 45 in Richtung Trento („Arco Svizzera"). Zwischen 7 und 22 Uhr etwa alle 0:30 Std. mit den Linien 204/205 nach Riva.

▶ entlang. Etwa 10 Min. nach dem Restaurant sehen wir rechts ein altes Wehr ▣5. Es gehört, wie auch die betonierten Kanäle, zum alten Wasserkraftwerk von Prabi.

Neugieriger Weggefährte beim Camping Zoo

Blicken wir zurück, erkennen wir die Silhouette der Burg von Arco auf ihrem Felsen. Knapp 5 Min. nach dem Wehr zweigt nach links ein steiler Weg in den Wald ab. Er ist mit dem Wegweiser „Eremo di San Paolo" und der ersten Tafel der **Rilke-Promenade** ▣6 beschildert (→ „Auf den Spuren Rilkes"). Wir folgen diesem Weg und steigen auf lockerem Kies und über einige Treppenstufen durch schattigen Wald bergauf in Richtung Westen.

Nach einigen Metern öffnet sich unvermittelt ein ebener Platz am Fuße einer überhängenden Felswand. Links steht eine schlichte gemauerte Hütte. Rechts schmiegt sich der schmale, langgezogene Bau der **Eremo di San Paolo** ▣7 aus dem 12. Jh. an die Felswand wie ein Schwalbennest. Eine schmale steile Treppe

Auf den Spuren Rilkes in und um Arco

Der deutsche Dichter Rainer Maria Rilke (1875–1926) verbrachte im März 1897 einige Tage in Arco. Die Eindrücke, die er auf seinen Spaziergängen sammelte, hielt er in Briefen und Gedichten fest (siehe dazu: Elena Filosi, Rainer Maria Rilke ad Arco, MAG Edizioni 2010. Bis jetzt leider nur in italienischer Sprache erhältliches Büchlein über Rilkes Aufenthalt in Arco und Umgebung).

Die Touren 6 und 7 bewegen sich auf den Spuren der sog. Rilke-Promenade. Diese beginnt an der Eremo und führt über Arco weiter (→ Tour 7). Die Stationen des Dichters wurden mit Infotafeln versehen und die dazugehörigen Gedichte sind in kopierter Form in den Tourismusbüros von Arco und Riva erhältlich. Allerdings waren die Infotafeln im Jahre 2011 nur noch unvollständig erhalten und die Verbindung zwischen den einzelnen Stationen findet sich nirgendwo beschrieben (außer in diesem Wanderführer).

Unter www.altogardacultura.it (Suchwort „Rilke Promenade") gibt es interessante englischsprachige Informationen zu Rilke in Arco.

führt in wenigen Stufen zu der Einsiedelei empor. Ihre Außenmauern und auch der Innenraum sind mit gut erhaltenen Fresken aus dem 16. Jh. bemalt. Allerdings gibt es nur selten die Gelegenheit, ins Innere der Einsiedelei zu gelangen. Sie öffnet ihre Pforten nur an den Wochenenden im Juli und August.

Dies ist ein magischer Platz. Zwar mischt sich in der Ferne das Rauschen der Sarca mit dem Autoverkehr der Hauptstraße, aber hier ist es trotzdem ein Leichtes, sich für einen Moment in das karge Leben der Franziskanermönche, die hier vor vielen hundert Jahren als Eremiten lebten, zurückzuversetzen.

Dies schien auch Rainer Maria Rilke so zu empfinden, der im Angesicht der Einsiedelei schrieb: „Auch Eremitagen gibt's hier. Die interessanteste habe ich auf dem Weg nach Ceniga (...) entdeckt. Unter einem überhängenden Fels, fast wie von der Wucht des Schiefergesteins erdrückt, schimmert ein kapellenartiger Bau, mit steifen Fresken bemalt; unwirtliche Stufen steigen sacht zu dem wildverwachsenen Eingang (...). Die Thür neben dem Altar schattete so tief, dass ich jeden Augenblick das Gefühl hatte, in ihrem sanften Zurückweichen in verschrumpften Contouren die Gestalt eines alten Mönches zu sehen ..."

Richten wir den Blick nach oben, holt uns schnell die Moderne ein: Haken und Karabiner in der Wand weisen darauf hin, dass hier eine spektakuläre Kletterroute ihren Anfang nimmt.

Nachdem wir die Aura des Ortes zur Genüge genossen haben, machen wir kehrt und wandern in etwa 0:45 Std. auf der Route des Hinwegs zurück zum Parkplatz **1**. ■

** Auf Rilkes Spuren in und um Arco II: zur Mühle von Vigne

Der zweite Teil der Wanderung auf den Spuren des Dichters Rainer Maria Rilke streift die Burg von Arco und führt am Fuße der Berge Colodri und Baone über einen malerischen Kreuzweg an mehreren Kirchen und verschwiegenen alten Dorfkernen vorbei zur alten Mühle oberhalb von Vigne.

▶▶ Wir starten den zweiten Teil unserer Wanderung auf Rilkes Spuren ebenfalls am Parkplatz **1** östlich der Altstadt von **Arco** unmittelbar am Ufer des Flusses **Sarca** (→ Tour 6).

An seinem südlichen Ende überqueren wir einen Zebrastreifen in Richtung Ortszentrum und passieren eine Eisdiele. Nun folgen wir einige Meter westlich der Via Giovanni Segantini, der Hauptgasse des alten Arco. Knapp 5 Min. nach dem Parkplatz zweigt nach rechts der Vicolo delle Ere **2** ab, auch mit „Castello" beschildert.

Wir folgen dem Vicolo und verlassen ihn gleich darauf an einer Linkskurve, in der eine mit „Castello" beschilderte Treppe an einer kleinen Mauer entlang aufwärts führt. Über diese Treppe erreichen wir einen terrassierten Olivenhain. An seinem Beginn geht die Treppe in einen gepflasterten Steig über. Links unter uns liegen die Dächer von Arco, rechts über uns thront der südlichste Turm der Burg von Arco.

Durch Zypressen und Pinien, dann wieder durch terrassiertes Gelände mit Ölbäumen wandern wir bergauf. Etwa 10 Min. nach dem Abzweig erreichen wir einen **Aussichtspunkt** mit Sitzbank und genießen einen tollen Ausblick auf Arco, die Sarca, den Monte Brione, den Monte Baldo im Osten und die Felsen der Rocchetta im Westen.

Wir wandern weiter zwischen mächtigen Agaven und Olivenbäumen und erreichen kurz darauf eine Weggabelung **3**. Hier halten wir uns

Zinnen- und zypressenbewehrt: die Burg von Arco

rechts und steigen auf geteertem Weg bergan. Nach wenigen Metern treffen wir auf eine rechts in den Hang gebaute **Aussichtsplattform**. Der Blick nach Osten und Süden wird von einer Panoramatafel erläutert.

Knapp 5 Min. nach der Plattform treffen wir am rechten Wegrand auf einen Brunnen mit Bänken. Nach weiteren 5 Min. gabelt sich der Weg **4** abermals. Nach rechts (Osten) geht es in wenigen Minuten weiter zur **Burg von Arco** . Wer möchte, kann eine Burgbesichtigung einschieben (→ „Ausflug ins Mittelalter").

Wir aber gehen nach links auf einem breiten betonierten Weg bergab. Er verläuft zur Rechten entlang einer überwucherten Mauer. Nach einigen Metern ignorieren wir einen Abzweig nach links in Richtung Arco. Unser Betonweg führt geradeaus unterhalb des Burgfelsens auf die Hänge des Monte Colodri zu. Nach wenigen Metern geht er in einen ungeteerten Fahrweg über, der wiederum knapp 10 Min. nach dem Abzweig zur Burg in eine geteerte Straße **5** mündet. Wir folgen ihr nach rechts in nördlicher Richtung.

Es geht bergauf am Rande eines prächtigen alten Olivenhains. Zu unserer Rechten ragt die südliche Felswand des Monte Colodri empor. In den Hang darunter wurde jüngst ein postmoderner Bau geklotzt - Geschmacksache!

Nach Südwesten geht der Blick bis weit zur mächtigen Felswand der Rocchetta und den Häusern von Riva zu ihren Füßen.

Nach etwa 10 Min. auf der Teerstraße mündet diese in den gepflasterten **Kreuzweg** **6** (lat. Via Crucis) zur Kirche Santa Maria di Laghel. Wir folgen ihm in nördlicher Richtung unter einigen mächtigen Zypressen hindurch und stehen kurz darauf vor der malerischen Fassade der **Kirche Santa Maria di Laghel** **7**. Auf dem Kirchvorplatz plätschert ein Brunnen (kein Trinkwasser!) und einige Sitzbänke laden zu einer schattigen Rast.

Rainer Maria Rilke (→ Tour 6 „Auf den Spuren Rilkes") veranlasste dieser Ort 1897 zu folgenden Versen: „Am Berge weiß ich trutzen/ein Kirchlein mit rostigem Knauf/wie Mönche in ▶

Länge/Gehzeit: 6,9 km, ca. 2:45 Std. Wer die beiden Touren auf Rilkes Spuren verbinden will, geht ab $\boxed{1}$ noch Tour 6 (plus 5,6 km, 1:35 Std.). Auch eine Burgbesichtigung kann angeschlossen werden ab $\boxed{4}$, Dauer etwa 1:30 Std. (→ „Ausflug ins Mittelalter").

Charakter: Wanderung auf geteerten, gepflasterten und gekiesten Wegen. Nach Regenfällen können die gepflasterten Wegabschnitte etwas rutschig sein. Überwiegend in der Sonne und daher im Sommer um die Mittagszeit nicht zu empfehlen.

Markierung: Eine durchgehende Markierung gibt es leider nicht, da die Beschilderung der Rilke-Promenade zum großen Teil zerstört ist. Eine Neubeschilderung ist geplant.

Ausrüstung: Sonnenschutz und Straßenschuhe.

Verpflegung: Brunnen nach $\boxed{3}$, $\boxed{17}$, $\boxed{21}$. Einkehrmöglichkeiten in Arco.

Hin & zurück: Parkplatz an der SS 45 am östlichen Ende des alten Zentrums von Arco direkt an der Sarca gelegen. Die nächste **Bushaltestelle** befindet sich etwa 100 m nach der Brücke über die Sarca an der SS 45 in Richtung Trento („Arco Svizzera"). Zwischen 7 und 22 Uhr Verbindung mit Riva etwa alle 0:30 Std. mit den Linien 204/205.

70   Südliches Sarcatal/Arco

▶ grauen Kapuzen/steigen Zypressen hinauf/vergessene Heilge wohnen/dort einsam im Alterschrein/der Abend reicht ihnen Kronen/durch hohle Fenster hinein."

Anschließend gehen wir in wenigen Minuten zurück zum Beginn des **Kreuzwegs** ❻ und wandern die kunstvoll gepflasterte, steile Straße inmitten eines ausgedehnten Olivenhains bergab in Richtung Süden. Nahezu an jeder der 12 Stationen des Kreuzwegs bietet eine Bank die Möglichkeit zu einer Verschnaufpause. Vor uns ragt malerisch und mächtig die Burg von Arco auf ihrem Felsen in den Himmel. Nach etwa 0:15 Std. endet der Kreuzweg an der geteerten Via del Calvano ❽ neben einem kleinen Parkplatz.

Wir biegen nach rechts in die Via del Calvano und wandern entlang der dichten Vegetation eines Villenparks leicht bergab. Nach einigen Häuserruinen zur Rechten mündet die Straße in die Via Lomego ❾. Hinter der Mauer an der südlichen Straßenseite befindet sich der üppige **Parco Arciducale** (der Eingang zum Parco liegt nur einige Meter östlich; im Sommer tägl. 9–18 Uhr, im Winter 9–16 Uhr). Seine vielfältige, teils subtropische Pflanzenpracht begeisterte auch Rilke:

„Und ich ahne: in dem Abendschweigen/Ist ein völkeralter Opferbrauch/Seinen Atem hütet jeder Hauch/Eine Güte will sich niederneigen/Schwarzer Frühling füllt den Lorbeerstrauch/und die zitternden Zypressen steigen/wie ein Rauch."

Oberhalb des Parkgeländes wandern wir weiter auf der Via Lomego eben voran. Zur Rechten lassen wir einen luxuriösen Apartmentkomplex schnell hinter uns. Anschließend geht es zwischen mächtigen Zypressen hindurch. Am rechten Straßenrand treffen wir auf eine Sitzbank ❿, der schöne Ort heißt **Moritzruhe**. Hier lässt sich eine kurze Rast einlegen.

Ausflug ins Mittelalter: auf die Burg von Arco

Eine kurze, familiengeeignete Wanderung führt hinauf zum Castello di Arco. Die Ursprünge dieser einst wehrhaften, ausgedehnten Anlage reichen vermutlich bis ins 6. Jh. zurück. Ihre trutzigen Haupttürme wurden im 13. Jh. erbaut. Zerstört wurde sie 1703 durch die Franzosen, welche die Verteidiger aushungerten und so zur Aufgabe zwangen. Seither war das Bauwerk dem langsamen Verfall preisgegeben.

Heute führt ein gepflasterter Weg durch malerische Olivenhaine zum Eingang der Burg. Der Weg hinauf folgt der oben beschriebenen Tour bis ④, dann geht es nach rechts. Dem Wegweiser „castello" folgend, erreicht man in wenigen Minuten einen gemauerten Torbogen. Vorbei an einem Infokiosk und dem früheren Turnierplatz (dort hat im Sommer eine kleine Bar geöffnet) kommt man zum modernen Eintrittsgebäude mit Ticketverkauf. Der Rundgang führt dann vorbei an der mächtigen Torre Grande über den prachtvollen Freskensaal hinauf zur Torre Renghera, dem ältesten Turm. Durch ein kurzes Waldstück gelangt man zum Südturm Torre Laghel mit spektakulärem Ausblick ins Sarcatal und dann in wenigen Schritten zurück zum Eintrittsgebäude. Insgesamt benötigt man für den Rundweg inkl. Burgbesichtigung etwa 1:30 Std.

Öffnungszeiten: April bis Sept. 10–19 Uhr, Okt. bis März 10–16 Uhr, Jan. nur am Wochenende. Eintritt 3,50 €, erm. 2 €, Audio-Guide 2,50 €. ☎ 0464-510156.

Tour 7 ✱✱ 71

Im weiteren Wegverlauf passieren wir zur Rechten das weitläufige, neu gestaltete Gelände der Villa Miravalle. Am Ende des Villengeländes beginnt ein Olivenhain. Unser Weg beschreibt kurz nach dessen Beginn eine scharfe Kurve nach rechts und führt geradewegs auf den Felsbuckel des **Monte Baone** zu. Nach wenigen Metern schwenkt der nun ungeteerte Weg wieder in Richtung Westen und führt leicht bergauf. Knorrige alte Olivenbäume begleiten uns. Sie wachsen teilweise auf in den Hang gesetzten **Trockensteinmauern** (→ Tour 12 „Bäuerliche Handwerkskunst"), die ihr mächtiges Wurzelwerk stabilisieren sollen.

Etwa 0:15 Std. nach der Moritzruhe gabelt sich der Weg an einer kleinen Anhöhe **11**, der **Svolte delle Carrozze**. Hier genießen wir einen weiten Blick auf die Dächer von **Varignano**. Wir folgen dem gepflasterten Weg bergab. Nach einigen Olivenbäumen öffnet sich das Gelände. Weinreben und einzelne Obstbäume begleiten uns in einer weiten Serpentine bergab auf die Dächer des Ortes **Chiarano** zu.

Nach wenigen Minuten tauchen wir auf der alten Via a Valle in die Gassen des Dorfes ein. Wir treffen ungefähr 10 Min. nach der Anhöhe an der Einmündung der Via a Valle in die Via Goffredo Mameli auf die alte Kirche **Sant'Antonio Abate 12** aus dem 15. Jh.

Wir gehen an der Einmündung rechts und stehen nach wenigen Metern auf der **Piazza San Antonio**, von hier genießen wir einen ▶

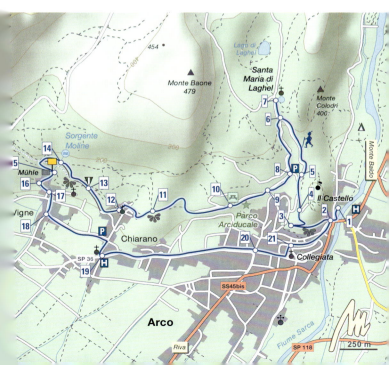

▶ schönen Blick auf die freskenverzierte Außenwand der Kirche. Wir überqueren die Piazza in südwestlicher Richtung und gelangen in die Via ai Ronchi, die nach wenigen Metern in die Via al Monte mündet. Wir halten uns hier rechts und steigen die Via al Monte bergauf. Schnell lassen wir das winzige Chiarano mit seinen schmalen Gassen und mächtigen Gewölbebögen hinter uns.

Vorbei an einigen Zypressen und Olivenbäumen erreichen wir etwa 5 Min. nach der Kirche eine kleine Anhöhe mit einem **Marienbild 13**, wo sich mehrere Wege kreuzen. Nach rechts führt ein Weg zum Monte Baone, nach links geht die Via del Consiglio direkt nach Vigne hinab. Nach halb links führt ein schmaler Teerweg in Richtung „Padaro S. Giovanni" bergauf. Diesem folgen wir durch einen Olivenhain. Knapp 5 Min. nach dem Marienbild entdecken wir zur Linken unter schattigen Ölbäumen eine Sitzbank. Von hier blicken wir auf Arco unter uns, die Silhouette des Monte Brione dahinter, das blaue Wasser des Gardasees und das langgezogene Massiv des Monte Baldo.

Weiter geht es bergauf durch den Olivenhain. An der folgenden Weggabelung **14** nehmen wir geradeaus den gepflasterten Hauptweg, an der zweiten Gabelung etwa 3 Min. später wenden wir uns nach links und gehen in südlicher Richtung steil bergab. Nach etwa 20 m treffen wir auf die dritte Gabelung, wenden uns nach links und steigen an einer Pferdekoppel vorbei auf gut erhaltener Pflasterung steil bergab. In einer scharfen Rechtskurve verweist ein Schild auf die alte **Mühle 15**, die Rilke zu folgendem Gedicht inspirierte:

„Du müde morsche Mühle/dein Moosrad feiert Ruh/aus der Olivenkühle/schaut Dir der Abend zu/Der Bach singt wie verloren/Menschenlieder nach tiefer über die Ohren/ziehst Du Dein trutziges Dach."

Machen wir an der Rechtskurve einen Abstecher einige Meter geradeaus, gelangen wir auf eine kleine Brücke, unter der der Mühlbach hindurchplätschert. Von hier kann man in Ruhe das Panorama und Rilkes Worte auf sich wirken lassen. Unterhalb der Brücke steht im Hang ein altes Steingebäude, an dem der Bach vorbeirauscht. Südlich glänzen die Dächer von Vigne, dahinter der Monte Brione. Schließen wir

Auf Rilkes Spuren durch Mohn und Olivenhaine ...

Tour 7 ✶✶   73

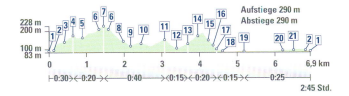

die Augen und lauschen nur dem Plätschern des Wassers – und die Zeilen Rilkes lassen die Vergangenheit lebendig werden.

Nach ausgiebiger Würdigung dieses romantischen Orts wandern wir, der Rechtskurve des Hauptwegs folgend, zunächst einige Meter am Mühlbach entlang. Dann geht es zwischen zwei Mauern steil bergab. Unser Weg mündet etwa 3 Min. nach der Mühle in die Via Preude **16**.

Wir gehen nach links bergab und überqueren nach wenigen Schritten den Mühlbach, der hier in einer Betoneinfassung durch den Ort fließt. Unmittelbar danach stehen wir auf der zentralen Piazza G. Povoli in der Ortsmitte von **Vigne**. Am westlichen Rand der Piazza befindet sich ein altes Waschhaus **17**. Am östlichen Rand liegt die Kirche San Giacomo Maggiore.

Wir queren die Piazza in südlicher Richtung und kommen in die Via Guiseppe Verdi. Zur Rechten plätschert nach wenigen Metern ein steinerner Brunnen. Wir verlassen schließlich durch einen mächtigen Gewölbebogen die Mauern des alten Vigne und biegen gleich nach dem Gewölbebogen nach links in die Via G. Carducci **18**.

Zu unserer Rechten passieren wir einen Sportplatz und wandern durch bebautes Gebiet. Nach knapp 5 Min. mündet unsere Straße in die Via Marcello. Hier gehen wir rechts und treffen nach ca. 100 m an der Kirche **San Marcello** **19** auf die Via dei Capitelli.

Hier besteht die Möglichkeit, mit dem Bus der Linie 1 nach Arco zurückzufahren (Bushaltestelle auf der der Kirche gegenüberliegenden Straßenseite, in Arco Haltestelle „Arco Svizzera"). Wir aber marschieren in östlicher Richtung die Via dei Capitelli entlang in etwa 0:15 Std. bis nach **Arco**.

Die Via dei Capitelli endet an der Via C. Battisti **20**. Wir überqueren Letztere und gehen durch die Fußgängerzone Via delle Magnolie. Sie führt hinter dem Casino von Arco vorbei. Am Ende der Fußgängerzone biegen wir vor der gewaltigen Fassade der Kirche **Collegiata** nach links ab, überqueren die kleine Piazza delle Canoniche und stehen vor dem großen Brunnen **21** an der zentralen **Piazza 3 novembre** von Arco.

Beim Eisschlecken lassen sich hier prima die zahlreichen Spaziergänger, Gassenbummler und Radfahrer beobachten. Anschließend queren wir die Piazza in Richtung Nordosten und spazieren in gut 5 Min. durch die Einkaufsgasse Via Giovanni Segantini mit ihren zahlreichen Sportgeschäften in mittelalterlichen Häusern zurück zum Parkplatz **1**. ■

** Von Torbole nach Tempesta: auf dem Sentiero Panoramico Busatte – Tempesta

Die panoramareiche Höhenwanderung auf dem Sentiero Busatte führt über den Westhang des Monte-Baldo-Massivs oberhalb des Gardasees entlang. Neben phantastischen Ausblicken bietet sie spektakuläre Abstiege auf gut gesicherten Eisentreppen durch steile Felswände, aber auch geruhsame Passagen durch schattigen Wald.

▶▶ Wir beginnen die Tour vor der Touristeninformation **1** in **Torbole**. Auf der linken Straßenseite gehen wir Richtung Süden (Vorsicht Verkehr!), bis wir nach gut 100 m nach links in die Via Pescicultura a la val einbiegen. Das Schild „Scalinata" weist uns den Weg.

Nach wenigen Metern beschreibt die Via eine Linkskurve und führt etwa 30 m an einer Mauer zu unserer Rechten entlang. Am Ende der Mauer halten wir uns scharf rechts und steigen nach 5 m gleich wieder links (Schild „Panoramaparkplatz") eine **steile Treppe** hinauf.

Nach wenigen Stufen passieren wir zur Linken eine Sitzbank und gleich darauf rechter Hand den Abzweig zum beschilderten Parkplatz. Wir bleiben auf unserer Treppe, passieren nach wenigen Metern eine steile Treppe nach links oben und erreichen etwa 10 Min. nach dem Start an einem Brunnen **2** eine geteerte Fahrstraße.

Wir überqueren sie und steigen auf der gegenüberliegenden Straßenseite weitere Treppenstufen hinauf, die in einen gepflasterten Weg

Mediterranes Flair vermittelt der Blick auf Torbole

münden. Dieser trifft wenig später auf die Teerstraße. Wir gehen bergauf und erreichen nach wenigen Metern in einer Rechtskurve eine Abzweigung **3**.

Dort folgen wir dem Schild „Sentiero Panoramico Busatte – Tempesta" vorbei am **Hotel Villa Gloria**. An der Straßenkreuzung **4** mit der Via delle Busatte gehen wir links, weiterhin dem Schild „Sentiero Panoramico" und „Parco Avventura Busatte" (ein Kletterpark) folgend. Wenige Meter weiter führt die Via delle Busatte nach rechts und endet an einem Parkplatz vor dem **Erholungspark** („Parco Ricreativo") Le Busatte. An diesem Parkplatz kann man die Wanderung ebenfalls starten (→ „Varianten").

Am südlichen Ende des Parkplatzes **5** führt der Weg durch den Erholungspark, vorbei an einer Bar und einem Basketballfeld und anschließend mit der Beschilderung „Parco Avventura" südöstlich auf einen Wald zu.

Vor dem Eintrittskiosk **6** zum **Kletterpark** wenden wir uns nach links und wandern in südöstlicher Richtung einen breiten ungeteerten Fahrweg bergauf durch Mischwald. Nach wenigen Minuten kommen wir an den Überresten eines Trimm-dich-Pfads vorbei. Wer noch nicht genug schwitzt, kann hier ein paar sportliche Gymnastikeinheiten absolvieren!

Etwa 5 Min. nach dem Eintrittskiosk erreichen wir eine kleine Lichtung. Zur Linken erläutert eine Infotafel den Verlauf des Höhenweges „Sentiero Busatte". Zur Rechten thront ein etwa 3 m hoher **Felsblock 7** am Wegrand, der sich hervorragend erkraxeln lässt.

Lichtung und Felsblock sind ein perfekter erster Rastplatz. Wir haben einen weiten Ausblick auf das Geröllfeld unmittelbar vor uns, eine sogenannte **Marocche** (→ Tour 1) und auf den blau schimmernden Gardasee mit den mächtigen Felswänden der Cima SAT an seinem Westufer.

Wir wandern weiter auf dem gekiesten Weg, zunächst durch ▶

Länge/Gehzeit: 6,1 km, ca. 2:10 Std.
Charakter: panoramareicher Höhenweg auf gut befestigten Pfaden, breiten Wegen und Fahrstraßen und über gut gesicherte Eisentreppen (Schwindelfreiheit ratsam, aber nicht zwingend notwendig!). Idealer Familienausflug. Im ersten und letzten Teil sonnig und im Sommer heiß, auf dem Mittelteil überwiegend schattig. Bei Nässe auf den Eisentreppen Rutschgefahr! Der Rückweg erfolgt per Bus.
Markierung: zwischen **1** und **5** unvollständig, von **6** bis **12** regelmäßig Holzschilder mit roter Schrift „Sentiero Panoramico Busatte – Tempesta", ab **12** mit „Bus" beschildert.
Ausrüstung: festes Schuhwerk und Sonnenschutz.
Verpflegung: Trinkwasser und Proviant mitnehmen – zur Tour muss noch die Wartezeit auf den Bus dazugerechnet werden! Brunnen am Anfang bei **2**. Einkehrmöglichkeiten satt gibt's dann in Torbole.
Hin & zurück: Parkplatz in Torbole Richtung Malcesine bei der Touristeninformation direkt am See (1,50 €/Std.). In Torbole **Bushaltestelle** 100 m von der Touristeninfo Richtung Norden am Hotel Garda. Busverkehr etwa zwischen 7 und 21 Uhr entlang der Gardesana (Torbole – Peschiera und umgekehrt) ca. alle 0:40 Std.

▶ die umher liegenden Felsblöcke der Marocche, dann durch Steineichen- und Buchenwald. Es geht stetig leicht aufwärts. Immer wieder laden Sitzbänke am Wegrand zum Verweilen ein. Verschiedene Infotafeln informieren über Flora, Fauna und geologische Gegebenheiten der Umgebung.

Ungefähr 0:20 Std. nach dem Felsblock erreichen wir die erste Treppe **8**. Sie windet sich in schwindelerregender Konstruktion mit hunderten von Stufen an einer steilen Felswand entlang bergab. Allerdings ist sie mit ihrem über einen Meter hohen Geländer zu beiden Seiten gut gesichert. Von ihrem oberen Ende und während des Abstiegs bietet sich ein atemberaubendes Panorama: die Gardesana windet sich tief unten wie eine graue Schlange am Seeufer entlang. Die weite Wasserfläche des Gardasees verschwindet im Süden im Dunst, zu beiden Ufern ragen mächtige Gebirgsflanken empor.

Am Ende der Treppe führt unser Weg wieder durch Laubmischwald. Schattige Abschnitte wechseln mit lichteren. Etwa 10 Min. nach dem Treppenende überqueren wir ein kleines Bachbett. Den folgenden Pfadabzweig **9** nach links ignorieren wir und bleiben auf unserem Hauptweg in Richtung Süden (Schild „Tempesta"). Die zweite Eisentreppe **10**, die wir etwa 0:25 Std. nach der ersten erreichen, führt abermals steil durch eine senkrechte Felswand nach unten. Wir erkennen im Süden bei klarem Wetter die Rocca di Manerba (→ Tour 20) und die Halbinsel von Sirmione.

Am Ende der Treppe gehen wir leicht bergauf durch ausgedehnten Buchen- und Steineichenbestand. Im weiteren Verlauf lohnt ein Blick zurück auf die kühne Konstruktion der Treppe in ▶

> **Varianten**
>
> Bei dieser Tour bieten sich mehrere Varianten an: Wer sich den etwas mühsamen Anstieg bis zum Parkplatz von Busatte [5] und die Parkgebühren in Torbole sparen will, kann auch mit dem Auto (Abzweig in Torbole gegenüber vom kleinen Hafenbecken, mit „Busatte" beschildert) bis Busatte fahren. Dann muss man den Anstieg allerdings am Ende der Tour bewältigen oder man kehrt gleich bei [12] am Ende des Sentiero wieder um und geht zurück (einfache Wegzeit [5] bis [12] 1:15 Std.). Schließlich gibt es noch die Möglichkeit, die Tour andersherum zu gehen, also mit dem Bus nach Tempesta zu fahren und nach Torbole zurückzulaufen. Dabei geht man die spektakulären Eisentreppen nicht bergab, sondern bergauf (das dauert dann etwa 0:15 Std. länger).

Über Eisentreppen gut gesichert durch den Fels nach Tempesta

▶ der Felswand. Etwa 0:20 Std. nach dem Ende der zweiten Treppe erreichen wir eine Bank am Beginn einer dritten, nur wenige Meter kurzen Treppe **11**. Hier bietet sich ein schöner Blick nach Limone am gegenüberliegenden Seeufer und nach Norden auf Riva – eine gute Gelegenheit zu einer weiteren Rast!

Frisch gestärkt meistern wir mit Leichtigkeit die kleine Treppe und wandern leicht bergauf durch lichten Laubmischwald, der bald einem dichteren Steineichenwald weicht. Nach etwa 10 Min. treffen wir auf einen ungeteerten Fahrweg. Ein Schild „Fine Sentiero" **12** weist darauf hin, dass der eigentliche Höhenweg hier endet. Wer will, kann hier umkehren (→ „Varianten").

Wir aber halten uns rechts und wandern den Fahrweg in südlicher Richtung durch Laubmischwald bergab. Wir durchqueren nach wenigen Minuten eine grasbewachsene **Senke** mit einer Viehtränke (kein Trinkwasser!) und erreichen nach einem leichten Anstieg einen weiteren Querweg mit dem Wegweiser „Tempesta Autobus" **13**.

Wir halten uns rechts und gehen Richtung Süden abwärts. Der Weg beschreibt einige weite Kehren. Zypressen mischen sich unter den Laubwald. Schon fast auf Seehöhe passieren wir einen Olivenhain und erreichen unmittelbar nach einer Schranke die Gardesana. Hier folgen wir nach Norden dem Schild „Ferrata Autobus 100 m" (Vorsicht Verkehr!) und stehen schließlich ca. 0:15 Std. nach dem letzten Abzweig vor der Bushaltestelle **14** von **Tempesta**. Wir können hinter einer Hauswand im Schatten ein Nickerchen einlegen, bis uns der nächste Bus in wenigen Minuten zurück nach Torbole bringt. ■

*** Von der Bergstation der Monte-Baldo-Seilbahn auf den Monte Altissimo di Nago

Diese lange Wanderung führt zunächst entlang des aussichtsreichen Bergrückens Colma di Malcesine. Einem steilen Abstieg und einem Stück Teerstraße durch schattigen Buchenwald folgt ein langer Anstieg zum Panoramagipfel des Monte Altissimo. Über einen breiten Wirtschaftsweg, Almen und einen unvermeidlichen Schlussanstieg geht es zurück zur Seilbahn.

▶▶ Wir nehmen die Seilbahn von **Malcesine** zum Bergrücken **Monte Baldo** und starten die Tour am nördlichen Ende der **Seilbahnstation** 1 am Holzzaun, der die Aussichtsterrasse begrenzt. Es geht etwa 50 m bergauf auf breitem Kiesweg nach Norden, dann unterqueren wir die Brücke eines Schlepplifts. Nach weiteren 30 m erreichen wir die Gipfelstation des zweiten Schlepplifts.

Vor uns sehen wir bereits die **Bar La Capannina** 2, die wir etwa 5 Min. nach dem Start erreichen. Nördlich zieht sich der breite flache Kamm der **Colma di Malcesine** entlang. Dahinter erhebt sich noch weit entfernt der mächtige Aufbau des Monte Altissimo, Ziel unserer heutigen Wanderung.

Nachdem wir die Bar passiert haben, wandern wir auf einer der zahlreichen Wegspuren den flachen Rücken entlang. Etwa ab Mai beginnt hier, wie im ganzen Monte-Baldo-Massiv, eine Blüte einzigartiger Vielfalt, die sich bis in den Sommer hinein zieht.

Nach etwa 150 m passieren wir eine Windfahne. Nach Westen ist der Blick bei klarer Sicht atemberaubend. Hinter dem Gardasee mit seinen Bergketten ragen die schneebedeckten Dreitausender ▶

Länge/Gehzeit: 15,7 km, ca. 5:50 Std.

Charakter: eine lange Wanderung auf breiten Fahrwegen und Bergpfaden, die gute Kondition erfordert. Steiler Abstieg zwischen 3 und 4, ansonsten keine schwierigen Passagen. Stöcke empfehlenswert. Murmeltiere und Gämsen!

Markierung: Vom Start bis 14 Weg 651, von 14 bis zum Gipfel und zurück zu 14 651/633, bis 20 633, am Rückweg bis 8 653, dann wieder bis 4 651. Alle Markierungen rot-weiß.

Ausrüstung: robuste Bergschuhe, Stöcke, Sonnenschutz.

Verpflegung: Einkehr an der Seilbahnstation 1, an der Bocca di Navene 8, am Rifugio Damiano Chiesa 15 (nur Juni–Sept.) und am Rifugio Graziani 20.

Hin & zurück: In Malcesine der Beschilderung zur Seilbahn folgen. Parkgarage an der Talstation. Wichtig: Parkticket beim Kauf der Seilbahnkarte (19 € hin und zurück, Kinder 15 €) vorlegen, dann kostet das Parken nur 4,50 € (andernfalls bis zu 15 €)! Bushaltestelle an der Gardesana (Kreisverkehr) beim Infobüro. Von hier in wenigen Minuten zu Fuß zur Talstation. Busse 7–20 Uhr etwa stündlich zwischen Verona und Riva (Linie 162). **Seilbahn** auf den Monte Baldo April bis Mitte Sept. ab Malcesine alle 0:30 Std. 8 bis 18 Uhr, ab der Mittelstation San Michele jeweils 0:15 Std. später. Im Okt. nur bis 17 Uhr, im Nov. nur bis 67 Uhr. Preise: Malcesine–Monte Baldo 13 €, Hin- und Rückfahrt 20 €, Kinder unter 140 cm und Senioren über 65 J. 15 €. ☎ 045-7400206, www.funiviedelbaldo.it.

▶ des Adamello-Massivs in den Himmel. Im Norden türmen sich hinter dem Sarcatal am Horizont die Dreitausender der Ortler- und Brenta-Gruppe nicht minder spektakulär. Und das Beste: diese Ausblicke werden uns den ganzen Tag über begleiten!

Nach etwa 0:15 Std. Schauen, Staunen und Gehen erreichen wir das nördliche Ende der Colma di Malcesine. Hier begrenzt ein Holzgeländer einen Aussichtspunkt **3**. Dahinter brechen die Felsen des **Ventrar** (→ Tour 11) senkrecht ab. Der Blick geht nach Torbole, Riva und zum Monte Brione (→ Tour 34), der von hier oben wie ein Spielzeugberg wirkt. Wir halten uns rechts und steigen an einem Zaun entlang **steil bergab** auf ausgewaschenem Pfad. Es ziehen sich viele steinige Spuren den Wiesenhang hinab.

Etwa 5 Min. später schwenkt der Weg nach Südosten. Weitere 5 Min. später gehen wir durch eine Lücke in einem Weidezaun. Die lockere Beschaffenheit des Untergrunds erfordert unsere volle Aufmerksamkeit. Nach einem weiteren Zaundurchgang und einigen steilen Serpentinen erreichen wir einen Tümpel oberhalb der Straße, die von Osten zur Seilbahn hinaufführt.

Wir gehen am Wegweiser „Sentiero del Ventrar" **4** nach links in wenigen Metern zur Straße und wandern auf ihr in nördlicher Richtung bergab. Zur Linken passieren wir einen **Parkplatz** (alternativer Startpunkt → „Variante" und Tour 11 „Seilbahn oder PKW?"). Etwa 50 m weiter beschreibt die Straße eine scharfe Rechtskurve, in der ein schmaler Pfad **5** nach Norden abzweigt.

Variante

Die Wanderung kann auch vom Parkplatz an der Monte-Baldo-Straße nach [4] durchgeführt werden (Anfahrt → Tour 11). Die Gehzeit verkürzt sich damit um ca. 1 Std.

Wir folgen ihm steil bergab auf losem Geröll durch schattigen Buchenwald. Nach etwa 5 Min. trifft er auf einen grasbewachsenen Fahrweg 6. Unser Pfad quert ihn und führt auf der anderen Seite wieder in den Wald hinein

Tour 9 ✳✳✳ 81

(markiert). Nach weiteren 10 Min. steilen Abstiegs treffen wir wieder auf eine Teerstraße **7**.

Wir halten uns links und erreichen nach wenigen Metern den Sattel **Bocca di Navene**, den niedrigsten Punkt im Monte-Baldo-Grat. Hier gibt es ein Gasthaus und vom kleinen Parkplatz **8** hat man einen tollen Blick nach Westen auf den See und nach Süden auf die Felsen des Ventrar. Wir wandern weiter die Straße entlang bergauf. Etwa 5 Min. nach dem Parkplatz führen Steintreppen am linken Straßenrand zu einem Pfad. An ihrem Fuß zeigt ein Wegweiser **9** zum Monte Altissimo und zum Rifugio Damiano Chiesa (Weg 651).

Wir wählen diesen Pfad und steigen steil bergauf durch Mischwald aus Buchen und Lärchen, am linken Wegrand eine steinerne Gedenkplatte für einen Alpinisten. Wenige Meter weiter ignorieren wir in einer Rechtskurve **10** einen schmalen Pfad nach links (er endet nach 20 m, ermöglicht aber einen schönen Blick auf den See und die Felswände des Ventrar). Unser Hauptweg verläuft nahe der westlichen Abbruchkante des Altissimo und bietet immer wieder beeindruckende Ausblicke auf Felsabstürze.

Etwa 5 Min. nach dem Pfadabzweig liegt ein weiterer **Aussichtspunkt** **11** direkt am Weg. Auf einigen flachen Steinen lässt sich hier gut rasten. Nach Süden verläuft eindrucksvoll der Kamm des Monte Baldo bis zu seiner höchsten Erhebung, der Cima Valdritta. ▶

Letzte Schneefelder am Monte Altissimo verkünden den Beginn des Frühlings

▶ Wir erreichen die **Waldgrenze**. Nun geht es baumlos durch weite Grashänge an der Abbruchkante des Altissimo-Grates entlang. Nach Osten geht der Blick zum Rifugio Graziani, das wir auf unserem Rückweg passieren werden, und zur Corna Piana. Der Weg schraubt sich in weiten Kurven nach oben. Etwa 0:40 Std. nach dem letzten Aussichtspunkt führt ein Wegweiser  nach links zu einem weiteren „Punto Panoramico". Da die ganze Route von Aussichtspunkten wimmelt, lassen wir diesen links liegen und wandern in Richtung Nordosten weiter. Nach etwa 0:15 Std. erreichen wir eine Senke ⓭. Hier führt ein schmaler Pfad mit der Nummer 8EE nach Norden. Wir aber halten uns rechts, Richtung Osten.

Unser Weg wird ab hier breiter und führt in steiniger werdendem Gelände bergauf. Nach einigen Serpentinen trifft er ca. 10 Min. nach der Senke an einer Kuppe ⓮, der **Busa Brodeghera**, auf den Fahrweg, der vom Rifugio Graziani heraufführt und den wir am Rückweg einschlagen werden. Wir gehen links Richtung Rifugio Damiano Chiesa weiter bergauf. Im Süden können wir gut den Verlauf unseres bisherigen Aufstiegs erkennen. Der Weg beschreibt zwei Serpentinen und verläuft dann für etwa 5 Min. nach Nordosten. Grasmatten und einzelne Erika begleiten uns. Unvermittelt stehen wir etwa 0:15 Std. nach der Busa Brodeghera vor dem **Rifugio Damiano Chiesa** ⓯. Von hier überblicken wir das weiträumige flache Gipfelplateau, wobei der eigentliche Gipfel noch ein Stück höher westlich der Hütte liegt.

Haltet die Berge sauber! Schild am Aufstieg

Doch der Reihe nach: Wir gehen zunächst, einem breiten Weg folgend, Richtung Norden, um das **Gipfelplateau** zu umrunden. Nach etwa 50 m passieren wir einige Betoneinfassungen. Wir überqueren dann einen gemauerten Graben (Überreste alter Befestigungsanlagen) auf einem Holzbrückchen und stehen nach wenigen Metern vor einer kreisrunden Betonbrüstung **16**. Auf ihr sind mittels Pfeilen sämtliche Gipfel der Umgebung markiert – und das sind nicht wenige!

Wir halten uns links, überqueren zwei Mal gemauerte Gräben auf kleinen Brücken und gelangen nach wenigen Minuten an ein kleines eisernes **Kreuz** **17** im Nordosten des Plateaus, der Seeblick ist hier besonders schön – eine Rast bietet sich an. Dann geht es zurück Richtung Süden, ein Brückchen führt uns wieder über einen Graben. Vorbei an der **Gipfelkapelle** wandern wir auf breitem Weg zurück zur **Hütte** **15**. Die ganze Umrundung des Plateaus nimmt etwa 10 Min. in Anspruch.

An der Hütte wenden wir uns nun nach rechts und steigen über einen breiten Grashang in etwa 5 Min. zum Gipfel des **Monte Altissimo di Nago** hinauf. Er ist mit einem eisernen Vermessungstriangel **18** versehen und besteht aus einer unspektakulären Wiesenfläche. Der 360-Grad-Panoramablick ist dafür umso spektakulärer!

Wieder beim **Rifugio Damiano Chiesa** **15** angelangt, führt uns der bekannte Weg zur **Busa Brodeghera** **14** zurück. Nun biegen wir links ab in Richtung Nordosten und wandern auf dem breiten Fahrweg zum Rifugio Graziani. Über loses Geröll geht es durch Grashänge bergab.

Autors Gipfelrast

Nach etwa 5 Min. schwenkt der Weg nach Süden, nach weiteren 5 Min. zweigt in der nächsten Linkskurve **19** ein schmaler Pfad nach rechts ab (er endet nach etwa 30 m an einer kleinen Felsgrotte mit Madonna). Unser Fahrweg führt weiter in ausladenden Serpentinen bergab. Der schöne Blick auf die Corna Piana im Westen und die Cima Valdritta im Süden kann uns nicht darüber hinwegtrösten, dass dieser Wegabschnitt etwas eintönig verläuft. Mehrmals bieten sich abkürzende Steige an.

Etwa 0:30 Std. nach der Felsgrotte erreichen wir einen Parkplatz und passieren ein kreisrundes Wasserloch. Etwa 50 m weiter weist ein Wegweiser nach Norden zur Alm Malga Campo (→ Tour 16 „Malga, Baita, Pascolo"). Wir aber halten uns südlich und gehen oberhalb am Rifugio Graziani vorbei. Nach einer letzten Linkskurve stehen wir vor dem großen Parkplatz des **Rifugio Graziani** **20** unmittelbar oberhalb ▶

▶ der Straße, die von San Valentino über die Bocca di Navene weiter bis Ferrara di Monte Baldo führt. Auf der sonnigen Terrasse lässt es sich aushalten, und so können wir hier eine Rast einlegen und die müden Beine sich etwas erholen.

Anschließend gehen wir in wenigen Schritten zur Teerstraße SP 3 hinab. Wir überqueren sie direkt an der Kurve, der **Bocca del Creer**, und wandern dem Wegweiser „Bocca Navene 653" folgend in die Almwiesen hinein, zunächst auf schlecht erkennbarem Pfad Richtung Südwesten. Der Pfad schwenkt knapp 5 Min. nach seinem Beginn an den überwachsenen Überresten eines Bunkers nach Norden und nach weiteren 100 m nach Südwesten. Wir gehen durch eine Lücke in einem Weidezaun und treffen wenige Meter unterhalb einer Steinhütte auf einen breiten Almweg **21**. Das Dach der Hütte nutzen Murmeltiere gerne, um sich zu sonnen.

Wir wenden uns nach links. Der Weg verläuft in südwestliche Richtung und beschreibt zwei Serpentinen. Hier gibt es überall am Wegesrand **Murmeltierhöhlen** zu sehen. Wer etwas Geduld mitbringt und regungslos auf Lauerstellung geht, hat gute Chancen auf ein paar Schnappschüsse der neugierigen Nager.

Wir wandern oberhalb der Almhütte **Malga Tolghe** vorbei und in einen Buchenwald hinein. Es geht auf breitem und ebenen Untergrund voran. Am linken Wegrand wachsen einige besonders mächtige Buchen mit gewaltigem Stammumfang. Nach wenigen Metern beginnt eine Almwiese links vom Weg. An ihrem Ende **22** lohnt ein Blick zurück auf das Rifugio Graziani und den Monte Altissimo.

Der Weg führt weiter bergauf durch den Wald. Wenige Meter nach einem Wegweiser Richtung Prà da Stua nach links, den wir ignorieren, erreichen wir wieder die Teerstraße **8** unmittelbar an der **Bocca di Navene**. Hier halten wir uns links, dürfen den Rechtsabzweig Richtung

Murmeltiere und Gämsen

Im Gebiet des Monte Baldo gibt es zahlreiche Murmeltiere und auch Gämsen. Die Chance, Gämsen zu sehen, bietet sich am ehesten in der Früh oder am Abend und wenn wenige Wanderer unterwegs sind. Murmeltiere verraten sich durch ihren warnenden Pfeifton. Da sie sehr neugierig sind, besteht die Chance, ihnen recht nahe zu kommen. Im Tourverlauf sind einige Stellen beschrieben, an denen der

Autor Murmeltiere und ihre Höhlen gesehen hat. Wer etwas Geduld mitbringt und sich ruhig verhält, kann vielleicht einen Blick auf die molligen Nager erhaschen ...

Tour 9 ✶✶✶   85

Monte Baldo mit Schild „Baita dei Forti" direkt nach der Bocca nicht verpassen und wandern so auf der Route des Hinwegs in etwa 0:25 Std. bis zum Abzweig mit dem Wegweiser **4** „Sentiero del Ventrar". Wir sparen uns nun den steilen Anstieg zur Colma di Malcesine und wandern auf dem breiten Fahrweg nach Süden. Er zieht sich bergauf über den Osthang der Colma. Ungefähr 0:15 Std. später passieren wir die Gebäude der Alm **Malga Zocchi di Sopra**.

Es geht weiter bergauf. Nach einer Rechtskurve sehen wir zur Rechten einen kreisrunden Tümpel **23**, zur Linken ein großes gemauertes Gebäude. Wir folgen unserem Weg ansteigend nach Südwesten. Vor uns erkennen wir schon das Dach der Seilbahnstation. Es geht noch einmal kräftig bergauf. Etwa 10 Min. nach dem Tümpel erreichen wir schließlich die **Seilbahnstation 1** und damit unseren Ausgangspunkt. ■

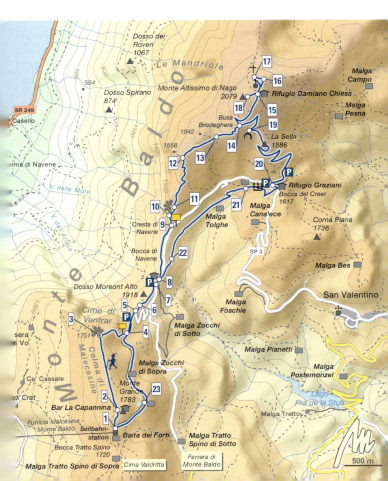

** Abstieg von der Bergstation der Monte-Baldo-Seilbahn nach Malcesine

Von der Bergstation der Monte-Baldo-Seilbahn führt die anstrengende Wanderung durch Almwiesen, Mischwälder und Olivenhaine auf steilen Pfaden hinab zum funkelnden Wasser des Gardasees. Über 1600 Höhenmeter bergab sind zu bewältigen, durch alle Vegetationszonen der Region. Belohnt wird der Wanderer mit spektakulären Ausblicken.

▶▶ Wir starten unsere Tour an der Berghütte **Baita dei Forti** 1, wenige Meter unterhalb der Bergstation der Monte-Baldo-Seilbahn, die uns von **Malcesine** nach oben gebracht hat. Von der Terrasse vor der Hütte wandern wir auf einem breiten felsdurchsetzten Weg südwärts, passieren nach wenigen Metern die Ruinen eines alten Albergo und gleich darauf ein Trafohäuschen, beides zu unserer Rechten.

Tief unter uns sehen wir den Gardasee blinken und genießen einen phantastischen Ausblick auf die umliegenden Berge und den Gratverlauf des Monte-Baldo-Massivs Richtung Süden. Dieses Panorama wird uns nun eine Weile begleiten.

Etwa 5 Min. nach dem Start erreichen wir den Sattel **Bocca Tratto Spino**. An einer Weggabelung 2 folgen wir dem Schild „Prai, San Michele Funivia" nach Westen. Unser steiniger, erdiger Weg führt sehr steil bergab. Wir queren felsdurchsetzte Grashänge. Zu unserer Linken wachsen vereinzelt niedrige Sträucher.

Start und Ziel: die Skaligerburg von Malcesine

Vor uns erblicken wir eine mächtige Stütze der Seilbahn, an deren oberem Ende 3 unser Pfad vorbeiführt. Wir wandern weiter bergab durch Wiesen – im Frühsommer ein Blumenmeer. Nach etwa 10 Min. tauchen wir in einen kleinen, lichten Buchenwald 4 ein. Nach einer scharfen Kurve 5 Richtung Südwesten geht es auf Felsen und Steinen steil bergab. Vorsicht, nach Regen oder bei Morgentau kann es auf den glatten Steinen rutschig werden!

Etwa 0:15 Std. nach der Kurve öffnet sich eine Lichtung. An einem Wegweiser 6 an einer Weggabelung laden Sitzbänke mit tollem **Panoramablick** auf den See und die westlichen Gardaseeberge zu einer ausgiebigen Rast ein. Nur das Zirpen der Grillen und, so man Glück hat, die vereinzelten Rufe des Kuckuck durchbrechen die Stille. Der Wegweiser zeigt nach rechts Richtung Rifugio Prai, nach links weist ein anderes Schild neben den Bänken in Richtung Piombi. Geradeaus führt ein mit der **Nummer 11** versehener Pfad Richtung Westen bergab, auf dem wir unsere Wanderung fortsetzen.

Wir laufen am Rande der Wiesen und Weiden der Hochfläche **La Prada** steil auf steinigem Pfad durch Buchen bergab. Etwa 5 Min. nach unserem Rastplatz mündet der Pfad in einen betonierten, von rechts aus den Almwiesen kommenden Weg **7**. Diesem folgen wir bergab. Nach etwa 50 m mündet von Süden kommend ein zweispuriger Fahrweg in unseren Betonweg ein **8**.

Auf dem betonierten Weg bleibend, erreichen wir nach weiteren 50 m eine Gabelung. Hier weist ein Schild **9** nach rechts zum Rifugio Prai und dem Sentiero del Ventrar (→ Tour 11), nach links Richtung San Michele. Wir folgen der ab hier breiten betonierten Fahrstraße nach links.

Wir wandern erst leicht, dann steiler bergab durch Bäume und Wiesen in Richtung Süden. Etwa 5 Min. nach der Gabelung beschreibt der Weg eine scharfe Linkskurve. Zur Rechten lädt auf dem kleinen, wenige Meter erhöhten **Felsplateau Co di Crat** eine Bank **10** zu einer kleinen Rast ein. Der Blick fällt auf den See und die malerische Silhouette von Malcesine tief unten.

Unsere Straße führt weiter steil bergab vorbei an Heckenrosen und Ginsterbüschen. Etwa 50 m nach der Bank passieren wir die Votivkapelle **San Valentino** ▶

Länge/Gehzeit: 7,8 km, ca. 2:55 Std.
Charakter: abwechslungs- und aussichtsreicher, im oberen Drittel alpiner Abstieg über 1600 Höhenmeter durch alle Vegetationszonen des Baldo-Massivs, zumeist auf schmalen bis mittelbreiten Wegen und fast immer steil – eine Herausforderung für die Knie. Vor allem im Mittelteil schattig, ansonsten auch längere sonnige Abschnitte. Zwischen **5** und **7** sowie **19** und **20** kann es bei Nässe rutschig werden. Bei wackeligen Knien sollte man ab der Mittelstation die Seilbahn nehmen.

Markierung: rot-weiß-rote Markierungen über den gesamten Wegverlauf, bis **10** Wegnummer 11, von **11** bis **17** Wegnummer 3, ab **18** Wegnummern 2 bis 4.

Ausrüstung: Sonnenschutz und Wanderstöcke.

Verpflegung: Im Rifugio Baita dei Forti **1** an der Gipfelstation der Seilbahn lässt sich wunderbar einkehren und auch an der Mittelstation **17** gibt es Verpflegung. In Malcesine gibt es zahlreiche Einkehrmöglichkeiten.

Hin & zurück: Seilbahn auf den Monte Baldo April bis Mitte Sept. ab Malcesine alle 0:30 Std. 8 bis 18 Uhr, ab der Mittelstation San Michele jeweils 0:15 Std. später. Im Okt. nur bis 17 Uhr, im Nov. nur bis 16 Uhr. Preise: Malcesine – Monte Baldo 13 €, Hin- und Rückfahrt 20 €, Kinder unter 140 cm und Senioren über 65 J. 15 €. ☏ 045-7400206, www.funiviedelbaldo.it.

Ein **Parkhaus** befindet sich unter der Talstation, Tagesticket 4,50 €. Das Ticket muss beim Kauf der Seilbahnkarte vorgezeigt und gescannt werden, sonst wird der Stundentakt berechnet, und das ist sehr teuer!

Bus: Busse der Linie 162 fahren von 7 bis 20 Uhr etwa stündlich in beiden Richtungen von Verona nach Riva.

▶ am linken Wegrand. Wenige Minuten nach der Kapelle führt links ein Weg **11** den Berghang empor, wir aber folgen unserem Hauptweg bergab durch zunehmend dichten Mischwald. Nach weiteren 5 Min. unterqueren wir die Seilbahntrasse **12** und wandern durch mit Felsblöcken durchsetzten Buchen- und Fichtenwald in südwestlicher Richtung.

Etwa 0:15 Std. später spannt sich in einer Rechtskurve das Gebäude der **Kapelle Il Signor** **13**, von einem Torbogen durchbrochen, über den Weg. Unmittelbar davor zweigt Richtung Westen ein gepflasterter Weg nach Piombi ab. Wir aber verbleiben auf unserem Weg, laufen unter dem Torbogen der Kapelle hindurch und wandern rechts in nördlicher Richtung überwiegend steil bergab durch Kiefernwald.

Etwa 0:15 Std. nach der Kapelle beschreibt der Weg eine scharfe Linkskurve **14**. In der Folge verlocken immer wieder Bänke am Wegrand zu kurzem Halt. Nach mehreren weitgeschwungenen Serpentinen im dichten Nadelwald queren wir etwa 0:15 Std. später erneut die Seilbahntrasse **15** und erblicken unter uns bereits die Mittelstation.

Ungefähr 5 Min. nach der Trasse treffen wir an einem Bunker auf eine Weggabelung **16**. Wir halten uns links, dem Wegweiser „San Michele, Funivia" folgend. Vorbei an einigen Gehöften und Feldern wandern wir auf gepflastertem Weg bergab auf das mächtige Gebäude der **Mittelstation** zu. Nach einer scharfen Rechtskurve erreichen wir den Parkplatz **17** unmittelbar oberhalb der Station.

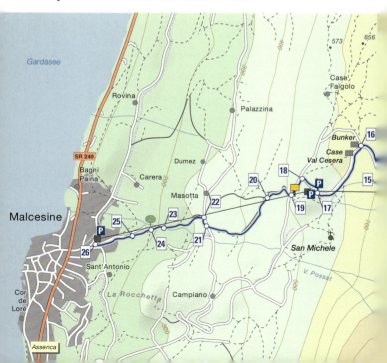

Tour 10 ✱✱ 89

Die Straße führt in einer Schleife nördlich an der Station vorbei, passiert nach wenigen Metern einen weiteren Parkplatz und verläuft in nördlicher Richtung steil bergab. Nach etwa 5 Min. stoßen wir auf eine breite Teerstraße **18**, der wir für etwa 100 m nach links folgen bis zu einem Schild **19**, das nach rechts nach Malcesine weist. Dort biegen wir ab und wandern einen gepflasterten, steilen Pfad durch dichtes Buschwerk und Bäume bergab (bei Nässe Rutschgefahr!).

Etwa 5 Min. nach dem Schild treffen wir auf eine Abzweigung **20**. Wir verlassen den gepflasterten Weg und folgen einem schmalen, mit lockerem Geröll bedeckten Pfad nach links. Nach wenigen Metern unterqueren wir die Seilbahn. Nach einigen Minuten wird der Weg breiter und führt gepflastert entlang einer Mauer durch einen Olivenhain.

Wir treffen auf Häuser und wandern auf der jetzt geteerten Straße zwischen Feldern, Olivenhainen und Wohngebäuden stetig bergab. ▶

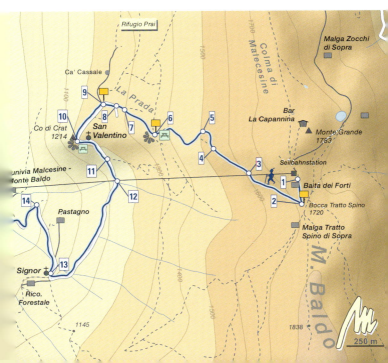

90   Monte-Baldo-Massiv/Malcesine

▶ Etwa 10 Min. nach der letzten Abzweigung endet unser Weg an einer Teerstraße **21** nach Malcesine (beschildert).

Wir biegen rechts ein und nehmen bereits nach wenigen Metern einen Abzweig **22** nach links, unmittelbar unter der Seilbahntrasse. Der Weg endet nach einigen Metern an einem Tor vor dem Grundstück Via Panoramica 119. Kurz vor dem Tor zweigt wiederum ein Fahrweg nach links ab, in den wir einbiegen.

Etwa drei Meter nach dieser Abzweigung nehmen wir den **sehr steilen Pfad** nach links bergab, während der Fahrweg nach etwa 20 m an einem weiteren Tor vor einem Olivenhain endet. Unser Pfad führt unterhalb des Olivenhains und nach einem kurzen Waldstück an einem Mäuerchen entlang. Anschließend geht es durch dichten Niederwald weiter steil bergab, immer unterhalb der Seilbahntrasse. Der Pfad verläuft weiter in einer schmalen bewaldeten Schlucht und quert ein trockenes Bachbett. Parallel zu einem von oberhalb **kommenden Wasserrohr** wandern wir ein Stück an einer bewachsenen Felswand entlang und überqueren schließlich etwa 10 Min. nach der Abzweigung von der Teerstraße das Rohr **23**.

Im weiteren Verlauf wandern wir steil und kurvig bergab, überqueren noch zweimal das Wasserrohr und treffen auf einen alten Olivenbaum **24** mit zweigeteiltem Stamm. Hier halten wir uns rechts und wandern unter Ölbäumen hindurch und an einem zugewachsenen Mäuerchen entlang, bis wir auf einen geteerten Weg **25** treffen, dem wir nach links bergab folgen.

Wir haben jetzt das malerische Zentrum vom **Malcesine** fest im Blick und wandern zwischen Häusern hindurch dem See entgegen. Etwa 5 Min. nach der Einmündung in den Teerweg erreichen wir die **Talstation 26** der Seilbahn auf den Monte Baldo. ∎

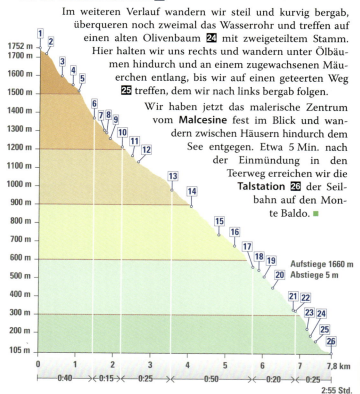

*** Durch die Felsabbrüche am Sentiero del Ventrar

Diese kurze, aber spektakuläre Wanderung für schwindelfreie erfahrene Wanderer führt zunächst zwischen gewaltigen Felsabstürzen hindurch. Dann geht es mit tollen Blicken auf den Gardasee über die Bergstation der Monte-Baldo-Seilbahn zurück zum Ausgangspunkt.

▶▶ Die Tour startet an der Infotafel **1** zum Monte Baldo am Südende eines kleinen **Wanderparkplatzes**. Wir wandern zunächst etwa 50 m die geteerte Straße bergauf. Dann zweigt rechts ein steiniger Pfad ab (Schild „Sentiero del Ventrar, El Signor"). Wir folgen ihm und wandern einige Meter oberhalb der Straße entlang. Zur Rechten sehen wir bereits die zerklüfteten Felszacken der **Cime di Ventrar**. Tief darunter glitzert der Gardasee, dahinter seine nordwestlichen Berge. Im Norden thront die mächtige Nordostflanke des Monte Altissimo (→ Tour 9).

50 m nach dem Abzweig passieren wir zur Rechten eine Picknickbank. Wir gehen weiter bergauf an einem Zaun entlang. Etwa 5 Min. nach dem Start erreichen wir einen Wegweiser **2** mit der Aufschrift „Ventrar". Daneben ist an einem Zaunpfosten die Markierung „EE Sentiero del Ventrar" angebracht (EE steht für esperti escursionisti; ein hoher Schwierigkeitsgrad).

Wir folgen dem **Sentiero del Ventrar** durch eine Lücke im Zaun nach rechts (am Rückweg schließt sich unsere Rundtour hier wieder) und wandern auf schmalem Pfad durch Buchen und Lärchen auf die ersten Felsabbrüche zu. Es geht leicht bergauf in Richtung Westen. Über uns schroffe Felsen, rechts steile Abbrüche.

Etwa 5 Min. nach dem Wegweiser zwängt sich unser Pfad durch eine Lücke zwischen den Felswänden hindurch, wenige Meter weiter führt ein kurzer Abzweig nach rechts in etwa 10 m bis zu einem Abgrund, hier genießt man einen tollen Blick Richtung Riva und ▶

Länge/Gehzeit: 4,9 km, ca. 1:45 Std.
Charakter: eine kurze Wanderung, die im ersten Wegabschnitt bis **7** absolute **Trittsicherheit und Schwindelfreiheit** erfordert. Der Abstieg von **9** nach **2** ist sehr steil und geht in die Knie.
Markierung: Ab **2** bis **7** Weg 3 rot-weiß markiert. Ab **7** rot-weiße Markierung ohne Nummer, die letzten Meter unterhalb des Schlepplifts ohne Markierung, aber problemlos zu finden. Ab **8** bis zum Startpunkt Weg 651 rot-weiß markiert.
Ausrüstung: robuste Bergschuhe.
Verpflegung: Einkehrmöglichkeit an der Bergstation der Seilbahn **7** und der Bar La Capannina **8**.
Hin & zurück: Mit dem PKW von Mori auf der gut ausgebauten SP 3 über Brentonico und San Giovanni in 18 km aussichtsreich nach San Valentino. Ab hier etwas schmaler und kurvenreich. Nach 1 km zwei Tunnels mit 2,50 m Höhe, weiter über das Rifugio Graziani und die Bocca Navene (ab hier SP 8). 300 m danach rechts hoch (Schild „Baita dei Forti") und noch 1 km bis zum Parkplatz. Ab Mori etwa 0:45 Std. Ohne Auto mit der **Seilbahn** ab Malcesine zum alternativen Einstieg bei **7** (→ Tour 9 und „Seilbahn oder PKW?").

▶ Sarcatal. Zurück am Hauptpfad windet sich dieser nach links steil bergab und in der Folge unterhalb spektakulärer **Felsabbrüche** entlang. Sie stehen senkrecht über uns und scheinen direkt in den Himmel zu wachsen!

Später Schnee zwischen schattigen Felsabbrüchen

Am linken Wegrand helfen uns Seilgeländer beim Abstieg. Etwa 5 Min. nach der Lücke im Fels erreichen wir eine etwas **ausgewaschene Stelle** 3 oberhalb senkrechter Abbrüche. Hier ist **Vorsicht** geboten!

Weiter geht es im Zickzack durch die Felswände hindurch. Buchen, Lärchen und Latschenkiefern säumen unseren Pfad, wo sie einen Platz zum Wachsen finden. Wir wandern in leichtem Auf und Ab Richtung Westen und halten uns, falls wir uns unsicher fühlen, an den **Seilversicherungen** fest. Unmittelbar nach einer Passage durch dichte Latschenkiefern erreichen wir etwa 10 Min. später einen schönen Aussichtspunkt 4 direkt am Weg. Südwestlich blicken wir in senkrecht abfallende Felswände.

Es geht weiter auf schmalem steinigem Pfad entlang der Felsen. Nach weiteren 5 Min. treffen wir auf ein kleines Felsplateau 5. Es ist der spektakulärste Aussichtspunkt der Tour und ein schöner Rastplatz. In absoluter Stille lässt sich hier das Panorama vom Monte Altissimo über Riva bis zu den westlichen Gardaseebergen genießen.

Nach einer ausgiebigen Rast und weiteren 5 Min. Fußmarsch durch Mischwald entlang der Felswände erreichen wir eine Weggabelung an einer Senke 6. Sie markiert das Ende des Sentiero del Ventrar. Unter uns erstrecken sich die weiten Almwiesen **La Prada** mit zahlreichen Hütten und Stallungen. Noch darunter drängen sich am anderen Seeufer die Häuser von Limone.

> **Variante**
>
> Die Tour kann auch von der Bergstation 7 der Seilbahn Malcesine – Monte Baldo aus durchgeführt werden, dann spart man sich die Anfahrt mit dem Auto (→ „Seilbahn oder PKW?" und Tour 9).

An der Weggabelung nehmen wir den schmalen Pfad (Wegweiser „Funivia") nach links oben. Wir wandern am oberen Rand der weiten Almen entlang in Richtung Süden auf die Felszacken des südlichen Monte-Baldo-Kamms zu. Zunächst verläuft der Weg

Tour 11 ✱✱✱ 93

eben, dann steigt er an und führt unterhalb einiger Buchen vorbei. Das Dauerpanorama genießend, wandern wir zwischen Felsen und Sträuchern und queren kräftig ansteigend ein Feld

mit **Alpenrosen**. Nach Grasmatten folgt ein zweites Alpenrosenfeld. Nun erkennen wir bereits einen der Schlepplifte, die im Winter ein bescheidenes Pistenvergnügen ermöglichen.

Auf kaum erkennbarem, aber rot-weiß markierten Pfad geht es über eine steinige Wiese bis unmittelbar an die Fangnetze der Skipiste. Wir passieren die Netze und das Berghäuschen der **Schlepplifte**. Vor uns ragt auf einem unscheinbaren Gipfel ein Mast mit Webcam empor, auf den wir weglos zuwandern. Unmittelbar unterhalb wenden wir uns ▶

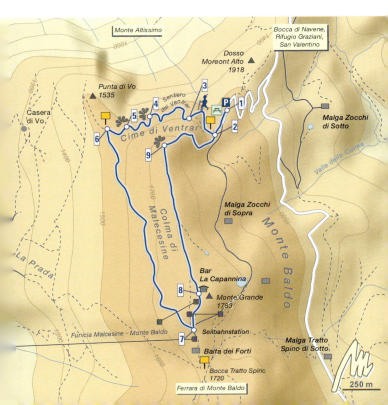

▶ nach rechts und gehen auf breiten Wegspuren nach Süden. Nach einigen Metern beschreiben die Spuren eine Linkskurve. Wir erblicken das Gebäude der **Seilbahnstation** 7, das wir nach weiteren 50 m auf steinigem Pfad erreichen (hier ist der alternative Einstieg zur Wanderung → „Variante" und „Seilbahn oder PKW?"). Wir passieren den Durchgang in einem Holzgeländers und legen etwa 0:30 Std. nach der Senke eine Rast ein – vom Cappuccino bis zum Drei-Gänge-Menü inkl. edlem Wein ist alles zu haben!

Nach der Rast geht's weiter Richtung Norden. Für 50 m wandern wir bergan auf breitem Kiesweg. Dann un-

> **Seilbahn oder PKW?**
>
> Die in diesem Buch beschriebenen Startpunkte der Touren 9 und 11 können wahlweise mit Hilfe der Seilbahn auf den Monte Baldo oder aber mit dem eigenen PKW über Mori, Brentonico und San Valentino erreicht werden. Für die Seilbahn spricht: wer auf der Gardasee-Seite logiert, hat keine lange Anfahrt. Die Parkgebühren sind moderat. Die Seilbahn ist von April bis November in Betrieb und deckt damit die gesamte Wandersaison auf dem Monte Baldo ab. Wer keine Kurven und Bergstraßen mag, sollte ohnehin die Seilbahn wählen. Für den PKW spricht: Die Seilbahn verkehrt nur von 8–18 Uhr (Nebensaison nur bis 16/17 Uhr). Wer außerhalb dieser Zeiten wandert (z. B. am Abend länger unterwegs ist oder ganz früh los will), ist mit dem Auto unabhängiger.

Famoser Rastplatz für Schwindelfreie am Sentiero del Ventrar

terqueren wir die Brücke eines Schlepplifts. Nach weiteren 30 m erreichen wir die Gipfelstation des zweiten Schlepplifts und wenig später die **Bar La Capannina** 8, eine alternative Einkehrmöglichkeit zur mondänen Seilbahnstation. Nördlich zieht sich der breite flache Kamm der **Colma di Malcesine** entlang. Nachdem wir die Bar passiert haben, wandern wir auf einer der zahlreichen Wegspuren den flachen Rücken entlang. Etwa ab Mai beginnt hier, wie im ganzen Monte-Baldo-Massiv, eine Blüte einzigartiger Vielfalt, die sich bis in den Sommer hineinzieht.

Nach etwa 150 m passieren wir eine Windfahne. Nach Westen ist der Blick bei klarer Sicht atemberaubend. Hinter dem Gardasee mit seinen westlichen Bergketten und im Norden ragen schneebedeckte Dreitausender in den Himmel.

Nach etwa 0:15 Std. Schauen, Staunen und Gehen erreichen wir das nördliche Ende der Colma di Malcesine. Hier begrenzt ein Holzgeländer den Aussichtspunkt 9 nach Norden. Dahinter brechen die Felszacken des **Ventrar** senkrecht ab. Der Blick geht nach Torbole, Riva und zum Monte Brione (→ Tour 34), der von hier oben wie ein Spielzeugberg wirkt.

Wir halten uns rechts in Richtung Osten und steigen an einem Zaun entlang steil bergab. Der Pfad ist ausgewaschen. Es ziehen sich viele steinige Spuren den Wiesenhang. Etwa 5 Min. nach dem Aussichtspunkt schwenkt der Weg nach Süden. Weitere 5 Min. später passieren wir eine Lücke in einem Weidezaun. Die lockere Beschaffenheit des Untergrunds erfordert unsere volle Aufmerksamkeit.

Nach einer weiteren Zaunlücke und einigen steilen Serpentinen erreichen wir einen Tümpel oberhalb der Straße, die von Osten zur Seilbahn hinaufführt. Wir wandern oberhalb des Tümpels entlang und treffen nach etwa 30 m auf eine Infotafel zum Sentiero del Ventrar. Ca. 20 m unterhalb erreichen wir den Wegweiser 2, der seinen Start markiert. Hier schließt sich unsere Rundwanderung.

In etwa 5 Min. wandern wir zurück zu unserem Ausgangspunkt am Parkplatz 1. ■

** Ölbaumterrassen über dem Lago: von Cassone nach Castelletto di Brenzone

Diese Streckenwanderung windet sich panoramareich auf Maultierpfaden oberhalb des Sees durch Olivenhaine zum Kirchlein Sant' Antonio delle Pontare empor. Beim Abstieg passieren wir den verlassenen Weiler Campo und beschließen die Tour in den Gassen von Castelletto.

▶▶ Die Wanderung beginnt an der **Piazza Giarole** im historischen Zentrum von **Cassone**. Hier entspringt und endet der angeblich kürzeste Fluss der Welt, der Aril. Auf nur 17 m fließt er über ein malerisches, von Wasserpflanzen zugewuchertes Becken oberhalb der Hauptstraße, dann unter einer Brücke hindurch und nach wenigen Metern in den Gardasee.

> **Variante: Start in Assenza**
>
> Wir gehen vom Schiffsanleger auf die Kirche zu. Hier halten wir uns links (Schild „654 Sommavilla"). Nach nur 10 m geht es rechts in die Via degli Ivani. Nun steigen wir auf einem von Mauern gesäumten Weg durch dichte Olivenhaine hoch. Nach knapp 10 Min. sind wir bei den Häusern von Sommavilla und treffen nach weiteren 50 m auf die von Cassone kommende Straße. Hier biegen wir rechts ab und erreichen nach wenigen Metern [3].

Wir starten neben der alten Kirche. Am westlichen Ende des Kirchplatzes steht neben einem betonierten Brunnen eine Infotafel [1] zu den Wanderrouten dieser Gegend. Von hier gehen wir südlich in die Via San Zeno. Unter einem Torbogen hindurch wandern wir an alten Gemäuern entlang leicht bergauf. Knapp 3 Min. nach dem Start biegen wir rechts in einen ungeteerten Fahrweg (Via Cantarelle) zwischen Wohnhäusern und Olivenhainen

Mittelalterliche Gasse in Cassone

ein. Dieser mündet nach wenigen Minuten in die geteerte Via Sommavilla. Hier halten wir uns links.

Zur Rechten passieren wir einige Parkplätze, dann einen Tennisplatz, zur Linken einen kleinen Friedhof. Die Via Sommavilla mündet in die von unten kommende Via de Loc **2**. Südlich der Einmündung befindet sich ein Parkplatz. Wir halten uns links (ab hier Via Benedetto Croce).

Es geht leicht bergauf und nach wenigen Metern passieren wir am rechten Straßenrand das Ortsschild von **Sommavilla**. Etwa 100 m nach dem Schild zweigt nach links die Via Monteccio **3** ab, der wir zunächst leicht bergauf, dann eben zwischen Häusern hindurch folgen. Etwa 5 Min. nach ihrem Beginn endet sie an einem kleinen Parkplatz **4**. An seinem westlichen Rand beginnt ein gepflasterter Pfad entlang einer Mauer, die mit der rot-weiß-roten Markierung 31 versehen ist.

Wir folgen dem Pfad unter einem Torbogen hindurch leicht ansteigend durch einen Olivenhain. Zum ersten Mal genießen wir einen tollen Blick auf den See unter uns. Knapp 5 Min. nach dem Beginn des Pfades entdecken wir zur Linken eine **Quelle** **5**. Ein dünner Wasserstrahl ergießt sich in ein gefasstes Becken. Eine gute Gelegenheit für eine kühle Erfrischung!

Im weiteren Verlauf führt der Weg zunächst gepflastert, dann kiesig und erdig durch weitläufige Olivenhaine. Wir erfreuen uns am phantastischen Panorama am anderen Seeufer vom mächtigen Monte Pizzocolo im Südwesten über die Hochebene von Tignale und die spektakulär am Abhang klebende Kirche Santuario di Montecastello (→ Tour 26).

Etwa 10 Min. nach der Quelle treffen wir auf eine geteerte Straße, die Via del Sole **6**. Wir überqueren sie geradeaus Richtung Süden. Wegweiser nach Campo und Sant'Antonio delle Pontare zeigen uns, dass wir richtig sind.

Der breite Wanderweg führt zunächst an einer Mauer entlang, dann durch Olivenhaine und ▶

Länge/Gehzeit: 7,8 km, ca. 2:55 Std.
Charakter: panoramareiche, großteils sonnige Streckenwanderung auf alten Maultierpfaden durch abwechslungsreiche Landschaft. Kinderfreundlich auf gut begehbaren Wegen, mit kräftigem Anstieg zwischen [9] und [10] und steilem Abstieg nach [10]. Nach Regenfällen Vorsicht, da die Pflasterung rutschig werden kann! Der Rückweg erfolgt per Bus.
Markierung: Am Start und ab [4] rot-weiß-rote Markierung mit Nummer 31. Zusätzlich ab [6] Beschilderung „Le vie delle monti", allerdings nicht an jeder Abzweigung.
Ausrüstung: robustes Schuhwerk und Sonnenschutz.
Verpflegung: zahlreiche Einkehrmöglichkeiten in Cassone [1] und Castelletto [18], Bar vor [17]. Brunnen bei [5], [10] und kurz nach [12].
Hin & zurück: in Cassone Parkmöglichkeiten an den Ortsenden (kostenpflichtig) und am Startpunkt (kostenlos, aber nur wenige Plätze). Die **Bushaltestelle** in Cassone befindet sich an der Brücke über den Fluss Aril. Von hier über die Via Chiesa in wenigen Minuten zurück zum Startpunkt der Wanderung. Busse etwa stündlich 7–20 Uhr zwischen Verona und Riva (Linie 162). Wenn man die Tour in Assenza startet (→ „Variante"), kann man auch mit dem Schiff zurückfahren, da sich sowohl dort als auch in Castelletto Anlegestellen befinden.

Frühling bei Sommavilla

▶ lockere Bebauung. Wir passieren einen alten **Kalkofen** 7, eine sog. calchera (→ „Kleine Geschichte der Kalköfen"). Er ist fast vollständig von wildem Gestrüpp überwuchert.

Auf grasbewachsenen Pflastersteinen geht es nun bergauf weiter durch Olivenhaine, vereinzelte Buchen und Steineichen. Etwa 5 Min. nach dem Kalkofen passieren wir zur Linken ein verfallenes Haus. Nach weiteren knapp 5 Min. erreichen wir eine Bank 8 am rechten Wegrand.

An diesem perfekten Rastplatz genießen wir erneut einen wundervollen Blick auf das blau schimmernde Wasser des Sees und die spektakulären Berge am westlichen Seeufer. Unter uns leuchtet die gelbe Kirche von Castello di Brenzone. Eine Infotafel neben der Sitzbank erklärt die Geschichte der **Maultierpfade**, der sog. mulattiere, die von den Bauern in früheren Zeiten für ihre Lastentiere angelegt wurden.

Nach einer ausgiebigen Rast folgen wir dem gepflasterten Weg bergauf, passieren nach wenigen Minuten zur Rechten ein verfallenes Haus und erreichen etwa 10 Min. später eine Weggabelung 9 unmittelbar nach dem mächtigen Gemäuer der verfallenden **Villa Perotti**. Am Wegrand wartet wieder eine Sitzbank, daneben ein eisernes Kreuz. Neben der Villa steht unter ausladenden Bäumen ein großer Marienschrein, der mit verblassten Farben langsam zerbröckelt. Der Ort strahlt eine eigenartige Atmosphäre aus: stiller Verfall in einer moder-

Kleine Geschichte der Kalköfen („calchere")

Die Kalköfen (→ Touren 6, 12, 29, 31, 32) am Gardasee waren in der Regel kreisförmig und wurden in einen Erdwall hineingebaut. Das Kalkgestein fand sich in Bachbetten und unter Felswänden. Zum Brennen des Kalks wurde eine große Menge Holz benötigt. Der Brennvorgang dauerte etwa 90 Stunden und musste ständig überwacht werden. Am Ende waren die Kalkbrocken zu feinem weißem Sand zerfallen. Der so entstandene „gelöschte" Kalk wurde zur Herstellung von Mörtel und Farben, zur Desinfektion von Räumen, als Konservierungsmittel sowie in der Landwirtschaft verwendet. Insgesamt wurden etwa 160 dieser Öfen rund um den Gardasee gezählt.

Tour 12 ✶✶ 99

nen Zeit, hinter dem sich eine Ahnung von reicher Geschichte und vergangener Pracht verbirgt.

An der Weggabelung gehen wir geradeaus in Richtung Sant'Antonio delle Pontare (seewärts geht es in Richtung Venzo) und wandern zwischen Ölbäumen und Laubwald steil bergauf. Knapp 0:15 Std. nach der Villa Perotti zweigt an einem Marienschrein ein Weg nach links ab. Wir aber halten uns geradeaus und treffen nach etwa 100 m auf die Kirche **Sant'Antonio delle Pontare** 10 am höchsten Punkt unserer Wanderung. Picknickbänke und -tische laden auf einer ebenen Fläche vor dem alten Gebäude zu einer weiteren Rast ein. Einzelne Bäume spenden ▶

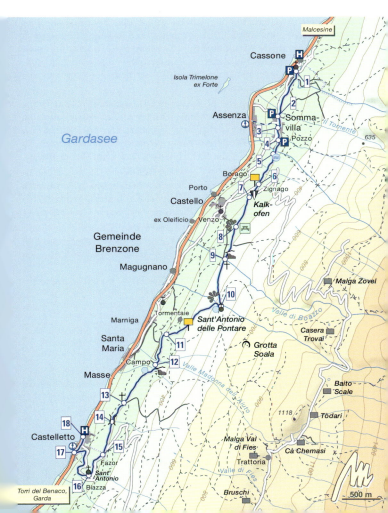

100   Monte-Baldo-Massiv/Malcesine

▶ etwas Schatten. Neben der Kirche sprudelt köstliches kaltes Wasser aus einem **Brunnen**. Vor der Kirche gabelt sich der Weg an einer Infotafel. Nach links oben führt ein steiler Pfad Richtung Prada. Nach Westen führt unser Maultierweg in Richtung See. Es geht nun sehr steil bergab auf blank gescheuerten Pflastersteinen durch jungen Laubwald. Immer wieder spitzt das blaue Wasser des Sees zwischen den Blättern der Bäume hindurch.

Etwa 0:15 Std. nach der Kirche passieren wir eine Infotafel zur Fauna des Gebietes und überqueren wenige Meter weiter einen schmalen Bach, kurz darauf ein ausgetrocknetes Bachbett. Der Blick öffnet sich auf den See und den Gipfel des Monte Pizzocolo im Südwesten. In nördlicher Richtung geht die Sicht bis Riva und zum Monte Brione. Unter uns erblicken wir die Kirche von Marniga.

Der Weg führt durch offenes Gelände und mündet etwa 0:25 Std. nach der Kirche an einer Hofeinfahrt **11** in einen breiten gepflasterten Querweg. Wir folgen diesem in Richtung See. Nach 10 m gabelt er sich. Wir halten uns links in südlicher Richtung, dem Schild „Campo"

Bäuerliche Handwerkskunst: die Trockensteinmauern

In weiten Arealen entlang des Gardasees sind terrassierte Anbauflächen, z. B. in Olivenhainen, zu finden. In Jahrhunderten wurden diese landwirtschaftlichen Nutzflächen den steilen Hängen abgetrotzt, indem man in aufwändiger Handarbeit Trockensteinmauern errichtete.

Dem Wanderer begegnen diese Zeugnisse bäuerlicher Architektur auf Schritt und Tritt – welche Mühe ihre Herstellung erfordert, wird er sich kaum vorstellen können.

Zur Errichtung einer solchen Mauer wird in 50 cm Tiefe im Erdreich zunächst eine robuste Steinschicht verlegt, die das Fundament bildet. Danach werden die Mauerschichten von außen nach innen schichtweise auf das Fundament gesetzt. Kleinere Steine dienen als Füllmaterial für die Zwischenräume und werden mit dem Hammer festgeklopft. Um Stabilität zu gewährleisten, muss immer wieder ein großer Stein auf zwei kleinere darunter liegende gesetzt werden.

Da auch die Pflege und Reparatur der Mauern sehr zeitintensiv ist, verfallen sie mancherorts oder werden durch betonierte Mauern ersetzt.

Abdendliche Lichtspiele im Olivenhain

folgend. Auf zwei betonierten Fahrspuren wandern wir steil zwischen Olivenbäumen bergab.

Nach etwa 100 m gabelt sich der Weg abermals. Während nach rechts die betonierten Fahrspuren in Richtung Marniga weiterführen, nehmen wir den gepflasterten Weg (Schild „Campo, Pai") nach links und spazieren durch einen lichten Olivenhain, der mit Trockensteinmauern (→ „Bäuerliche Handwerkskunst") befestigt ist. Nach etwa 10 Min. gemächlichen Anstiegs durch prächtige alte Olivenbäume treffen wir nach einer Linkskurve auf einen alten Brückenbogen mit einer Infotafel. Südlich erblicken wir die Ruinen des mittelalterlichen Dorfes **Campo**. Seine Ursprünge reichen bis ins 11. Jh. zurück.

Wir betreten die verfallene Ortschaft und finden uns nach wenigen Metern zwischen überwachsenen Mauerresten und leeren Fensterhöhlen auf dem winzigen Dorfplatz wieder. Hier gabeln sich an einem Wegweiser řa. knapp 5 Min. nach dem Brückenbogen die Pfade.

Seewärts geht es nach Marniga, wir folgen dem Weg geradeaus durch einen Torbogen in Richtung Fasor und Pai. Vorbei an den mächtigen Außenmauern der alten Gebäude erreichen wir nach wenigen Metern einen großen Brunnen, der rechts unterhalb des Weges liegt. Nach einer Abkühlung folgen wir dem Weg oberhalb des Brunnens in Richtung Süden. Er führt schmal, erst gekiest und dann gepflastert, sanft bergab durch weitläufige Olivenhaine. Wir passieren die Stationen eines alten Trimm-dich-Pfads. Unter die Olivenbäume mischen sich Buchen, Eichen und dichtes Gestrüpp. Etwa 10 Min. nach Campo erreichen wir einen **Marienschrein** [13], an dem sich der Weg gabelt.

Wir nehmen den linken Weg in Richtung Biazza. Nach wenigen Metern passieren wir in einer Kurve eine Infotafel zur Olivenfrucht und wandern in südlicher Richtung leicht bergauf. Vereinzelte Ölbäume auf weiten Hängen erlauben uns einen weiten Ausblick auf den See. ▶

▶ Bei klarem Wetter ist an seinem Südufer die Halbinsel von Sirmione zu erkennen. Unter uns leuchten bereits die Dächer von Castelletto.

Am Ende einer kleinen Brücke **14** teilt sich der Weg. Wir gehen links Richtung Biazza und wandern in leichtem Auf und Ab durch einen gepflegten Olivenhain. Bald passieren wir die ersten Häuser von **Fazor** und treffen gut 5 Min. nach der Brücke auf eine geteerte Fahrstraße **15**.

Wir folgen ihr in südlicher Richtung entlang der Häuser von Fazor. Nach etwa 5 Min. passieren wir das Ortsschild von **Biazza**. Beide Orte gehen nahtlos ineinander über. Weitere 5 Min. nach dem Ortsschild treffen wir auf eine Straßenkreuzung **16**.

Wir wandern seewärts in westlicher Richtung steil bergab. Zu unserer Rechten beginnen nach wenigen Metern die mittelalterlichen Gässchen des winzigen Biazza, die jedoch zumeist nach einigen Schritten vor einer Tür oder Mauer enden. Die Straße führt als Via Don G. Trecca in einer weiten Kurve unterhalb des alten Ortskerns in Richtung Nordosten. Sie durchquert dabei einen alten Torbogen und verläuft dann unterhalb der kleinen Kirche **Sant'Antonio** aus dem 14 Jh. An der Kirchenmauer finden sich Überreste mittelalterlicher Fresken. Nach der alten Kirche geht es weiter an modernen Wohnhäusern vorbei auf das Dächermeer von Castelletto zu.

Nach wenigen Minuten tauchen wir in das Gewirr der alten Gassen von **Castelletto** ein. Zwischen hohen Wänden wandern wir auf der gepflasterten Via Crosua weiter bergab. Wir überqueren die Piazza Olivo (mit Bar) und erreichen nach einigen Metern auf der Via Valle schließlich etwa 0:15 Std. nach der Straßenkreuzung in Biazza die **Gardesana** **17**.

Hier halten wir uns rechts. Vorbei am winzigen Hafenbecken von Castelletto geht es an der Mauer des Istituto Piccole Suore Sacra Famiglia entlang. Am Ende der Mauer befindet sich die **Bushaltestelle** **18**, die wir knapp 5 Min. nach dem Einbiegen auf die Gardesana erreichen. Der Bus bringt uns zurück zum Ausgangspunkt in Cassone. ∎

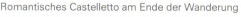

Romantisches Castelletto am Ende der Wanderung

*** Von der Punta Piaghen über den Monte Luppia zur Punta San Vigilio

Die lange abwechslungsreiche Streckenwanderung führt durch Olivenhaine und kleine Orte mit schönen Ausblicken auf den südlichen Gardasee. Nach der Durchquerung der einsamen schattigen Buchenwälder am Monte Luppia endet sie an der idyllischen Punta San Vigilio.

▶▶ Wir beginnen unsere Tour am nördlichen Ende **1** der Parkbucht an der **Gardesana** etwas südlich der Punta Piaghen (punta = Landspitze). Dort überqueren wir die Gardesana und steigen über Treppen auf die Aussichtsplattform. Anschließend gehen wir am Seeufer entlang in nördlicher Richtung wenige Meter unterhalb der Straße.

Etwa 200 m nach der Plattform beginnt am Ufer eine Allee mächtiger Zypressen. Hier, an der **Punta Piaghen**, steigen wir wieder zur Straße hoch, überqueren sie und gehen auf der rechten Straßenseite weiter Richtung Norden. Nach etwa 50 m zweigt nach rechts eine Auffahrt **2** ab (Schild „San Zeno di Montagna/Crero"). Wir folgen ihr und wandern zunächst auf geteerter Straße vorbei an Häusern, Hofauffahrten und Mauern.

Etwa 5 Min. nach dem Abzweig endet der Teerbelag, es geht auf breitem Fahrweg durch Olivenhaine, dann Eichen- und Buchenwald weiter Richtung Südwesten. Am westlichen Seeufer erkennen wir Gargnano, dahinter ragt der wuchtige Monte Pizzocolo empor. Etwa 10 Min. nach dem Ende des Teerbelags kommen wir an ein Gatter und treffen etwa 10 Min. später auf einen gemauerten Brunnen wenige ▶

Länge/Gehzeit: 13,7 km, ca. 4:15 Std.
Charakter: lange Streckenwanderung ohne Schwierigkeiten auf Waldwegen und -pfaden sowie Straßen. Am Monte Luppia schattig, sonst überwiegend in der Sonne. Im Sommer zur Mittagszeit heiß. Der Rückweg erfolgt per Bus.

Markierung: Von 2 bis Kirche San Siro vor 3 rot-weiß-rot Weg 39 San Zeno, bis 5 Weg 40/41 Punta San Vigilio, bis 7 Weg 40 (BVG=Bassa Via del Garda) mit Beschilderung „Giro del Crero". Ab 7 schlecht markiert; vereinzelt „Giro del Crero".

Ausrüstung: Sonnenschutz und robustes Schuhwerk.

Verpflegung: Brunnen bei der Kirche San Siro vor 3. Einkehr bei 3 an der Trattoria/Bar Panoramico, in Albisano 8 und an der Punta San Vigilio 23. Genügend Trinkwasser mitnehmen für den langen Abschnitt zwischen 8 und 23.

Hin & zurück: Anfahrt über die SS 249 (Gardesana). Ca. 1 km südlich von Pai Parkbucht vor großer Villa am östlichen Straßenrand mit Schild „Località Piaghen". An der gegenüberliegenden Straßenseite kleine Aussichtsplattform. **Busse** der Linie 162 fahren von 7 bis 20 Uhr etwa stündlich von Verona nach Riva. Haltestelle in Pai am Hotel Residence Sirenelle. Von hier ca. 700 m (10 Min.) in südlicher Richtung am Ufer entlang bis zur Abzweigung 2. Am Ende der Tour nehmen wir den gleichen Bus (letzte Fahrt ab San Vigilio um 20.03 Uhr), um in wenigen Minuten zurück zum Ausgangspunkt zu gelangen.

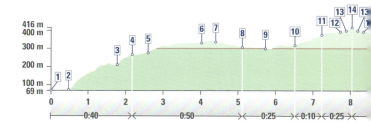

▶ Meter vor der idyllisch gelegenen kleinen Kirche **San Siro** aus dem 18. Jh. Zwei Sitzbänke laden zu einer Rast ein.

An der Weggabelung vor der Kirche gehen wir geradeaus weiter in Richtung Punta San Vigilio (links bergauf geht es nach San Zeno). Der gepflasterte Weg bringt uns etwa 0:30 Std. nach Wanderbeginn auf den kleinen Dorfplatz **3** von **Crero**. Neben einer mächtigen Kastanie befindet sich ein kleiner Parkplatz mit schöner Aussicht auf den See. Wenige Meter oberhalb liegt eine Trattoria/Bar mit Terrasse – eine gute Gelegenheit für einen Cappuccino!

Wir halten uns vor der Bar links (Wegweiser an der Kastanie „Punta San Vigilio"). Zwischen den wenigen alten Häusern von Crero wandern wir bergauf. Etwa 5 Min. nach dem Ortsende halten wir uns an einer Weggabelung weiter Richtung Süden und treffen ca. 50 m weiter erneut auf eine Gabelung **4** mit dem nach links weisenden Schild „Graffiti di Crero Rocca Grande". Wir folgen ihm nur wenig Meter zu einer großen, blank gescheuerten Felsplatte mit zahlreichen **Ritzzeichnungen**. Da leider auch neuzeitliche „Ritzer" hier ihr Unwesen getrieben haben, ist es schwer, die prähistorischen Originale von den modernen Kritzeleien zu unterscheiden.

Zurück an der Weggabelung **4** wandern wir weiter eben durch Laubmischwald. Vorbei an einer der vielen Bänke entlang des Wegs

Abendstimmung an der Punta Piaghen

Tour 13 ✳✳✳ 105

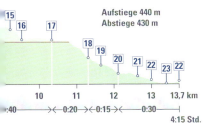

erreichen wir einen **Abzweig** 5. Rechts bergab geht es Richtung Punta San Vigilio, wir aber gehen bergauf nach Albisano (Weg 40).

In stetem Auf und Ab erreichen wir eine Lichtung an einigen großen Felsplatten, wenige Minuten später passieren wir zur Rechten ein verfallenes Steingebäude, zur Linken eine Böschung, darüber ein bebautes Grundstück. Etwa 10 Min. nach den Felsplatten bietet sich uns an einer Bank ein schöner Blick nach Süden auf die Isola del Garda und die Rocca di Manerba (→ Tour 20).

Am Ende eines Zauns, der uns ein Stück begleitet, ignorieren wir einen Pfadabzweig nach links, wir folgen dem Schild „Giro del Crero" geradeaus, wieder etwas bergauf. Nach etwa 0:20 Std. seit dem Abzweig nach Albisano endet unser Weg vor der Toreinfahrt 6 zur **Residence Elisabetta**.

Wir haben die ersten Häuser des lang gezogenen Orts **Albisano** erreicht und wandern nun auf geteertem Fahrweg Richtung Süden. Etwa 5 Min. nach der Toreinfahrt biegt unser Weg in die Hauptstraße 7 Via delle Fittanze (SP 32a) ein und führt auf die alte **Kirche** 8 von Albisano zu, die wir nach etwa 0:15 Std. erreichen.

An ihrer Westseite befindet sich vor ihrem Portal ein kleiner Platz mit Platanen und Ruhebänken. Der Blick geht von Gargnano über Salò und die gesamte südliche Seehälfte. Unmittelbar unter uns blinken die Dächer von **Torri del Benaco** mit dem zinnenbewehrten Turm der alten Skaligerburg.

Nach einer ausgiebigen Rast an diesem schönen Ort nach etwa 1:30 Std. Gesamtgehzeit wandern wir weiter die Straße entlang nach Süden dem Ortsausgang entgegen. Nach etwa 10 Min. gehen wir an einem Kreisverkehr 9 geradeaus in Richtung Garda. Etwa 150 m nach dem Kreisverkehr biegen wir nach rechts bergauf in eine Fahrstraße ab (Schild „Monte Luppia, Le Sorte"). Die Villen auf der rechten Seite mit Seeblick beeindrucken. Wohl dem, der solch ein Juwel sein Eigen nennen darf! Zur Rechten folgt ein Olivenhain. Nach zwei Häusern auf der linken Wegseite erreichen wir eine Gabelung 10. Die Teerstraße verläuft Richtung Südwesten, am Haus entlang geht ein Weg nach Osten bergauf. Wir aber nehmen den mittleren Weg, der dazwischen als steiniger Fahrweg (Schild „Giro del Crero") nach Süden führt.

Wir wandern zunächst an einem Olivenhain entlang und gelangen nach wenigen Metern in einen schattigen Laubmischwald. Etwa 5 Min. später ignorieren wir eine Abzweigung nach rechts entlang eines Maschendrahtzauns. Etwa 5 Min. später folgt ein weiterer Abzweig 11 ▶

▶ nach links auf eine Lichtung, den wir ebenfalls nicht beachten. Weiter geradeaus erreichen wir 5 Min. später einen Holzpfosten **12** an einer Gabelung. Leider fehlt hier ein Wegweiser. Auf der Suche nach dem Gipfel des Monte Luppia gehen wir hier zunächst links (wir kommen an diese Gabelung wieder zurück).

Ein mit lockerem Geröll bedeckter Weg führt durch dichten Wald bergauf. Es ist schattig und still. Einen Pfadabzweig nach rechts ignorieren wir. Zunehmend wird das Unterholz dichter. Etwa 5 Min. nach dem Pfosten folgen wir einem weiteren Rechtsabzweig **13** (rote Markierung an einem Baumstamm zur Rechten). Etwa 50 m nach dem Abzweig öffnet sich der Wald und wir wandern am Grat einer schmalen Graskuppe entlang. Nach Westen öffnet sich der Blick auf den Monte Pizzocolo, südöstlich spitzen die Dächer von Garda durch das Blätterdach. Nach einigen Metern und knapp 5 Min. nach dem Abzweig führt von links unten ein Weg heran (der, den wir bei **13** verlassen haben). Am Zusammentreffen beider Pfade **14** könnte der Gipfel des **Monte Luppia** liegen. Es gibt keine Markierung, aber ein höherer Punkt ist nirgends in Sichtweite.

(**Abstecher**: Um einen noch besseren Ausblick zu haben, können wir noch etwas weiter nach Süden gehen, wieder in den Wald. Es folgt eine weitere Lichtung mit schönem Blick auf die Bucht und die Rocca von Garda. Etwa 50 m nach dem Ende der Lichtung geht es unter einer mächtigen Kiefer hindurch (Schild „2b" in nördlicher Richtung). Ca. 50 m nach der Kiefer wählt man an einer Weggabelung den linken Pfad (rote Farbmarkierung auf Stein am Boden). Nach etwa 100 m geht man an einer weiteren Gabelung links und man gelangt an einige mächtige Zypressen. Hier belohnt ein schöner Blick auf die Bucht von Garda. Da es anschließend nur noch bergab geht, kehrt man besser um und geht den gleichen Weg zurück zu **14** .)

Wir gehen nun vom Gipfel in gut 5 Min. zurück zur Gabelung am Holzpfosten **12**. Jetzt biegen wir links ab nach Südwesten. Es geht zunächst eben, dann leicht bergab auf breitem Waldweg voran. Nach einem etwas ausgewaschenen, abschüssigen Wegstück folgen wir gut 10 Min. nach dem Pfosten an einer Weggabelung **15** dem Schild mit der Aufschrift „Giro del Crero" nach rechts und wandern weiter auf mit lockerem Geröll bedeckten Weg durch den Wald. ▶

Malerisch gelegen: San Siro

▶ Auch an einer weiteren Gabelung **16** etwa 10 Min. später weist ein Schild „Giro del Crero" nach rechts, der Weg führt uns nach etwa 10 m zu einem breiten Fahrweg nach Norden. Zur Linken passieren wir ein Villengrundstück, Olivenhaine und Zypressen wechseln mit kurzen Waldstücken ab.

Etwa 10 Min. nach der letzten Gabelung folgen wir einem Abzweig **17** nach links, bezeichnet mit „Loc. Bré, Cà Biana" und dem Schild „Giro del Crero". Nach wenigen Metern passieren wir am linken Wegrand einen gemauerten Brunnen und eine Abzweigung nach rechts. Geradeaus gehend, kommen wir an einem weiteren Schild „Giro del Crero" vorbei. Nach einem überwucherten Zufahrtstor führt der Weg als steiniger, mit lockerem Geröll versehener Pfad durch den Wald bergab.

Einen Pfadabzweig nach links ignorieren wir und gehen weiter geradeaus. Der Weg ist zunehmend ausgewaschen und von kleinen Felsplatten durchsetzt. Etwa 5 Min. nach dem Pfadabzweig sehen wir erstmals größere Felsplatten am linken Wegrand. Wenige Meter weiter weisen zur Rechten Schilder zum **Felsen** „Rocca dei Cavalieri" **18**, etwa 5 Min. später zur „Rocca delle Griselle". Es bedarf auch hier einiger Phantasie, um die prähistorischen **Ritzzeichnungen** auf den Platten von neuzeitlichen Kritzeleien unterscheiden zu können.

Nach dem zweiten Schild unterqueren wir eine Stromleitung und erreichen eine Infotafel **19** an einer Weggabelung. Nach rechts geht es bergab („Percorso del Pellegrino"), wir aber folgen dem breiten Weg nach links, eben an der Stromleitung entlang. Nach etwa 50 m folgen wir einem Abzweig nach rechts (Schild „Garda"), nach weiteren 50 m erneut.

Etwa 150 m nach der letzten Abzweigung beginnt zur Linken eine hohe Mauer, dahinter Zypressen. Dann öffnet sich der Blick. Wir stehen auf einer kleinen Anhöhe **20** unmittelbar oberhalb der idyllischen

Mächtige Olivenbäume am Weg zum Monte Luppia

Romantisches Finale: Villa am Wasser an der Punta San Vigilio

Bucht **Baia delle Sirene**, dahinter die Landzunge **Punta San Vigilio**, das Ziel dieser Wanderung.

Der Weg (Via Castel) führt nach einer Kurve nach Südosten. Zur Linken die Mauer, zur Rechten Ölbäume. Nach etwa 100 m endet die Mauer, der Weg schwenkt nach Osten und führt durch Laubwald bergab. An einer kleinen Betonhütte **21** zweigt unser Pfad nach rechts ab und führt schmal am oberen Rand eines Olivenhains entlang. Wenige Meter unterhalb dröhnt der Verkehr der Gardesana.

Alle Abzweigungen ignorierend folgen wir dem schmalen Pfad durch den Olivenhain bis an dessen Ende unmittelbar oberhalb der steilen Straßenböschung der **Gardesana**. Für etwa 100 m verläuft er westlich an der Böschung entlang und geht dann 10 m steil bergab. Er endet an der Straße (Vorsicht!) an einer schlecht einsehbaren Stelle in der Nähe des Parkplatzes an der **Punta San Vigilio**.

Wir überqueren die Straße einige Meter westlich und gehen in wenigen Schritten bis zum Parkplatz. Hier ist auch die **Bushaltestelle 22**.

Wir schlendern nun durch die prächtige Zypressenallee westwärts auf die Landzunge Punta San Vigilio. Am Ende der Allee geht es nach links auf gepflastertem Weg zwischen alten Gebäuden hindurch. Etwa 100 m weiter erreichen wir die Residence San Vigilio.

Zu ihrer Linken weist uns ein Torbogen **23** den Weg zum idyllischen kleinen **Hafenbecken**. Eine gemauerte Mole begrenzt es im Osten. Hier stehen die Tische und Stühle einer kleinen Bar. Am sachte plätschernden Wasser können wir Schwäne und Enten beobachten und bei einem Apérol unsere Wanderung ausklingen lassen.

Anschließend geht es in knapp 10 Min. zurück zur **Bushaltestelle 22**, von wo aus uns der Bus zurück nach Pai bringt (ab dort 10 Min. Fußweg zum Parkplatz). ■

** Rund um San Zeno di Montagna

Die abwechslungsreiche familientaugliche Rundwanderung führt durch verschiedene Weiler der Streusiedlung San Zeno und bietet dabei herrliche Panoramablicke auf den Gardasee.

▶▶ Die Wanderung beginnt etwa 100 m südlich des Tourismusbüros von San Zeno im Ortsteil **Cà Sartori** an der Abzweigung der Via Giaroli von der Hauptstraße Via Cà Sartori. Hier weist uns ein grün-weißes Schild **1** den Weg in Richtung „S 13 Dosso Croce".

Wir folgen ihm bergan auf geteertem Fahrweg an Häusern vorbei. Schon nach wenigen Metern haben wir zurückblickend zum ersten Mal einen weiten Blick auf den tiefblauen See. Nach etwa 5 Min. erreichen wir eine breite Kreuzung. Hier halten wir uns rechts.

Am rechten Wegrand liegt ein weitläufiges Grundstück hinter einer Hecke. Die Straße beschreibt eine Links- und dann gleich eine Rechtskurve und trifft 5 Min. nach der ersten Kreuzung auf eine weitere Gabelung **2**.

Hier gehen wir rechts, also nach Norden. Zur Linken der Bauhof, zur Rechten weist nach etwa 100 m ein grünweißes Schild „Dosso Croce" in unsere Wanderrichtung. Wir wandern leicht bergab. Etwa 50 m nach

Luftkurort im Morgenlicht: San Zeno

Tour 14 ✶✶   **111**

dem Schild zweigt nach links ein identisch beschilderter schmalerer Weg **3** ab. Es geht, beidseitig durch Zäune begrenzt, zwischen Sträuchern und einzelnen Laubbäumen bergan.

Etwa 100 m nach dem Abzweig beginnt ein Abschnitt mit Wiesen und bäuerlichen Gehöften. Neugierige Pferde beäugen unseren Weg. Die Straße steigt leicht an. Beim Blick zurück zum Grat des Monte-Baldo-Massivs erkennen wir das Rifugio Chierego, das kühn als scharfer Zacken in den Himmel sticht (→ Tour 15).

Gut 10 Min. nach dem Abzweig **3** treffen wir auf eine Weggabelung **4** mit Wegweiser. Wir bleiben geradeaus Richtung „Dosso Croce".

Etwa 200 m weiter erreichen wir eine Straßenkreuzung, an der wir links (bergauf) abbiegen. Wir folgen für etwa 50 m einer breiten Straße, um dann nach rechts in die Via Dosso Croce (Schild) abzubiegen.

Zwischen Wohngebäuden geht es bergan nach **Dosso Croce**. Ungefähr 100 m nach dem Abzweig erreichen wir zwischen einigen Häusern des Weilers die Tafel „Dosso Croce 668 m" neben der Via Leopoldine Naudet **5**. ▶

Länge/Gehzeit: 4,7 km, ca. 1:55 Std.
Charakter: eine leichte Wanderung mit einigen kurzen steilen An- und Abstiegen. Im ersten Teil auf breiten geteerten Wegen. Zwischen **8** und **11** steinige, steile Abschnitte, auf denen man etwas Trittsicherheit benötigt. Im zweiten Teil schattig. Empfehlenswert ist ein Start am Morgen. Dann genießt man das Lago-Panorama in kräftigen Farben, während nachmittags vieles im Dunst und Gegenlicht verschwimmt.
Markierung: durchgehende Beschilderung S 13 auf grünweißen Tafeln. Im zweiten Teil am Wegesrand gelb-rot markiert.
Ausrüstung: festes Schuhwerk, Stöcke können nicht schaden.
Verpflegung: In San Zeno gibt es zahlreiche Einkehr- und Einkaufsmöglichkeiten, darunter die Bar und Pizzeria K2, direkt am Startpunkt **1**, mit überdachtem Außenbereich; große Auswahl knuspriger Pizze zu moderaten Preisen ab 6 €, Dorfleben inklusive. Die herbstliche Steinpilzpizza zu 10 € war ein echter Gaumenschmaus! Tägl. ab 8 Uhr.
Hin & zurück: Von Caprino Veronese 7,5 km auf der SP 29 über Lumini, dort links nach San Zeno. Oder von Torri oder Garda beschildert bis San Zeno. Parkmöglichkeit beim Tourismusbüro im Viertel Cà Sartori. **Bus:** Mit der Linie 169bis (nur Mitte Juni bis Mitte Sept.) von Garda (8.51 Uhr) bis San Zeno. Zurück auf gleicher Route um 11.58 und 17.38 Uhr.

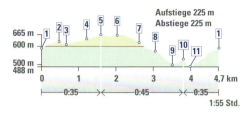

▶ Hier geht es rechts bergab (Schild „S 13 San Zeno"). Der Weg führt wenige Meter nach Süden, biegt dann nach Südwesten. Toller Blick auf den südlichen Gardasee mit seiner weit auslaufenden Uferlinie und der schmalen Landzunge von Sirmione!

Ungefähr 5 Min. nach der Tafel von Dosso Croce schwenkt der Weg als scharfe Haarnadelkurve nach Norden. In der Kurve ein Linksabzweig, der ignoriert wird. Danach biegt ein unscheinbarer Wiesenweg 6 vor einem neugebauten Haus nach Norden ab.

Wir folgen dem Wiesenweg in sanftem Bogen nach Nordosten. Etwa 5 Min. nach der Haarnadelkurve schwenkt er an einer kleinen Kuppe nach Nordwesten. Hier öffnet sich ein phantastischer Blick auf den nördlichen Gardasee mit den Häusern von San Zeno im Vordergrund. Im Westen ragt der Klotz des Monte Pizzòcolo empor, davor der abgerundete Doppelgipfel des Monte Castello di Gaino (→ Tour 23). Diese Aussicht ist die schönste der gesamten Tour!

Es geht noch etwa 100 m durch die Wiese bergab. Dann kommen wir auf einen geteerten Weg, der an Wohngebäuden vorbei führt. Ungefähr 5 Min. nach dem Aussichtspunkt passieren wir zur Linken einen großen TV-Mast mit zahllosen Antennen und Schüsseln. Danach geht es noch ca. 150 m bergab, bis wir auf eine Kreuzung 7 treffen.

Hier halten wir uns links und wandern an der breiten Fahrstraße bergab (auf Autos achten!). Nach gut 5 Min. erreichen wir am Hotel Miralago die Durchgangsstraße von San Zeno. Hier gehen wir rechts (Wegweiser „S 13 Le Tese") und folgen der Straße für knapp 100 m. Unmittelbar vor der Kirche (und hinter der Bar Roma) zweigt nach links die Via del Cimitero 8 ab. Hier befindet sich ein Wegweiser nach Le Tese.

> **Hotel-Tipp**
>
> In **San Zeno** empfiehlt sich das kürzlich renovierte **Albergo Bellavista** mit schöner Aussichtsterrasse und günstigem Abendmenü (12 €). Eigentümer Max spricht etwas deutsch und ist ein Kenner der umliegenden Berge und Wandermöglichkeiten. Gerne gibt er Tipps. Übernachtung mit Frühstück ca. 40–50 €. Contrada Cà Montagna 1, San Zeno di Montagna, ✆ 045-7285286, www.bellavistahotel.eu.

Die Straße führt uns steil auf den See zu. Wir wandern an Parkplätzen vorbei und an der Friedhofsmauer entlang. An ihrem Ende führt ein steiniger Feldweg weiter bergab. Etwa 150 m nach dem Ende der Mauer beginnt ein dichter Laubmischwald. Der Weg führt

Tour 14 ✴✴ 113

steil absteigend und mit viel lockerem Geröll bedeckt hinein (ab hier regelmäßig gelb-rote Markierung am Boden).

Der Weg zielt wenige Meter nach Osten, schwenkt dann nach Nordosten, um 100 m weiter an einem Bachbett nach Nordwesten abzubiegen. Wir folgen diesem für etwa 50 m, um es dann links abbiegend zu überqueren. An seinem nördlichen Ufer mündet unser Weg in eine geteerte Straße **9** mit dem Wegweiser „Le Tese".

Hier gehen wir rechts. Nach etwa 5 Min. steilem Anstieg auf der Teerstraße mit vereinzelten Seeblicken zweigt nach links ein schmaler Pfad **10** an einem Schild mit der Aufschrift „Le Tese/Cà Sartori" in den Wald ab.

Der Pfad windet sich ausgewaschen durch dichten Wald Richtung Norden. Nach wenigen Metern schwenkt er nach Westen und führt ▶

Auf dem Weg nach Dosso Croce

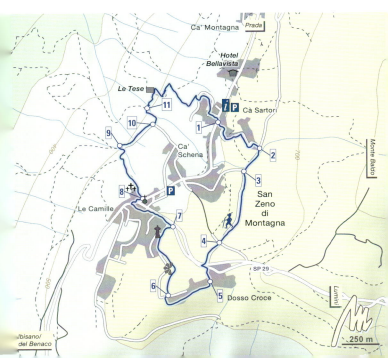

Tomatenanbau mit Panoramablick bei Le Tese

nun oberhalb eines Bachbetts entlang. Kurz nach dem Schwenk beschreibt er einen Knick nach rechts, quert das Bachbett und trifft unmittelbar darauf auf eine Kreuzung. Ein Schild **11** weist nach rechts in Richtung „Le Tese/Cà Sartori".

Wir folgen ihm im Zickzack bergan durch Mischwald, dann an einigen Häusern und einer Wiese vorbei. Ungefähr 5 Min. nach dem Schild treffen wir auf einige steinerne Wohngebäude mit kleinem Hof und tollem Seeblick – der Weiler **Le Tese**. Wir queren den Hof und folgen einem schmalen Steig (Wegweiser „Cà Sartori") zwischen Gemüsegärten hindurch und an einer Hecke vorbei. Es geht über eine kleine Wiesenfläche und in der Folge auf einem nur einen Meter breiten Pfad zwischen Gartenzäunen hindurch.

Am Ende dieser schmalen Passage halten wir uns links. Es geht durch Mischwald bergan. Nach einigen Minuten entdecken wir auf eine Betonwand vor zwei neu erbauten Gebäuden. An der Betonwand rechts halten. Nach ihrem Ende steigen wir wenige Meter auf schmalem Pfad durch Mischwald bergauf und treffen dann etwa 0:15 Std. nach Le Tese auf eine betonierte Straße.

Hier biegen wir nach rechts und unmittelbar darauf dem Wegweiser „Cà Sartori" folgend nach links. Mit dem Straßenverlauf erreichen wir ca. 10 Min. nach dem Ende des Pfades am Albergo Centrale die Durchgangsstraße von **San Zeno**, nur wenige Meter südlich davon liegt unser Startpunkt **1**, an dem die Wanderung endet. ■

Frischluft auch zur Sommerszeit: San Zeno di Montagna

San Zeno di Montagna, an den Südwesthängen des Monte Baldo gelegen, ist eine andere Welt. Nur wenige Kilometer von den geschäftigen Ufern des Gardasees entfernt und über Garda oder Torri del Benaco erreichbar, thront der Ort in etwa 600 m Höhe. Wenn im Sommer am Seeufer Hitze und Menschenmassen lähmen, ist es hier oben vergleichsweise angenehm kühl und ruhig.

Der Ort erstreckt sich über insgesamt vier alte Teile, die sich über mehrere Kilometer hinziehen. In San Zeno steht die mächtige Pfarrkirche. Es folgen die Ortsteile („Contrade") Cà Schena, Cà Sartori und Cà Montagna. Zu beiden Seiten der Hauptstraße wechselt lockere Bebauung mit Wiesen – im Frühsommer trifft man hier auf endlose Blumenteppiche. Außerdem gibt es zahlreiche Kastanienhaine. Von Mitte Oktober bis Mitte November finden jährlich die Festwochen „Sagra di castagne" statt. Zahlreiche gastronomische Höhepunkte mit den zertifizierten Maronen von San Zeno („marroni di San Zeno DOP") und rotem Bardolino lassen Feinschmeckerherzen höher schlagen (www.ristosanzeno.it).

Tour 15 ✳✳✳ **115**

Diese mit prächtigen Rundblicken gespickte mittelschwere Bergwanderung führt in steilem Anstieg durch eindrucksvollen Buchenwald und über weite Almwiesen auf eine kleine Berghütte. Von

✳✳✳ Rundwanderung von Prada Alta über das Rifugio Fiori del Baldo und die Costabella

dort geht es entlang der südlichen Ausläufer des Monte-Baldo-Massivs über Grate, Almweiden und zurück durch schattige Buchenwälder.

▶▶ Wir starten am geräumigen Parkplatz der Costabella-Bahn. Am nordwestlichen Ende **1** findet sich ein **Wegweiser** mit „Rifugio Fiori del Baldo, S 44" (übrigens der erste und letzte, der auf den angeblichen Weg S 44 verweist!).

Wir wandern zunächst auf geteerter Fahrstraße steil bergan in Richtung Nordosten an mehreren Wohnhäusern vorbei. Nach etwa 5 Min. passieren wir ein Viehgatter. Nochmals 100 m kommt eine Gabelung **2** des nun schmaleren Weges. Hier folgen wir dem Schild zur „Stazione intermedia" nach links. Der Pfad führt in der Folge steil und mit lockerem Geröll bedeckt über Weideflächen. Dornbüsche und Haselnusssträucher wachsen ringsum.

Etwa 0:15 Std. nach der Gabelung überwinden wir ein weiteres Viehgatter. Danach schwenkt unsere Route nach Südosten. Weiter geht es schweißtreibend steil bergan. Vereinzelt stehen Buchen zwischen dichtem Gestrüpp am Wegesrand. Nach mehreren Kehren erreichen wir etwa 0:20 Std. nach dem Gatter die Trasse der Bahn.

Wir folgen ihr einige Meter und wandern dann ein Stück nach Süden. Etwa 5 Min., nachdem wir die Trasse erreicht haben, treffen wir auf einen sogenannten **Pozzo** **3**. Diese kreisrunden Wasserlöcher, die man am Monte Baldo häufig findet, wurden angelegt und mit Lehm ausgekleidet, um für die Tiere auch in der regenarmen Sommerzeit genügend ▶

Länge/Gehzeit: 11,6 km, ca. 4:35 Std.
Charakter: mittelschwere Bergwanderung auf zum Teil steilen und steinigen Alm- und Waldpfaden und breiten Fahrwegen. Im oberen Teil schattenlos und teils schweißtreibend.
Markierung: im Aufstieg durchgehend gelb-rot, im Abstieg nicht durchgängig markiert. Wegweiser bei [16] und [14]. Zwischen [14] und [15] gut sichtbar rot-weiß-rot. Zwischen [17] und [18] rot-weiß-rot und Steinmännchen.
Ausrüstung: Bergschuhe, Sonnenschutz, Stöcke.
Verpflegung: Proviant und viel Wasser mitnehmen. Einkehrmöglichkeit im Rifugio Fiori del Baldo [7] (Mitte Juni bis Mitte Sept., www.fioridelbaldo.it) sowie am Start in Prada Alta [1].
Hin & zurück: Von Caprino Veronese 7,5 km auf der SP 29 über Lumini, dann rechts in die SP 9 und noch 5 km bis zum Parkplatz der Korbseilbahn (auch Bushaltestelle) in Prada Alta. Von Torri oder Garda bis San Zeno und dann auf der SP 9 nach Prada Alta.
Bus: Mit der Linie 169bis (nur Mitte Juni bis Mitte Sept.) von Garda (8.51 Uhr) über San Zeno (9.13 Uhr) und Lumini (9.23 Uhr) nach Prada Alta (9.33 Uhr). Zurück auf gleicher Route um 11.30 und 17.30 Uhr. .

Tour 15

Vom Winde verweht: Futtersuche hart am Grat

▶ Wasser zur Verfügung zu haben. Hier gabelt sich der Weg. Bevor wir auf steil ansteigendem Pfad durch die Weide Richtung Osten steigen, gönnen wir uns einen Blick zurück auf das West- und Südufer des Gardasees.

Nach etwa 100 m heftigem Aufstieg schwenkt der Steig für etwa 50 m nach links, um über einen Durchlass im Weidezaun in einen Buchenhain zu führen. Auf Weideflächen geht es danach ein Stück südwärts. Ungefähr 5 Min. nach dem Zaun betreten wir einen schattigen Wald mächtiger, knorriger Buchen und durchwandern ihn in einer weiten Kurve nach Osten auf steinigem Weg.

Nach weiteren 5 Min. spitzen zu unserer Linken weite Almen durch das Blattwerk. Wir erkennen die steinerne Baita Ortigaretta, die Mittelstation und das am Grat zum Monte Baldo gelegene Rifugio Chierego weit über uns.

In der Folge wandern wir ostwärts am oberen Rande des Buchenwaldes entlang. Das Geläute von Kuhglocken erfüllt die Luft. Mitunter mischt sich das Pfeifen eines Murmeltiers darunter. Bis zum Rifugio Fiori del Baldo werden wir noch zahllose Gelegenheiten haben, die neugierigen pummeligen Nager zu beobachten!

Ungefähr 0:20 Std. nach dem Beginn der Buchen schwenkt unser Weg nach Norden und führt auf einem flachen Wiesenkamm auf die **Baita Ortigaretta** zu. Wir passieren sie schließlich links von uns, und erreichen etwa 15 Min. nach dem Schwenk das

---

Mit der Seilbahn in luftige Höhen - vorerst nur ein frommer Wunsch!

Die Prada-Costabella-Seilbahn führt von Prada Alta in zwei Etappen zur Schutzhütte Rifugio Fiori del Baldo. Sie stammt noch aus den 1960er-Jahren und ist seit Ende August 2013 wegen baulicher Mängel geschlossen. Ob es eine umfassende Renovierung oder einen Neubau gibt, ist noch unklar. Derzeit scheitern beide Varianten an fehlendem Geld. Infos findet man unter www.funiviedelbaldo.it

mittlerweile **geschlossene Rifugio Mondini** 4, das unmittelbar oberhalb der Mittelstation liegt.

Direkt an dieser Hütte führt die Route nach Nordwesten den Hang hinauf. Allerdings sind nicht einmal Wegspuren zu erkennen. Alle paar Meter ist ein Stein im Gelände gelb-rot markiert, aber diese muss man auch erst einmal finden. Grundsätzlich gilt: Wer sich parallel zur Lifttrasse nach oben arbeitet und am 4. Pfosten des Lifts herauskommt, hat alles richtig gemacht.

Am 5. Pfosten 5, der sich nur wenige Meter oberhalb des 4. Pfostens befindet, leuchtet eine gelb-rote Markierung am Betonsockel. Neben der Trasse dümpelt hier ein trüber Pozzo.

Von der Hütte bis hierher dauert es etwa 0:15 Std. Ab dem 5. Pfosten führt ein gut erkennbarer Pfad zunächst nach Nordosten und dann nach etwa 50 m nach Norden durch Almweiden. Ungefähr 0:15 Std. nach dem Pfosten erreicht der Pfad ein Tälchen. Er folgt dessen Verlauf sehr steil bergan nach Nordosten. Zu unserer Rechten die Lifttrasse. Über uns spitzt schon das Rifugio Fiori del Baldo hervor.

Nach 10 schweißtreibenden Minuten endet der Pfad an einem breiten Fahrweg 6. Hier halten wir uns links. Es geht nach Nordwesten und dann in weitem Bogen nach Südosten, bis wir ca. 5 Min. nach dem Abzweig das Nordende der Terrasse vor der Schutzhütte **Rifugio Fiori del Baldo** 7 erreichen. Einige einfache Holztische und Bänke laden zur Rast ein. Wir genießen auf 1.815 m einen beeindruckenden Rundblick. Im Osten tief unter uns blinken die Dächer von Ferrara di Monte Baldo. Im Süden verschwimmt das Seeufer im Dunst. Im Westen thront der gewaltige Klotz des Monte Pizzòcolo. Seit die Seilbahn nicht mehr geht, finden weniger Gäste den Weg hierher. Davon ▶

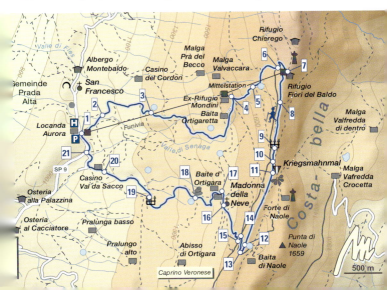

Stachelbewehrte Pracht am Wegesrand: Silberdistel

▶ steigen viele noch etwa 0:15 Std. weiter den Grat entlang nach Norden zum **Rifugio Chierego**, das erheblich größer ist und noch spektakulärer liegt.

Wir wandern einige Meter unterhalb der Sesselbahntrasse entlang auf einem breiten Almweg bergab in Richtung Nordwesten. In der ersten Rechtskurve des Weges folgen wir einem Pfadabzweig nach links. Nach etwa 30 m beschreibt er eine Linkskurve und führt als schmaler Almpfad wenige Meter westlich des grasbewachsenen Berggrates der **Costabella** nach Süden.

Durch weite Wiesenflächen geht es gemächlich parallel zum Grat bergab. Im Frühsommer sind die Hänge über und über mit Blumen bedeckt. Ein schöner Blick auf den See, auf San Zeno im Südwesten unter uns und auf weite Buchenwälder im Süden ist unser ständiger Begleiter.

Etwa 10 Min. nach dem Rifugio folgen wir einem schmalen Pfad **8**, der nach links oben abzweigt. Er führt uns nun unmittelbar am Grat entlang. Im Osten grüßen die weiten Berghänge der Monti Lessini. Zu beiden Seiten erkennen wir inmitten der Almen mehrere **Pozze**.

Gut 10 Min. nach unserem Pfadabzweig beginnt am linken Wegrand ein Stacheldrahtzaun. Er begleitet uns ein Stück und verläuft dann bergab in westlicher Richtung. Wir passieren ihn an einem Durchgang **9**

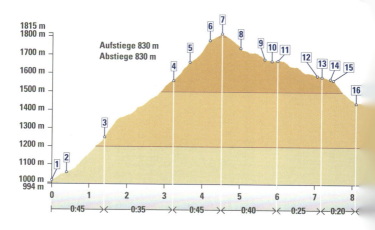

und wandern weiter auf einem schmalen Pfad den breiten grasigen Grat in Richtung Süden.

Ungefähr 5 Min. nach dem Durchgang trifft der seit unserem Abzweig unterhalb verlaufende Weg auf dem Grat mit unserem Pfad 10 zusammen (er verläuft weiter bergab in östlicher Richtung zur Senke Bocchetta di Naole und dem südlich auf einem Bergrücken liegenden alten Militärfort). Wir aber nehmen den schmalen Graspfad in Richtung Süden, weiter am Grat entlang und erreichen nach leichtem Aufstieg einen namenlosen Gipfel mit einem **Kriegsmahnmal** 11 aus Beton.

Von hier sehen wir die Fernsehmasten oberhalb der alten Festungsanlage **Forte di Naole** im Süden und die steinige Almfläche der **Baita di Naole** (→ Tour 16 „Malga, Baita, Pascolo") mit mehreren, teils verfallenen Hütten unterhalb. Am südlichen Ende der Fläche erkennen wir ein Wasserloch.

Wir wandern weiter in leichtem Auf und Ab am grasigen Grat entlang. Die Buchenwälder am Westhang rücken zunehmend näher an den Grat heran. Knapp 0:20 Std. nach dem Kriegsmahnmal erreicht der Pfad auf der Höhe des Wasserlochs einige Felsen 12.

Hier zweigt er nach rechts ab, und wir verlassen den Grat. Zwischen einigen Latschenkiefern und Felsplatten queren wir einen Hang und kurz danach einen breiten Fahrweg 13, der von der östlich gelegenen Baita di Naole (baita = Almhütte) herüberführt.

Wir wenden uns nach rechts und folgen den breiten Fahrspuren in Richtung Norden bergab an einigen Buchen und Kiefern vorbei. In einer Kurve nach Südwesten knapp 5 Min. später ignorieren wir einen Wegabzweig 14 nach rechts und folgen unseren Fahrspuren nach links. Erst gut 50 m nach der Kurve biegen wir nach rechts auf einen schmalen **steilen Pfad** 15 in den Wald ab. Er ist nicht gut zu erkennen, aber der Stein am Boden vor dem Abzweig ist rot-weiß markiert.

Nur wenige Meter nach dem Abzweig zeigt uns der rot-weiß-rot markierte Stamm einer mächtigen Buche am linken Wegrand, dass wir richtig sind. In steilen Serpentinen wandern wir nun bergab durch kräftigen Buchenwald. Ungefähr 10 Min. nach dem letzten Abzweig lichtet sich der Wald und vor uns breitet sich eine weite Almfläche aus. Oberhalb der Almwiesen erblicken wir den Grat unseres Hinwegs, der weit nach Norden bis empor zur Punta Telegrafo führt.

Hinter einem kreisrunden Wasserloch wacht die kleine Kirche **Madonna della Neve** 16, die wir knapp 5 Min. nach dem Ende des Waldstücks erreichen. Auf einem Mauervorsprung vor dem Portal oder auf der grünen Wiese lässt sich prima rasten und die meditative Ruhe des jahrhundertealten Gebäudes genießen.

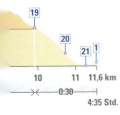

Auf einem breiten Fahrweg wandern wir von der Kirche geradeaus in Richtung Norden. ▶

Einsamer Rastplatz an der Hütte Fiori del Baldo

▶ Etwa 3 Min. nach der Kirche gabelt er sich **17**. Wir nehmen den mit „Lumini, Prada 655" beschilderten Fahrweg nach links und wandern unterhalb des ersten Gebäudes der **Baite Ortigara** vorbei. Nach einer Kurve in Richtung Süden passieren wir zu unserer Rechten ein zweites, langgezogenes, älteres Almgebäude.

Gleich darauf taucht der Weg in einen schattigen Wald aus riesigen Buchen ein. Etwa 10 Min. nach der letzten Weggabelung markiert ein Steinhaufen am rechten Wegrand eine Abzweigung **18**. Am Boden sehen wir eine rot-weiß-rote Markierung und die Nummer 655. Wir folgen dieser Abzweigung nach rechts. Der Weg führt nun über eine baumbestandene Wiesenfläche bergab. **Steinmännchen** markieren seinen Verlauf. Immer wieder wechseln in der Folge kurze Waldstücke mit Grasflächen. Nach etwa 0:15 Std. verbreitert sich der Pfad zu einem Fahrweg und führt durch ein Viehgatter. Unmittelbar danach gabelt sich der Weg **19**.

Hier halten wir uns rechts. Der Weg ist rot-weiß und nach wenigen Metern auch grün-weiß (Schild „Prada Alta") markiert. Es geht durch Buchenwald, Nussträucher und Gestrüpp bergab. Unterhalb des Wegrands verläuft links ein kleines Bachbett. Etwa 0:15 Std. nach der Gabelung am Viehgatter lichtet sich der Wald. Zur Rechten passieren wir eine Hofeinfahrt **20**. Ab hier ist die Straße geteert (Via Val da Sacco) und beschreibt etwa 30 m nach der Hofeinfahrt einen Knick nach links. Entlang dem Bach führt sie durch eine Wiese Richtung Westen und biegt dann nach rechts ab (zur Linken führt eine kleine Brücke über das Bachbett zu einem Haus).

Zwischen bebauten Grundstücken wandern wir leicht bergab. Nach einer Linkskurve erreicht die Via Val da Sacco ca. 10 Min. nach der Hofeinfahrt die Straße **21** SP 9 nach **Prada Alta**. Hier gehen wir rechts (Vorsicht, Autos!) und erreichen nach einem kleinen Anstieg den Parkplatz unterhalb der Talstation der Seilbahn auf die Costabella. An der **Bushaltestelle** unmittelbar am westlichen Ende des Parkplatzes **1** endet unsere Wanderung. ■

Tour 16 ✶✶ 121

Diese Wanderung in einsamer Gegend führt zunächst ein Stück durch Kastanien- und Mischwald. Im weiteren Verlauf geht es auf breiten Almwegen mit herrlicher Aussicht auf den Gardasee über Weideflächen bis zur Alm Malga Zocchi. Über die malerisch gelegene Malga Cola Lunga wandern wir zurück zum Ausgangspunkt.

✶✶ Rundwanderung von Corrubio über die Almen des Monte Baldo

▶▶ Wir beginnen unsere Wanderung am Parkplatz **1** am **Albergo Castagneto** bei **Corrubio**. Von hier folgen wir zunächst der Straße SP 9 in Richtung Prada (Vorsicht, Autoverkehr!).

Etwa 150 m nach dem Start zweigt an der ersten Linkskurve der SP 9 am rechten Straßenrand ein Waldweg **2** ab, beschildert mit „escluso autorizzati" und „civico 11". Wir folgen ihm vorbei an einem älteren Gebäude mit einer Zufahrt und großem Grundstück zur Rechten. Durch Buchen- und Kastanienwald steigen wir steil bergauf. Bald lichtet sich der Wald und macht einer mit einzelnen Kastanien bestandenen Wiese Platz. Im Süden erkennen wir die bewaldeten Hänge des Monte Nugoli und Monte Belpo bei Lumini (→ Tour 17). Unser Weg ist mit lockerem Geröll aufgeschüttet und daher etwas rutschig. Der Kastanienhain geht wieder in Laubmischwald über, am Wegrand wachsen Haselnusssträucher.

Ungefähr 0:15 Std. nach dem Beginn unseres Waldwegs steigen wir über ein Gatter **3**. Der Weg beschreibt erst einen Knick nach Nordwesten und gleich darauf nach Osten. Kurz nach dem zweiten Knick lichtet sich der Wald. Wir wandern nun auf breiten, steindurchsetzten Wegspuren über **Almhänge** bergan. Sie sind mit einzelnen Buchen und Haselnusssträuchern bewachsen. Im Sommer weiden hier, wie auch im weiteren Wegverlauf, Kühe. Manchmal lassen sie sich nur mit sanftem Beharren dazu bringen, den Weg freizumachen. Das Gebimmel ihrer Glocken und das Surren der Fliegen sind die ▶

Länge/Gehzeit: 9,3 km, ca. 3:30 Std.
Charakter: abgeschiedene Almwanderung über breite, zum Teil geröllige Wege. Zwischen **8** und **11** weitgehend weglos, aber nicht schwer zu finden.
Markierung: zu Beginn rot-weiß bis **6**. Später vereinzelt Wegweiser, aber keine durchgängige Markierung.
Ausrüstung: festes Schuhwerk und Stöcke.
Verpflegung: unterwegs keine Einkehrmöglichkeit. Am Start- und Zielpunkt lädt das Albergo Castagneto zu einer Rast.
Hin & zurück: von Caprino Veronese 7,5 km auf der SP 29 über Lumini nach Corrubio (Abzweig SP 9/SP 29). Parkplatz direkt an der Kurve. Von Torri oder Garda bis San Zeno und dann auf der SP 9 in 2,7 km zur Abzweigung bei Corrubio. **Bus:** Mit der Linie 169bis (nur Mitte Juni bis Mitte Sept.) von Garda (8.51 Uhr) über San Zeno (9.13 Uhr) und Lumini (9.23 Uhr) in Richtung Prada Alta (9.33 Uhr). Haltepunkt Corrubio ist etwa 5 Min. vor Prada Alta. Zurück auf gleicher Route um 11.40 und 17.20 Uhr ab Prada Alta (5 Min. später Corrubio).

Tour 16

Die Malga Montisel mit typischem Kamin

▶ einzigen Geräusche in dieser Stille. Im Süden ist deutlich der Kamm des Monte Belpo zu sehen. Dahinter grüßt das blaue Wasser des Gardasees.

Gut 0:25 Std. nach dem Beginn der Almwiesen führt der Weg in weitem Bogen nach Südosten. Vor uns erkennen wir auf einer Kuppe unmittelbar unter einem gewaltigen Strommasten das alte Gebäude der Alm **Malga Zilon** 4, die wir etwa 10 Min. später erreichen (→ „Malga, Baita, Pascolo"). Sofern uns das Surren der Hochspannungsleitung nicht stört, können wir hier unter Kühen und mit weitem Blick auf den See eine erste Rast einlegen.

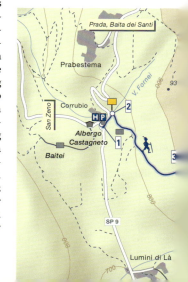

Vom Almgebäude halten wir uns etwa 30 m in Richtung Osten vorbei an einer betonierten Viehtränke. Dann treffen wir auf Wegspuren in der Wiese und folgen ihnen nach rechts. Am Ende der Wiese führen sie als gut erkennbarer Weg zwischen Buchen und Gestrüpp leicht bergab. Etwa 5 Min. nach der Alm gehen wir an einer Weggabelung 5 auf einer Lichtung geradeaus und ignorieren etwa 50 m danach am Ende der Lichtung Fahrspuren nach rechts. Wieder begleiten uns Unterholz und Buchen. Gut 5 Min. nach der letzten Weggabelung durchqueren wir auf einer Kuppe am Rand einer Almfläche ein Gatter.

Danach führt der Weg auf einen Strommast zu. Unmittelbar vor dem Masten gabelt er sich **6**. Wir halten uns links (der Weg nach rechts ist unser späterer Rückweg). Auf breitem Fahrweg geht es zunächst hinab in eine Senke, anschließend wieder bergauf. Auf den Almflächen wachsen Wacholder, Buchen und Haselnussbüsche. Vor uns ragt ein schattiger kleiner Kiefernwald empor. Zu seiner Rechten steht ein Almgebäude. Auf Höhe des Kiefernwaldes treffen wir etwa 10 Min. nach der Gabelung auf einen Abzweig **7** und folgen ihm nach rechts am Kiefernwald entlang. Etwa 100 m nach dem Abzweig gehen wir durch ein Gatter unmittelbar vor dem mächtigen Almgebäude der **Malga Montisel**.

Vorbei am Almgebäude überwinden wir an ihrem östlichen Ende eine Schranke und wandern auf breitem Fahrweg in Richtung Osten. Am rechten Wegrand ziehen sich von Laubmischwald begrenzte Almwiesen den Hang empor. Knapp 50 m nach der Schranke beschreibt der Weg eine scharfe Linkskurve **8**. Wir wenden uns genau in dieser Kurve nach rechts in Richtung der Almwiesen und steigen an ihrem linken Rand empor.

Nach wenigen Metern taucht in einer kleinen Senke ein **pozzo** (kreisrunder Wassertümpel) auf. Wir passieren ihn an seinem linken Ufer und wandern weiter dem Verlauf der Wiesenflächen folgend bergauf. Etwa 5 Min. nach der Kurve stehen wir vor einem Weidezaun **9** an einer kleinen Mauer. Da er kein Gatter hat, müssen wir ihn sportlich überwinden. Nach dem Zaun öffnet sich vor uns eine von Bäumen umrahmte Senke. An ihrem östlichen Ende erhebt sich auf einer Kuppe eine Gruppe mächtiger Buchen. Wir halten genau auf diese zu ▶

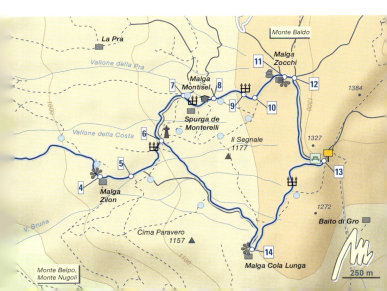

und erklimmen die Kuppe **10**. Oben angelangt, erkennen wir östlich etwas unterhalb eine weitere Weidefläche. Nach links gehend, treffen wir nach etwa 10 m auf Wegspuren, die von eben dieser Weidefläche kommend in Richtung Nordosten bergauf führen. Wir folgen diesen Spuren vorbei an einigen Buchen.

Nach einigen Metern öffnet sich erneut eine Weidefläche, von einer verfallenen Mauer umgeben. Wir durchqueren sie weglos in Richtung Nordosten. An ihrem oberen Ende passieren wir ca. 5 Min. nach der Kuppe eine Maueröffnung. Über Gras und einzelne Steine kraxeln wir steil den Hang empor. An seinem nördlichen Ende erwartet uns ein Steinhaufen. Schwache Wegspuren führen nach Osten. Rechts über uns thront die **Malga Zocchi** auf einer Kuppe. Wir folgen den Wegspuren und passieren die eingezäunte Alm unterhalb des Gebäudes. Nach der Malga wendet sich der Weg nach rechts. Nach wenigen Metern erlaubt uns ein Gatter **11** den Durchgang zum Gebäude.

An der Südseite der wunderschön renovierten Malga befinden sich einige Felsen als Sitzgelegenheit. Mit herrlicher Aussicht auf den Monte Belpo, die Rocca von Garda und den südlichen Teil des Sees bis Sirmione legen wir eine ausgiebige Rast ein.

Am östlichen Rand der Alm passieren wir anschließend auf breiten Fahrspuren einen gemauerten, alten Viehpferch und erreichen gut 3 Min. nach der Malga auf einer Kuppe eine Weggabelung **12**. Hier biegen wir rechts ab und wandern auf breitem Fahrweg bergab, vorbei an einem verfallenen Viehpferch und dann eben durch schattigen Buchenwald mit mächtigen, sich wild verzweigenden Stämmen.

Hütteneinkehr

Die einzige Alm im Gebiet des südlichen Monte Baldo, auf der eine Einkehr möglich ist, ist die Baita dei Santi. Sie besteht als Familienbetrieb seit 1919 und wird derzeit von Stefano Bonafini und seinen Eltern betrieben. Im Inneren ist sie klassisch aufgebaut mit einem Raum zum Käsen, einem zum Wohnen und einem großen Kaminzimmer. Es gibt eine deftige Brotzeit, leckeren Käse, Kastanienbier und hausgemachte Kräutergrappe. Man sitzt malerisch in einer Art Biergarten unter ausladenden Kastanienbäumen direkt vor der Hütte. Im Sommer tägl. geöffnet, ab Mitte Mai, Juni und ab Mitte Sept. an den Wochenenden. Via Prà Bestema 21, San Zeno di Montagna. ☎ 045-7285388. Anfahrt: Auf der SP 9 von San Zeno Richtung Prada. Etwa 1 km nach Corrubio geht nach rechts ein beschilderter Weg in den Wald („Baita dei Santi Agriturismo"). Hier das Auto an der Straße parken und in 0:15 Std. zu Fuß zur Alm oder noch ca. 1 km steil bergauf und direkt an der Hütte parken.

Der Wald lichtet sich und der Fahrweg führt zwischen Haselnussbüschen und Sträuchern in einer weiten Kurve nach links. Wenige Meter nach der Kurve stoßen wir am rechten Wegrand auf eine Infotafel **13** und Sitzbänke. Hier zweigt nach rechts ein Weg ab, dem wir, vorbei an der Tafel und den Bänken, in Richtung Westen über eine Lichtung folgen. Am Ende der Lichtung geht es **sehr steil** in einem Buchenwald bergab. Der Weg ist mit viel lockerem Geröll bedeckt – **Rutschgefahr**!

Nach einem kurzen ebenen Stück durchqueren

Malga, Baita, Pascolo: die Geschichte der Almen am Monte Baldo

Die Geschichte der Almen des Monte Baldo beginnt um das Jahr 1500, in der Zeit der venezianischen Herrschaft. Die ältesten sind noch quadratisch gebaut, spätere Exemplare, wie die Almen auf dieser Tour, haben eine abgerundete Form an einer Längsseite. Allen gemeinsam ist ein dreiräumiger Aufbau: Im linken Raum („logo del late") vom Eingang aus gesehen, wurde der Käse hergestellt. Im mittleren Raum („logo del fogo", Raum des Feuers) befindet sich der Kamin („caldera") und im rechten Raum („casara") wurde gewohnt.

Heute gibt es im Gebiet des Monte Baldo 52 Almen mit insgesamt 3800 ha Weidefläche. Unterschieden wird dabei sprachlich das Wort „malga", welches die gesamte Alm, also Haus und Weiden, einschließt, vom Wort „baito", das sich nur auf das Almgebäude bezieht. Die Weiden heißen „pascoli", der Schäfer oder Hirte „pastore". Während früher viele Ziegen („caprini") auf den Wiesen grasten (etwa 8000 im Jahr 1900), sind es heute fast ausschließlich Kühe („mucche", „vacche"). Ihre Milch wird für etwa 40 ct pro Liter verkauft. Außerdem werden junge und mittelalte Käse produziert. Ende September folgt der Almabtrieb („transumanza"), der in ein riesiges Fest mündet (bei San Zeno ist es die „Antica Fiera Bestiame di San Michele" Ende September; „il bestiame" = das Rindvieh).

Einige der besonders eindrucksvollen Almgebäude wie die **Malga Zocchi** und die **Malga Montisel** wurden teils mit EU-Geldern renoviert und in ihren ursprünglichen Zustand zurückversetzt. Sie sind aber nicht zu besichtigen, es sei denn, man trifft den Bauern an und fragt ihn danach.

Insgesamt ist das Almleben hart und es finden sich zunehmend weniger junge Leute, die es mit Freude betreiben. Eine Ausnahme ist die **Baita dei Santi** (→ „Hütteneinkehr"). Dort haben die Söhne der Familie Agrarwirtschaft studiert und in Ställe und Vieh investiert. Außerdem sorgt ein Agriturismo für zusätzliche Einnahmen.

▶ wir ein weiteres Gatter. Es folgt eine Lichtung mit einem pozzo. Wir gehen rechts daran vorbei und nach dem Ende des Weihers abermals steil bergab durch einen Buchenhain. Danach wandern wir gemächlich über weite Almflächen mit schönem Blick auf den Gardasee und die Malga Zilon im Westen.

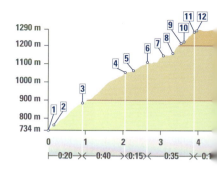

Bald sehen wir vor uns auf einem Kamm die Silhouette der Alm Malga Cola Lunga. Ein gewundener Fahrweg führt auf sie zu – fast wähnt man sich bei diesem Bild in der hügeligen Landschaft der Toskana. Etwa 0:15 Std. nach dem Abzweig an der Infotafel erreichen wir über die Wiesen die **Malga Cola Lunga** 14. Sie ist im Sommer nicht nur bewirtschaftet, sondern auch bewohnt. Vom Kamm genießt man einen weiten Blick nach Süden, an klaren Tagen bis Verona.

Tour 16 ✸✸ 127

Wir verlassen die Alm auf dem gewundenen Fahrweg nach Nordosten und dann in einem weit ausladenden Bogen in Richtung Nordwesten bergab. Über die Almwiesen und vorbei an grasenden Kühen wandernd, passieren wir nach ca. 10 Min. linker Hand wieder einen pozzo. Nach einem kurzen Gegenanstieg geht es weiter bergab. Die Wiesen enden kurz nach dem Weiher. An ihre Stelle tritt junger Laubmischwald.

Nach etwa 10 Min. lichtet sich der Wald etwas. Wir unterqueren eine Stromleitung und stehen wenige Meter weiter an der uns vom Hinweg bekannten Weggabelung **6**.

Hier biegen wir links ab und wandern in etwa 0:50 Std. auf der Route des Hinwegs zurück zum Parkplatz **1** in **Corrubio**. Vor allem das letzte Wegstück zwischen 3 und 2 ist mit sehr lockerem Geröll bedeckt. Hier ist besondere **Vorsicht** angebracht! ■

Alter Viehpferch an der renovierten Malga Zocchi

** Rundwanderung von Lumini über den Monte Belpo

Die Wanderung führt durch niedrigen Bergwald auf schmalem Pfad zum einsamen Gipfel des Monte Belpo mit toller Aussicht nach Süden. Im zweiten Teil wandern wir durch schattigen Laubwald zurück nach Lumini.

▶▶ Die Wanderung startet am südlichen Ende des Parkplatzes **1** bei **Lumini**. Wir folgen dem Schild „Sperane/San Zeno" auf einer Teerstraße in die Ortsmitte. Im winzigen Zentrum halten wir uns an einer kleinen Straßenkreuzung **2** mit **Bar** (hier schließt sich am Ende unser Rundweg südlich und gehen unter einem wuchtigen Torbogen hindurch.

Etwa 30 m nach dem Torbogen wandern wir an einer Weggabelung geradeaus zwischen Buchen bergauf. Nach wenigen Metern treffen wir etwa 5 Min. nach dem Start auf eine weitere Weggabelung **3**. Hier halten wir uns rechts und steigen auf grasüberwuchertem Weg durch Wiesen und an einigen Kastanien vorbei bergauf. Rechts unter uns verläuft die Straße aus Richtung San Zeno.

Wir passieren etwa 5 Min. nach der Gabelung eine schmale Lücke **4** in einer Steinmauer. Ab hier führt der Weg als schmaler, von Steinen durchsetzter Pfad beständig bergauf zwischen Buchen, Haselnusssträuchern, Wacholder und einzelnen jungen Eichen. Stellenweise wuchert dichtes Gestrüpp am Wegrand. Nach Nordosten eröffnen sich schöne Blicke auf die Malga Cola Lunga (→ Tour 16) und den Kamm der Costabella (→ Tour 15).

Malerisch im satten Grün: stilles Lumini

Ungefähr 0:15 Std. nach der Mauerlücke gehen wir an einer Gabelung **5** links und steigen etwa 5 Min. später über einige Felsplatten am Boden. Weiter geht es durch Unterholz und Jungwald, und bald haben wir in Richtung Osten zum ersten Mal einen schönen Ausblick **6** auf die **Ebene von Caprino Veronese** unter uns.

Weiter geht es leicht bergan durch Niederwald. Immer wieder lässt das Blätterdach Lücken nach Osten. Etwa 10 Min. nach dem Aussichtspunkt erreichen wir eine Lichtung mit einem Steinhaufen. Nach Westen blicken wir auf den mächtigen Felsklotz des Monte Pizzocolo am gegenüberliegenden Seeufer. Im Nordosten ragen hinter der Ebene von Caprino die südlichen Ausläufer der Monti Lessini empor. Wir halten uns in südliche Richtung und gelangen wieder in den Wald, bis wir erneut auf eine Lichtung treffen. Sie ermöglicht einen weiten Blick in Richtung Affi und Sirmione. An klaren Tagen erkennt man am Horizont die Silhouette von Verona.

Am südlichen Ende der Lichtung führt der Pfad in einen Steineichenwald, wo wir nach wenigen Metern eine niedrige Steinmauer überqueren. Weiter Richtung Süden verläuft rechts von uns eine weitere Mauer. Nach einem Schwenk nach rechts folgt eine **Weggabelung 7** mit einem Wegweiser, knapp 0:20 Std. nach dem ersten Aussichtspunkt. Hier gehen wir links in Richtung „Monte Belpo/Crocetta".

Nach knapp 50 m erreichen wir grasüberwachsene Terrassen und die Reste einer metallenen Dachkonstruktion. Wir steigen geradewegs über die Terrassen nach Süden ab und stehen knapp 5 Min. später vor einem mächtigen Kreuz, der **Crocetta di Monte Belpo 8**. Der ▶

Länge/Gehzeit: 5,6 km, ca. 2:00 Std.
Charakter: kürzere, weitgehend schattige Wanderung auf schmalen Pfaden und Fahrwegen. Ab 9 breiter Waldweg, das letzte Stück ab 10 auf geteerter, aber wenig befahrener Straße.
Markierung: durchgehend rot-gelb markiert.
Ausrüstung: festes Schuhwerk.
Verpflegung: unterwegs keine Einkehrmöglichkeit. Bar 2 in Lumini.
Hin & zurück: von Caprino Veronese 7,5 km auf der SP 29 nach Lumini. Parkplatz am nördlichen Ende des Ortes. Von Torri oder Garda bis San Zeno und dann auf der SP 9 2,7 km bis zur Abzweigung bei Corrubio. Hier rechts und 2 km nach Lumini. **Bus:** mit der Linie 69bis (nur Mitte Juni bis Mitte Sept.) von Garda (8.51 Uhr) über San Zeno (9.13 Uhr) nach Lumini (9.23 Uhr). Zurück auf gleicher Route um 11.50 und 17.30 Uhr.

Monte-Baldo-Massiv/San Zeno di Montagna

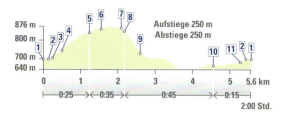

▶ eigentlich höchste Punkt und somit Gipfel des **Monte Belpo** liegt unmarkiert nordöstlich in bewachsenem Gelände.

Der Blick reicht von der Rocca di Garda (→ Tour 18) über den Monte Luppia (→ Tour 13) bis Sirmione und Manerba (→ Tour 20) – welch ein Panorama! Nach einer ausgiebigen **Rast** folgen wir dem grün-weißen Hinweisschild „Sperane S 30/S 32" auf einem Steig nach Südwesten. Etwa 100 m nach dem Kreuz beschreibt der von nun an in geringen Abständen gelbrot markierte Pfad eine Kurve nach links. Nach weiteren 100 m gelangen wir an eine Gabelung. Hier geht es abermals links und dann oberhalb einer alten Steinterrasse entlang. Gut 100 m weiter zweigt ein Steig nach rechts ab. Wir folgen ihm über Felsplatten bergab in Richtung Südwesten und genießen den weiten Ausblick bis nach Sirmione!

Üppiger Kastanienhain am Beginn der Tour

Knapp 0:15 Std. nach dem Kreuz wandern wir oberhalb einer großen rostbraunen Antenne vorbei und erreichen eine mehrere Meter tiefe, erodierte Hangstufe (**Vorsicht, Rutschgefahr!**). Wir kraxeln sie hinunter und finden uns auf einem breiten Fahrweg **9** wieder. Wir folgen dem Wegweiser nach „Lumini" und gehen in Richtung Osten. Im lichten Laubmischwald raschelt es immer wieder. Kleine Eidechsen huschen, durch unsere Schritte aufgeschreckt, davon.

Etwa 5 Min. nach dem Abzweig auf den Fahrweg geht es kräftig bergab durch zunehmend dichteren Wald. Der Weg wird steinig. Buchen und einzelne Eichen spenden Schatten. Nach ungefähr 10 Min. Abstieg beginnt ein Gegenanstieg. Der Weg führt nun in Richtung Norden.

Tour 17 ✶✶ 131

Wir steigen etwa 5 Min. bergan und dann nochmals 5 Min. bergab durch dichten Laubwald. Schließlich erreichen wir die SP 23 **10**, die von Caprino nach Lumini führt.

Hier halten wir uns links und wandern am linken Straßenrand bergan. Zwar herrscht auf dieser Straße in der Regel nicht viel Verkehr, Vorsicht ist trotzdem angebracht. Nach etwa 100 m öffnen sich rechts weite grüne Wiesenhänge. Gleich darauf passieren wir das Ortsschild von Lumini.

Wenige Meter weiter erblicken wir zur Linken die Kirche und die Häuser des Dorfes. Die Straße führt in einem weiten Bogen nach Nordwesten auf sie zu. Bald erreichen wir ein Marienbild am Straßenrand **11**.

Hier folgen wir dem Wegweiser „Giro Monte Belpo" nach links in den Ort hinein. Wir passieren mehrere hübsche gemauerte Steinhäuser und treffen nach wenigen Minuten auf den zentralen kleinen Platz mit der Bar.

An der Kreuzung **2** vor der Bar halten wir uns rechts und gehen in wenigen Minuten auf der Route des Hinwegs die etwa 100 m zurück zum Parkplatz **1** – sofern nicht eine wohlverdiente Rast in der kleinen Bar unseren Aufenthalt in dem beschaulichen Dorf um unbestimmte Zeit verlängert … ■

** Auf die Rocca von Garda

Die kurze, kindgerechte und schattige Wanderung führt auf den markanten Tafelberg Rocca Vecchia über der Bucht von Garda und zum einsam gelegenen Kloster San Giorgio.

▶▶ Unsere Wanderung beginnt am südlichen Ende des zentralen Parkplatzes **1** von **Garda** an der Einfahrtsschranke.

Wir überqueren die breite Via Colombo und gehen südöstlich direkt auf einen steil aufragenden, bewachsenen Berghang zu in die Via A. Vespucci. Der Berghang ist die bewaldete Nordflanke des Wahrzeichens von Garda, der Rocca Vecchia (rocca = Felsen) – Ziel unserer Wanderung.

Zu beiden Seiten unseres Weges stehen Wohnhäuser. Zur Linken folgt das Hotel La Perla, nach dem es leicht bergauf geht. Wir treffen auf eine breite Querstraße, die Via San Bernardo, und folgen ihr nach links. Nach wenigen Metern beschreibt sie eine Rechtskurve und gabelt sich **2**.

Während die MTB-Route auf die Rocca geradeaus weiterführt, biegen wir rechts in die Via degli Alpini (Schild „Rocca/Eremo") ab. Zwischen Mauern und bunten alten Häusern hindurch wandern wir bergauf und erreichen nach wenigen Schritten an einem kleinen Platz erneut eine Gabelung. Hier gehen wir den rechten Weg steil bergauf (Schild „Rocca/Eremo"). Nach einigen alten Häusern begleitet uns ein Olivenhain. In einer Rechtskurve grüßt ein **Bildstock** **3** am Wegrand.

Wir folgen der geteerten Straße nun Richtung Westen bergauf durch Weinreben und einen Olivenhain. Rechts unterhalb des Wegs erstreckt sich das weite und prachtvolle Anwesen **Cà del Pign**. An seinem obe-

Weiter Blick auf Bardolino und das Südufer des Gardasees

ren Rand entlang wandernd, erreichen wir ungefähr 0:15 Std. nach dem Start eine Bank an einer Weggabelung **4**.

Hier biegen wir auf einen geölligen Pfad nach links in den Wald ab (Schild „Rocca/Eremo"). Der Weg ist mit einem rosafarbenen Klecks markiert. Durch schattigen Buchenwald und dichtes Unterholz wandern wir noch immer bergauf. Stufen aus Holzbohlen erleichtern den Aufstieg über lockere Steine und Wurzelwerk. Der Weg beschreibt mehrere Serpentinen und trifft etwa 10 Min. nach der Gabelung auf einen Sattel mit einer Infotafel **5**. Hier kreuzen sich mehrere Pfade. Nach Osten geht es zur Eremo di San Giorgio, nach Westen auf die Rocca.

Wir gehen zunächst nach rechts, zur Rocca. Nach etwa 50 m auf breitem Geröllweg passieren wir am linken Wegrand einen Stolleneingang an einer Felswand und wandern in der Folge über Felsplatten an der Felswand entlang, rechts fällt ein Buchenwald steil ab. Wenige Minuten nach der Wegkreuzung führt ein Pfadabzweig **6** nach links, an dem sich unser Rundweg über das Plateau später schließt. Wir aber gehen geradeaus weiter und erreichen einen **Aussichtspunkt** mit Holzgeländer am rechten Wegrand, von wo sich ein schöner Blick nach Nordosten in Richtung Costermano und Caprino Veronese bietet.

Wir haben nun das östliche Ende eines flachen Plateaus erreicht. Es gehört bereits zum Gipfelbereich der **Rocca Vecchia** und bricht nach Norden, Westen und Süden steil ab. Einen klar markierten höchsten Punkt gibt es hier nicht. Wir gehen weiter eben durch dichten Buchenwald. Knapp 2 Min. nach dem Geländer gabelt sich der Weg **7**. Wir halten uns rechts, der rosafarbenen Markierung folgend.

Etwa 10 m nach der Abzweigung geht es links. Wir überqueren eine Wiesenfläche und treffen unter einer mächtigen Eiche erneut auf ein Geländer an einem **Aussichtspunkt** und ein Schild „Absturzgefahr – Pericolo Caduta". Hier genießen wir einen phantastischen Blick auf Garda fast senkrecht unter uns. Dahinter erhebt sich der bewaldete Monte Luppia. Westlich davon grüßt die Punta San Vigilio. Hinter dem Monte Luppia ragt der felsige Gipfel des Monte Pizzocolo hervor.

Wir wandern unter ausladenden Eichen am Rand der Hochfläche entlang in Richtung Süden. Ein ▶

Länge/Gehzeit: 5,1 km, ca. 1:35 Std.
Charakter: eine kurze, kindgerechte Wanderung auf breiten Wegen und Waldpfaden. Zwischen 4 und 5 steileres Stück mit Bohlentreppen; bei Feuchtigkeit hier rutschig! Überwiegend schattig.
Markierung: am Anfang beschildert („Rocca"), ab 4 rosa bzw. rosa-orangefarbene Markierungen zur Rocca und zur Eremo und teilweise auch Schilder.
Ausrüstung: festes Schuhwerk.
Verpflegung: unterwegs keine Einkehrmöglichkeit, daher Proviant mitnehmen. Zahlreiche Bars und Restaurants in Garda.
Hin & zurück: großer und zentraler Parkplatz hinter dem Busbahnhof in Garda an der Gardesana. 1. Std. 1,50 €, jede weitere Std. 1 € Der Busbahnhof wird zwischen 7 und 20 Uhr ca. alle 0:40 Std. von der Linie 162 aus Riva bzw. Verona angefahren.

▶ weiterer **Aussichtspunkt** 8 mit Geländer eröffnet nun den Blick auf Bardolino und die südliche Uferlinie des Gardasees bis Sirmione.

Immer nahe der Abbruchkante halten wir uns nun ostwärts, passieren einen weiteren Aussichtspunkt und gelangen an einen mit Schleifspuren versehenen Felsblock 9 – spärlicher Überrest der früheren Burg. Sie existierte bereits im 5. Jh. und wurde im Laufe der Geschichte von Langobarden, Franken und Skaligern genutzt. Schließlich zerstörten sie die Venezianer im 16. Jh. Heute sind bis auf einige Löcher und Schleifspuren in Felsen keine Überreste mehr erhalten.

Rechts des Felsblocks führt eine kleine Felswand in die Tiefe, in die einige Kletterhaken eingelassen sind. Hier haben wir das Ende des Gipfelplateaus erreicht und das letzte Mal den Blick nach Süden. Ab jetzt führt der rosa markierte Pfad bergab in den Laubmischwald. Er wendet sich nach wenigen Metern nach rechts Richtung Hangkante und schwenkt dann nach links. Über Felsplatten und Wurzelwerk gelangen wir wieder zur **Gabelung** 6, wo wir auf die Route des Hinwegs treffen.

Am Kloster San Giorgio

Nach wenigen Minuten erreichen wir wieder den Sattel 5 und folgen nun dem Schild „Eremo di Camaldolesi" geradeaus. Nach einem kurzen Anstieg wandern wir eben durch schattigen Buchen- und

Die Eremo Camaldolesi di San Giorgio

Auf dem Monte San Giorgio, dem Zwillingsberg der Rocca, steht seit dem 17. Jh. ein Kamaldulenserkloster, benannt nach dem Ordensgründer Romuald von Camaldoli. Dieser Zweig des Benediktinerordens wurde 1012 in der Toskana bei Arezzo gegründet. Die Mönche leben innerhalb des Klostergeländes in einzelnen kleinen Häuschen (Zellen mit eigenem Gärtchen). Bis vor einigen Jahren durfte das Kloster von Frauen nicht betreten werden. Heute kann man die Kirche besichtigen und es gibt sogar einen kleinen Klosterladen, in dem die Mönche selbst produziertes Olivenöl, Schokolade und Likör verkaufen.

Öffnungszeiten: Mo–Sa 10.30–12 und 15.30–17.30 Uhr, So 15.30–17.45 und 18.45– 19 Uhr, im Winter Mo geschl.. ☏ 045-7211390, www.eremosangiorgio.it

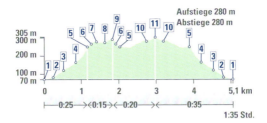

Eichenwald und gelangen ungefähr 10 Min. nach dem Sattel an die Außenmauer der Klosteranlage. Etwa 20 m weiter steht ein mächtiges **Holzkreuz 10** an einer Weggabelung auf einem Felssockel. Hier biegen wir rechts ab und folgen einem breiten, gekiesten Fahrweg zwischen den Außenmauern des Klostergeländes hindurch.

Etwa 5 Min. später stehen wir vor dem massiven hölzernen Eingangstor der **Eremo Camaldolesi di San Giorgio 11**. Links führt eine kleinere Tür, sozusagen der Seiteneingang, in den Klosterladen (→ „Die Eremo ...") und von dort weiter auf das Gelände der Eremo. In wenigen Schritten erreichen wir über eine steinerne Treppe die Kirche. Das weitere Gelände kann nicht besichtigt werden.

Wir gehen zurück zum **Kreuz 10**, biegen links ab und wandern auf der Route des Hinwegs in etwa 10 Min. zurück zum Sattel **5**. Dort biegen wir rechts ab und erreichen nach weiteren 0:20 Std. unseren Ausgangspunkt **1** am Parkplatz in **Garda**. ■

* Am Seeufer von Garda nach Lazise

Die geruhsame Wanderung führt eben durch üppige Vegetation und malerische Orte am südlichen Ostufer des Gardasees entlang.

▶▶ Wir beginnen unsere Tour am Tickethäuschen (Biglietteria Navigarda) **1** des **Schiffsanlegers** in **Garda**. Von hier aus schlendern wir zunächst die belebte Uferpromenade von Garda entlang Richtung Süden. Zahlreiche Bars, Pizzerias und Cafés laden zum Verweilen ein. Kleine Boote dümpeln im seichten Hafenwasser. In einem weiten Bogen folgen wir dem Seeufer und passieren das Rathaus (Municipio, Casa del Comune). Der Blick zurück fällt auf die bewaldeten Hänge des **Monte Luppia** am nördlichen Ende von Garda (→ Tour 13).

Varianten

Bei dieser Tour sind mehrere Varianten denkbar. Sie kann sowohl in umgekehrter Richtung gegangen werden als auch in Teilabschnitten, z. B. Garda – Bardolino (ca. 1 Std.) oder Bardolino – Lazise (ca. 1:40 Std.). Der Rückweg ist jeweils per Bus oder Schiff möglich.

Dem Uferweg folgend, überqueren wir etwa 10 Min. nach dem Start eine kleine Brücke **2** und wandern unmittelbar auf die vor uns aufragende bewaldete Felsflanke des Tafelbergs **Rocca Vecchia** (→ Tour 18) zu.

Die Promenade von Garda endet etwa 5 Min. nach der Brücke am Vanity Café **3**. Eine mächtige Trauerweide lässt ihre ausladenden Äste ins Wasser hängen. Ab hier führt der gepflasterte Weg als **Lungolago Europa** unterhalb der Gardesana am Seeufer entlang. Wir kommen an mehreren schmalen Kiesstränden und einer Bar (La Cavalla) vorbei. Nach einem kleinen E-Werk auf der linken Seite endet der gepflasterte Weg und geht in einen breiten Teerweg **4** über.

Zur Linken ragt eine hohe Mauer auf, über der die Gardesana entlangführt, zur Rechten Schilfgürtel und eine Windsurfschule. Immer wieder führen kleine Stege ins Wasser und locken zu einem Sprung ins kühle Nass. Wir passieren den langen Zaun des Campingplatzes La Rocca. An dessen Ende treffen wir auf das Gebäude der Bootswerft Rocca Vela. Sportliche Yachten werden hier für ihren Einsatz auf dem See präpariert. Am Seeufer wechseln in der Folge Schilfgürtel mit Rasenliegeflächen, ab und an eine Bar. Im Wasser schaukeln zahlreiche Segelboote an ihren Bojen. Auf der Landseite folgen weitere Campingplätze und unbebautes Gelände mit Buschwerk und Dornen. Bebautes Gelände schiebt sich zwischen uns und das Ufer. Nach etwa 0:25 Std. endet der Lungolago Europa an einem Parkplatz **5**.

Wir haben **Bardolino** erreicht und folgen nun einem gelb markierten Fuß- und

Tour 19 ✱ 👦 **137**

Am Hafenbecken von Garda

Fahrradweg an Häusern vorbei Richtung Süden. Nach etwa 100 m beschreibt der Weg eine scharfe Rechtskurve nach Westen, mündet in die Straße Lungolago C. Preite und wendet sich nach weiteren 100 m vorbei am Centro Nautico Bardolino wieder Richtung Süden. Wir erreichen erneut das Seeufer. Der Weg führt gepflastert am Wasser entlang, in ausladendem Bogen nach Südwesten bis zur Landspitze **Punta Cornicello** ❻, an der ein Fahnenmast in den Himmel ragt. Wir erreichen sie ungefähr 10 Min. nach dem Parkplatz.

Von hier genießen wir einen traumhaften Blick zurück auf die Rocca Vecchia und den Monte Luppia, die südlichen Gardaseeberge und die Rocca Manerba ▶

Länge/Gehzeit: 9,1 km, ca. 2:40 Std.
Charakter: entspannte Wanderung ohne Steigung mit schönen Ausblicken und zahlreichen Bummel- und Bademöglichkeiten. Überwiegend in der Sonne.
Ausrüstung: Turn- oder Halbschuhe, feste Sandalen, Badesachen nicht vergessen.
Verpflegung: Einkehrmöglichkeiten in Garda, Bardolino, Cisano, Lazise und diversen Bars am Seeufer.
Markierung: keine Markierung, aber nicht zu verfehlen.
Hin & zurück: Parkmöglichkeiten in Garda am nördlichen Ortseingang und im Zentrum hinter dem Busbahnhof (kostenpflichtig). Von Lazise kommt man mit den **Bussen** der Linien 162, 65 und 66 (Haltestelle an der Gardesana außerhalb der Stadttore des alten Zentrums, Fahrzeiten ca. alle 0:40 Std., Ticket ca. 2 €, Haltestelle in Garda zentral bei der Esso-Tankstelle). Alternativ wählt man das **Schiff** (im Sommer 10-mal tägl., letzte Fahrt von Lazise um 18.33 Uhr (5 €, Kinder 3,30 €), Fahrzeit ca. 0:30 Std. Die Wanderung lässt sich auch in umgekehrter Richtung durchführen oder in Bardolino bzw. Cisano vorzeitig beenden (von dort ebenfalls Bus- und Schiffsverbindung nach Garda).

Tour 19

► (→ Tour 20) am westlichen Gardaseeufer. Eine Bar lädt unmittelbar hinter der Punta zum Rasten ein.

Wir folgen dem Uferverlauf an der Landspitze entlang Richtung Osten und erreichen am Ende eines kleinen Parks einen monumentalen **Anker 7**, der auf rostroten Steinen platziert am Wasser thront. Dahinter beginnt ein als Holzsteg angelegter Uferweg mit Sitzbänken und Blumenrabatten. Parallel dazu verläuft breit die gepflasterte Promenade, hinter der sich der geräumige Park der prunkvollen Villa delle Magnolie ausbreitet. Wir folgen dem Holzsteg einige hundert Meter bis zu seinem Ende am Hafenbecken von Bardolino. Wenige Meter weiter überquert eine kleine Brücke **8** das **Hafenbecken** an seiner schmalsten Stelle.

Wir genießen einen malerischen Ausblick auf das **centro storico** von Bardolino mit seinen bunten alten Häusern und schmalen Gassen. In den Bars und Restaurants herrscht reges Treiben. Im Hafenbecken reihen sich bunte Fischerboote.

Wir setzen unsere Wanderung fort und passieren den Schiffsanleger und einige Cafés. Nach dem Anleger findet der Holzsteg seine Fortsetzung. Er führt parallel zur gepflasterten Promenade an Schilfgürteln vorbei in weitem Bogen am See entlang. Ungefähr 10 Min. nach der Brücke endet der Steg an der Landspitze **Punta Mirabello**. Unmittelbar daneben liegt die Bar Lido Mirabello **9**. Wir folgen einem Gehweg am Ufer entlang in östlicher Richtung. Neben uns verläuft eine Straße, dahinter Hotels und Wohngebäude. Am Ufer lädt ein schmaler Grasstreifen zum Sonnenbaden ein.

Nach wenigen Minuten endet die Straße an einem kleinen Parkplatz. Ab hier führt ein breiter, geteerter Weg am See entlang. Schilfgürtel wechseln sich mit Privatstegen ab. Landseitig Wohngebäude, Hotels und ein Campingplatz hinter Hecken. Etwa 0:15 Std. nach der Bar Lido Mirabello treffen wir auf das wuchtige Werftgebäude **10** von Bardolino Yachting, auf dessen ausladendem Gelände zahlreiche Boote lagern.

Offene Wasserflächen wechseln mit weiteren Schilfgürteln, der Weg führt gepflastert Richtung Süden. Etwa 0:15 Std. nach der Werft mündet er in die Uferpromenade **11** von **Cisano**. Wir haben das kleine Zentrum des Ortes mit einigen Bars und einem winzigen Hafenbecken schnell hinter uns gelassen und wandern vorbei an hohen Bäumen hinter Hecken am Seeufer entlang. Bald treffen wir auf das Gelände des gigantischen Camping Cisano, das von einem Zaun begrenzt wird. Wir gehen auf schmalem Kiesweg zwischen dem Zaun und dem Wasser entlang. ►

Badefreuden und Abendbeleuchtung am Uferweg

Unbedingt Badesachen mitnehmen! Zahlreiche kleine Kiesbuchten und Stege laden zu einer Erfrischung im kühlen Nass ein. Das Wasser ist sehr flach und damit für Kinder jeden Alters geeignet!

Am Abend ist der gesamte Wegverlauf mit Straßenlaternen beleuchtet, so dass die Wanderung oder Teile davon auch in lauen Sommernächten möglich ist.

140   Südlicher Gardasee/Garda

▶ Am Ende des Zauns ⓬ angelangt, setzen wir unseren Weg entlang von Rhododendren und Trauerweiden fort. Zu unserer Linken stehen prächtige Villen auf üppig bewachsenen Grundstücken am Hang. Das Seeufer ist flach, der Blick verliert sich fast in der Weite des Horizonts. Schemenhaft erkennen wir auf der gegenüberliegenden Uferseite die Halbinsel von Sirmione.

Ungefähr 10 Min. nach dem Campingplatz erreichen wir die Werft Colombo ⓭ und überqueren wenige Minuten später eine kleine Brücke. Auf der Landseite passieren wir ein weiteres großzügiges Villengrundstück mit zinnenbewehrtem Bauwerk (La Pergolana). Südlich erblicken wir die Häuser und den Hafen von Lazise. Etwa 10 Min. nach der Werft Colombo beginnt der gepflasterte **Lungolago Vittoriocavazzocca Mazzanti** ⓮.

Auf der linken Seite thront das nagelneue Viersternehotel Corte Valier, ein Prachtbau aus Glas und Holz mit riesigen Pool, hinter einem gläsernen Zaun verborgen. Die hypermoderne Architektur passt nicht so recht zum lieblichen Ambiente des flachen Seeufers. Wir folgen dem Lungolago unter einigen gewaltigen Schirmakazien hindurch und treffen bald darauf auf üppig blühende Rosenrabatten, die sich am Rande des Wegs erstrecken. Ihr Ende markiert auch das Ende des Lungolago ⓯ etwa 10 Min. nach seinem Beginn.

Wir folgen dem Uferverlauf an einem kleinen Hafenbecken vorbei und erreichen nach wenigen Metern die ausladende, schwarz und weiß gestreifte gepflasterte Promenade von **Lazise**. Wir schlendern in südlicher Richtung an Bars und Restaurants vorbei und erreichen etwa 5 Min. nach dem Ende des Lungolago den **Schiffsanleger** von Lazise mit dem Tickethäuschen ⓰.

Das Schiff oder der Bus bringen uns zurück zum Ausgangspunkt in Garda. ■

Am Ziel: Die Schiffsanlegestelle in Lazise

Tour 20 ✷✷ 👦 **141**

Die kurzweilige und kinderfreundliche Wanderung führt
auf breitem Weg zum Gipfelkreuz der Rocca di Manerba. Anschließend wandern wir auf
schmalen Waldpfaden an der Steilküste entlang – mit tollen Ausblicken auf herrliche Badebuchten.

✷✷ Auf die Rocca di Manerba

▶▶ Wir beginnen unsere Wanderung in **Montinelle**, einem Ortsteil
von **Manerba del Garda**, am südlichen Ende des Parkplatzes **1** an der
Ecke Via Gabriele d'Annunzio/Via Primo maggio.

Wir gehen links in nordöstlicher Richtung auf der Via Gabriele
d'Annunzio. Nach knapp 100 m erreichen wir eine Kreuzung **2**. Von
rechts kommen wir am Ende unserer Rundwanderung wieder zurück.

Jetzt gehen wir geradeaus über
die Via Giosué Carducci in die
Via del Melograno (Schild „Rocca/
Parco Archeologico"), zur Rechten liegt das Hotel Splendid Sole.

Nach wenigen Metern verengt
sich die Straße zur schmalen
Gasse. Zwischen Wohnhäusern
und Mauern hindurch erreichen
wir einen alten Torbogen, danach
folgt zur Linken der **Agriturismo
La Filanda** mit geräumigem Innenhof. Zur Rechten begleitet
uns eine mannshohe Mauer, hinter der sich ein Olivenhain aus-
dehnt. Vor uns im Nordosten erkennen wir bereits das Gipfelkreuz der Rocca di Manerba.

Nach weiteren Wohnhäusern, In-
nenhöfen und Olivenbäumen erreichen wir etwa 0:15 Std. nach
dem Start eine mächtige **Zypresse 3** an der Kreuzung der Via del
Melograno mit der Via del Pas-
sero, die sich ab hier zur Via Rocca vereinen. Nach Norden haben
wir einen weiten Blick über die
Bucht von Manerba. Wir wandern die Via Rocca bergauf an
Wiesen entlang, rechts passieren
wir ein verfallendes Gehöft. Nach
etwa 5 Min. erreichen wir einen
Parkplatz **4** mit einer Infotafel
auf der linken Straßenseite. ▶

Länge/Gehzeit: 4,3 km, ca. 2:00 Std.
Charakter: trotz der Kürze abwechslungsreiche und für Kinder
interessante Rundwanderung auf
gut begehbaren Wegen und Waldpfaden. Bis zum Gipfel schattenlos,
danach Wechsel von schattigen
und sonnigen Abschnitten. **Achtung:** Zwischen **8** und **9** kommt
man direkt an die ca. 100 m hohen
Felsabbrüche.
Markierung: anfangs Wegweiser
zum „Museo" und zur „Rocca". Ab
7 bis zur Kirche **13** teilweise rot-
weiß markiert.
Ausrüstung: festes Schuhwerk und
Sonnenschutz.
Verpflegung: Proviant und Trinkwasser mitnehmen – es gibt
schöne Picknickplätze, z. B. bei **8**.
Am Besucherzentrum **4** gibt es
eine kleine Bar. Brunnen bei **5**.
Hin & zurück: Auf der SS 572 bis
Manerba, im Ort Abzweig Richtung
Montinelle auf der Via 4 Novembre
(beschildert). Nach 600 m am Kreisverkehr weiter geradeaus. Nach
800 m Linksabzweig in die Via San
Martino. Nach wenigen Metern
links Bushaltestelle „Montinelle"
der Linie 007 (Abfahrt in Salò oder
Desenzano zwischen 7 und 18 Uhr
etwa alle 1:30 Std.) Über einen weiteren Kreisverkehr, ab hier Via
Gabriele d'Annunzio. Etwa 400 m
nach der Bushaltestelle befindet
sich links an der Ecke Via Gabriele
d'Annunzio/Via Primo maggio ein
geräumiger Parkplatz.

Tour 20

▶ Rechts liegt das moderne **Besucherzentrum** des **Parco Archeologico Naturalistico** mit integriertem Museum (→ „Archäologische Funde"). Nach einem kurzen Rundgang durch die Ausstellung wandern wir weiter auf einem steilen, geteerten Fahrweg bergauf durch Mischwald und einige Olivenbäume.

Etwa 5 Min. nach dem Parkplatz erreichen wir den äußeren Mauerring der alten **Burganlage** auf der **Rocca**. Ihre ältesten Überreste stammen aus dem 8. Jh. Allerdings wurde die Festung im 16. Jh. von den Venezianern zerstört, so dass heute nur noch spärliche Überbleibsel der Grundmauern erhalten sind. Die ältesten Besiedelungsspuren, die man unterhalb der Überreste der Burg fand, stammen gar aus dem 5. Jahrtausend v. Chr.

Weiter Blick an der Steilküste

Innerhalb des Mauerrings wandern wir weiter gipfelwärts vorbei an den Grundmauern der ehemaligen Wohngebäude. Bei den Resten der ehemaligen Burgkapelle können wir uns an einem Brunnen **5** erfrischen. Anschließend klettern wir einige hölzerne Treppenstufen empor nach Osten und umkreisen das felsige Gipfelplateau wenige Meter unterhalb des Kreuzes. Am südöstlichen Ende gelangen wir durch eine Maueröffnung auf das Plateau und erreichen in wenigen Schritten das gewaltige, mehrere Meter hohe Gipfelkreuz **6** der **Rocca di Manerba**.

Von hier genießen wir einen spektakulären Ausblick. Im Südosten zeichnen sich die Konturen der Halbinsel von Sirmione über dem Wasser des Sees ab. Im Norden die Landzunge Punta Belvedere mit der Isola San Biagio. Dahinter winkt der mächtige Klotz des Monte Pizzocolo und im Osten grüßen die südlichen Ausläufer des Monte-Baldo-Massivs.

Nach der verdienten Gipfelrast gehen wir zurück zum nördlichsten Punkt

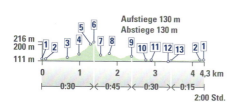

Tour 20 ✱✱ 143

des Pfades unterhalb vom Gipfelplateau. Hier zweigt nach Nordosten ein **schmaler Steig** ab. Er führt steil bergab durch hohes Gras und einzelne niedrige Bäume und ist von lockerem Geröll bedeckt. Auf diesem kurzen Wegabschnitt ist erhöhte **Aufmerksamkeit und Trittsicherheit** gefordert.

Etwa 5 Min. nach dem Abzweig wandern wir an einer Felswand entlang und tauchen etwa 100 m nach ihrem Ende in einen schönen Mischwald aus Buchen und Eichen ein. Wir gehen ein kurzes Stück über Holzbohlenstufen und dann auf steinigem Waldpfad bergab. Etwa 0:15 Std. nach dem Gipfelkreuz gelangen wir in eine schattige Senke **7**. Hier kreuzen sich mehrere Wege.

Wir wandern geradeaus in Richtung Nordosten, bald wieder bergauf. Der zunächst schmale erdige Pfad ist von einzelnen Felsplatten durchsetzt. Er weicht alsbald einem breiten Weg, der durch offene Wiesenflächen bis zum höchsten Punkt einer Kuppe führt. Hier treffen wir etwa 10 Min. nach der Senke auf einen mächtigen Strauch und einen betonierten Pfeiler **8**.

Der Ausblick ist ähnlich dem von der nun westlich gelegenen ▶

Baden

Der langgezogene Kiesstrand Spiaggia di Manerba liegt nördlich der Landzunge Punta Belvedere und ist vom Gipfel aus gut zu sehen.

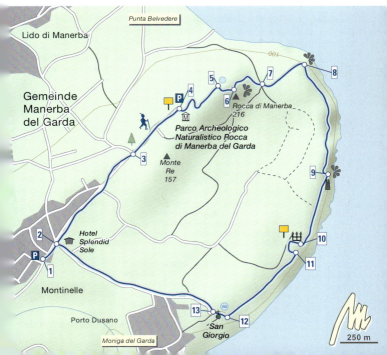

144   Südlicher Gardasee/Manerba

Die Kirche San Giorgio am Rückweg von der Rocca

▶ Rocca. Allerdings haben wir hier zusätzlich den Reiz senkrecht abbrechender Felswände im Norden und Osten. Im Sommer liegen auf dem glitzernden Wasser unter uns schneeweiße Yachten und Motorboote. Im Schatten des Strauchs kann man eine gemütliche Rast halten. Nach der Stärkung wenden wir uns nach rechts und wandern entlang der **Felsabbruchkante** nach Süden. Zunächst geht es über eine Wiese, dann durch Laubmischwald. Am östlichen Seeufer erkennen wir die Rocca von Garda (→ Tour 18). Immer wieder öffnet sich der Wald und wir stehen unmittelbar am Rand der Felsen. Wer nicht schwindelfrei ist, sollte hier einen gebührenden **Abstand** einhalten!

Etwa 0:15 Std. nach unserem schönen Rastplatz treffen wir auf einen besonders spektakulären Aussichtspunkt **9** am Rande der Klippen. Tief unterhalb liegt eine kleine Badebucht mit Kiesstrand. In den Felsen nisten zahlreiche Möwen. Wir passieren einen alten verfallenden Betonturm einige Meter südlich und wandern auf breiten Wegspuren zwischen Zypressen und Nusssträuchern in Richtung Süden. Mehrere Abzweige in den Wald ignorieren wir und erreichen etwa 5 Min. nach dem Turm

> **Archäologische Funde**
>
> Beim Parkplatz **4** am Aufstieg liegt das moderne Besucherzentrum des Parco Archeologico Naturalistico Rocca di Manerba del Garda mit integriertem Museum (Eintritt frei) und kleiner Bar. Im Erdgeschoss werden archäologische Funde wie Tonkrüge und bronzene Speerspitzen präsentiert. Sie stammen aus der Zeit von 8000–5000 v. Chr. Bereits damals waren die Rocca und das Gebiet von Manerba besiedelt. Am Seeufer wurden zudem Reste von Pfahlbauten gefunden. Im 1. Stock des Museums erfährt man auf Info- und Fototafeln Näheres zur Flora und Fauna.
> Öffnungszeiten: April bis Sept. 10–20 Uhr, sonst Do–So 10–18 Uhr und Mo–Mi nach Anmeldung. www.parcoroccamanerba.net,   ☏ 0365-551121 oder 3396137247.

eine Wiesenfläche. An ihrem südlichen Ende befindet sich ein Zaun mit Durchgang **10**.

Wir biegen vor dem Durchgang rechts ab (rot-weiße Markierung an einem Baumstamm) und etwa 2 Min. nach dem Baumstamm am Rande eines Olivenhaines auf einen breiten Fahrweg mit dem Schild „801 Sentiero del Leccio" nach links. Nach weiteren 2 Min. gabelt er sich am Rand eines Wäldchens. Hier gehen wir nach links (rot-weiße Markierung) weiter. Knapp 2 Min. später zweigt ein steiler Pfad **11** nach rechts ab. Er ist mit „801" beschildert.

Abwärts, blauen Wassern entgegen ...

Wir folgen ihm und wandern nach einem kurzen steilen Stück eben durch den schattigen Laubmischwald. Im Sommer begleitet uns ohrenbetäubender Zikadenlärm. Ungefähr 10 Min. nach dem Pfadabzweig gabelt sich an einem rot-weiß markierten Holzpfosten **12** erneut der Weg. Wir steigen links einige Meter steil bergauf und passieren in einer Kurve eine kleine **Quelle**. Wenige Minuten nach der Quelle beginnt zur Linken ein Maschendrahtzaun. Ihm folgt eine Hofeinfahrt. Ab da wandern wir auf breitem Fahrweg leicht bergauf und erreichen an einer Kurve nach Südwesten unvermittelt den Vorplatz der kleinen **Kirche San Giorgio 13**. An diesem idyllischen Platz mit Blick auf den See können wir etwas innehalten.

Anschließend halten wir uns links auf einem mit Zypressen bestandenen Weg. Etwa 50 m nach der Kirche mündet er in eine geteerte Straße. Wir folgen ihr nach links zwischen Wohnhäusern hindurch. Etwa 100 m nach der Einmündung treffen wir auf die Via San Giorgio und biegen hier abermals links ab. Wir passieren eine große Villa am linken Wegrand vorbei und erreichen die Via Giosuè Carducci. Hier wenden wir uns nach rechts und spazieren in nordwestlicher Richtung an Feldern vorbei in Richtung **Montinelle**.

Etwa 0:15 Std. nach der Kirche gelangen wir an das Hotel Splendid Sole an der Kreuzung **2** Via Carducci/Via Gabriele d'Annunzio und gehen hier links auf der Route unseres Hinwegs in wenigen Schritten zurück zum Parkplatz **1**. ■

** Dreikirchenrundgang – auf Glaubenspfaden durch einsame Idylle über der Bucht von Salò

Die abwechslungsreiche Wanderung führt auf den Spuren der Wallfahrer vorbei an drei verschiedenen Gotteshäusern durch Laubwälder und Wiesen. Ein einsamer Pass und die malerisch gelegene Kirche San Bartolomeo sind ihre Höhepunkte.

▶▶ Wir starten unsere Wanderung in **Salò** an der mächtigen Zypresse bei der Abzweigung ❶ von der SS 45bis nach Renzano.

Zwischen Wohnhäusern und Olivenhainen hindurch gehen wir die geteerte Fahrstraße entlang nach Nordwesten. Vor uns ragen hohe Sendemasten vom bewaldeten Bergrücken des Monte Coro in den Himmel. Etwa 5 Min. nach dem Start treffen wir auf einen großen **Bildstock** ❷ am rechten Straßenrand. Hier zweigt ein Weg nach rechts ab (unser späterer Rückweg).

Wir aber bleiben geradeaus leicht ansteigend auf der Straße nach Renzano. Wohngebäude wechseln mit Ölbäumen und unbebautem, offenen Gelände. Ein Blick zurück beschert uns eine schöne Aussicht auf die **Bucht von Salò**. Etwa 10 Min. nach dem Bildstock treffen wir auf eine Abzweigung ❸. Während die Fahrstraße nach rechts oben verläuft, folgen wir einem gepflasterten Weg geradeaus (mit „Madonna del Rio" beschildert) zwischen Mauern hindurch ins alte Zentrum von **Renzano**. Oberhalb unseres Weges liegt die Kirche des Ortes. Gleich darauf folgt am Wegrand ein Brunnen ❹.

Nach einem alten Gebäude zur Rechten und einem Stück efeuüberwachsener Mauer endet die Pflasterung. Ein breiter Kiesweg (Schild „Santuario") führt eben nach Norden. Einen beschilderten Wegab-

Die Wallfahrtskirche Madonna del Rio

zweig nach rechts nach San Bartolomeo und zum Passo della Stacca ignorieren wir und verbleiben auf dem Kiesweg. Zur Linken öffnet sich das kleine Tal des Rio di Milord mit Wiesen und einzelnen Gebäuden. Am Talgrund plätschert der Bach. Zu unserer Rechten wächst dichter Mischwald. Der Weg nähert sich allmählich dem Talgrund. Wir passieren einen Parkplatz mit einem Brunnen und erreichen wenige Meter weiter und ungefähr 0:20 Std. nach Renzano eine kleine Brücke **5** über den Bach. Auf der anderen Seite der Brücke erwartet uns schattig unter Bäumen die Wallfahrtskirche **Madonna del Rio** (→ „Idyllisch gelegene Kirchen"). Unmittelbar rechts an die Kirche grenzt ein Wohnhaus mit kleiner Terrasse.

Am rechten Ende der Terrasse gehen wir nach links bergauf (Schild „Milord/Passo della Stacca"). Der Pfad führt durch einen mit Kletterpflanzen überwucherten dichten Buchenwald bergauf. Nach wenigen Metern erreichen wir eine kleine Kuppe mit Blick nach Nordosten ins bewaldete Tal Madonna del Rio. An der Weggabelung halten wir uns links. Zunächst geht es wieder durch dichten Wald. Nach wenigen Metern öffnet sich ein schöner Blick nach Südosten auf das Tal, in das wir hineingewandert sind. Etwa 10 m weiter vollzieht der Weg eine scharfe Rechtskurve an einem Wegweiser **6** mit der Aufschrift „Passo di Bagnolo".

Wir wandern auf mit lockerem Geröll bedecktem Steig entlang der Westseite des Tals Madonna del Rio steil bergauf. Zur Linken Felsen, zur Rechten begleiten uns der Blick ins Tal und ein **steiler Abhang**, der an einigen Stellen mit verfallenden Holzgeländern gesichert ist. Nach gut 5 Min. treffen wir auf eine Sitzbank **7** mit schönem Ausblick zurück auf unseren Weg. In der Folge steigen wir stetig bergauf. Waldabschnitte wechseln mit schattenlosen Wegpartien. Das Rauschen des Rio di Milord im Tal wird leiser, je höher wir kommen. Etwa 0:15 Std. nach der Bank folgt nach einem kurzen Abschnitt durch schönen Buchenwald eine Bank mit Tisch **8** – eine gute Gelegenheit für eine kurze Rast. ▶

Länge/Gehzeit: 8,9 km, ca. 3:20 Std.
Charakter: abwechslungsreiche Rundwanderung auf Fahrwegen und Waldpfaden. Wirklich steil ist nur der Pfad zwischen 21 und 22. Schattige und sonnige Abschnitte wechseln, daher im Sommer Sonnenschutz mitnehmen.
Markierung: durchgehend rot-weiß oder rot-weiß-rot. Bis 11 Weg 16, von 11 bis 13 Weg 17b, von 13 bis 21 Weg 17, von 21 bis 2 Weg 16b.
Ausrüstung: festes Schuhwerk.
Verpflegung: Brunnen bei 4 und 5. Sonst keine Einkehrmöglichkeit. Ausreichend Trinkwasser mitnehmen.
Hin & zurück: In Salò auf der SS 45 bis zur Abzweigung nach Renzano (die SS 45 umgeht Salò oberhalb des Zentrums. Die Abzweigung befindet sich etwa auf halber Höhe zwischen der nördlichen und der südlichen Zufahrt zum Stadtzentrum). Südlich der Abzweigung kleine Parkbucht und weitere Parkmöglichkeiten entlang der Straße. Der **Bus**, der Desenzano mit Riva verbindet (Linie 027), hält im Zentrum von Salò an der Via Brunati beim Uhrturm. Von hier nördlich die 145 Stufen der Scala Santa hoch zur SS 45, links halten (Vorsicht Verkehr!) und nach etwa 300 m erreicht man die Abzweigung nach Renzano.

148 Südlicher Gardasee/Salò

Durch üppige Wiesen nach Salò

▶ Wir wandern anschließend auf einem Stück Hohlweg durch Eichen bis zu einer weiteren Sitzbank 9. Hier zeigt uns ein Wegweiser zum „Passo di Bagnolo", dass wir richtig sind. Ab hier geht es auf breitem steinigen Weg ein Stück bergab durch einen Buchenhain. An seinem Ende gabelt sich der Weg vor einem Tor **10**. Dahinter steht auf idyllischem Grund ein Wohngebäude mit kleinem Pool. Unser Weg führt nach links und in weitem Bogen am westlichen Rand des Grundstücks entlang bergauf. Am oberen Ende des Grundstücks beginnen weitgeschwungene Serpentinen. Sie führen uns unter mächtigen Kastanien hindurch und an den Häusern der Weiler **Milordino** und **Milord** vorbei.

Im weiteren Verlauf wechseln geteerte mit ungeteerten Wegabschnitten, zu beiden Seiten des Wegs begleiten uns Buchen, Eichen, Kastanien und Unterholz. Etwa 0:20 Std. nach dem Tor nehmen wir an einer Gabelung den Weg nach rechts bergab (nach links weist ein Schild den Weg bergauf nach Gazzane). Wir biegen nach etwa 10 m abermals rechts ab und stehen nach wenigen Schritten vor der kleinen Kirche **Madonna del Buon Consiglio** (→ „Idyllisch gelegene Kirchen"). Die Kirche besteht aus dem Altarraum, an den linker Hand ein alter Torbogen **11** anschließt, über den sich das Kirchendach hinüberspannt. Unser Weg 17b führt durch diesen mit Votivtafeln verzierten Torbogen hindurch. An der Kirchenwand finden sich im Schatten mächtiger Zypressen einige Sitzgelegenheiten.

Wir folgen dem Weg 17b in südlicher Richtung. Gleich nach der Kirche öffnet sich ein weiter Blick auf das Tal Madonna del Rio. Wir wandern zwischen den Gebäuden des Hofes **Il Bagnolo** hindurch. Danach geht es geradeaus weiter durch Laubmischwald. Nach wenigen Metern überqueren wir eine rotbraune Erdkuppe. Danach verläuft der Weg erdig und ausgewaschen in nordöstlicher Richtung weiter durch Wald leicht bergab.

An einem Gatter **12** etwa 10 Min. nach der Kirche (bitte wieder schließen!) schwenkt der Weg nach Süden durch niedrigen Laubmischwald und dichtes Unterholz, teilweise mit Felsen durchsetzt. Nach einigen Minuten folgt links ein felsiger Abhang. Da die Bäume nicht bis direkt an den Weg reichen, ist dieser Abschnitt weitgehend schattenlos.

Gut 10 Min. nach dem Gatter erreichen wir unvermittelt den **Passo La Stacca**. Einige Meter oberhalb der Wegkreuzung **13** am Pass lässt sich gut auf einigen Steinen rasten. Wir genießen einen wunderschönen ▶

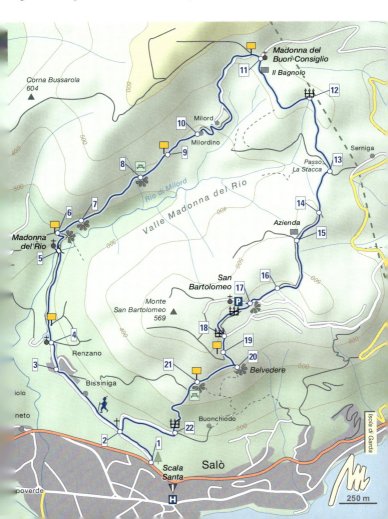

150 Südlicher Gardasee/Salò

▶ Blick nach Südosten auf das glitzernde Wasser des Gardasees und die Isola del Garda. Nach links führt der markierte Weg 17a Richtung Serniga, wir aber wandern geradeaus, dem Wegweiser „San Bartolomeo" folgend. Nach wenigen Metern tauchen wir wieder in Mischwald ein und wandern auf geröligem, ausgewaschenem Untergrund bergauf. Knapp 5 Min. nach dem Passo mündet der Weg in eine breite ungeteerte Fahrstraße 14.

Wir folgen ihr bergauf und passieren nach etwa 100 m zur Linken eine Parkbucht, zur Rechten die breite Auffahrt zur Azienda Agricola Cobelli Guiseppe. Unsere Fahrstraße führt eben am östlichen Rand der Azienda entlang. Am Ende des Grundstücks biegen wir nach links in eine Forststraße 15 und wandern weiter in Richtung San Bartolomeo.

Zunächst geht es mit schönem Blick nach Nordosten auf Toscolano und das Baldo-Massiv eben durch Wiesen, dann durch Wald. Nach einer kleinen Kuppe (rechts ein Hochspannungsmast) führt der Weg durch Laubwald bergab. Etwa 50 m nach der Kuppe zweigt nach links die beschilderte Zufahrt zum Agriturismo Cà del Rocol ab. Wir bleiben auf dem Hauptweg und wandern zwischen den Zäunen bebauter Grundstücke hindurch. Ungefähr 5 Min. nach der Kuppe beschreibt die Straße eine scharfe Linkskurve 16. Am rechten Straßenrand ragt neben einem alten Gebäude eine mächtige Kastanie empor. In der Kurve folgen wir der Straße, die nach rechts abzweigt, vorbei an dem alten Gebäude und unter zwei großen Lärchen hindurch.

Weiter geht es eben an Wohnhäusern und Wiesen vorbei. Nach 100 m mündet unser Weg in eine Teerstraße, der wir nach rechts leicht ansteigend folgen. Wenige Meter weiter zweigt

---

Idyllisch gelegene Kirchen: Madonna del Rio, Madonna del Buon Consiglio und San Bartolomeo

Auf unserer Wanderung kommen wir an drei Kirchen vorbei, die alle zur Pfarrei von Salò gehören. Sie haben kunsthistorisch keine größere Bedeutung, beeindrucken jedoch durch ihre idyllische Lage. Die erste, Madonna del Rio, wurde im 18. Jh. zu Ehren der Jungfrau Maria errichtet. Sie soll an dieser Stelle in einer kleinen Tuffsteingrotte am Fluss Gläubigen erschienen sein und ihren Fußabdruck in einem weißen Stein hinterlassen haben. Seither wird die Kirche von Wallfahrern besucht. Die zweite, Madonna del Buon Consiglio oder auch Santuario della Beata Vergine di Bagnolo, gehört zum gleichnamigen Weiler und stammt aus dem späten 17. Jh. Die dritte, San Bartolomeo, erfreut mit spektakulärer Aussicht auf den Gardasee und wurde ebenfalls im 17. Jh. errichtet. Während Madonna del Rio tagsüber geöffnet hat, sind die beiden anderen Gotteshäuser in der Regel verschlossen.

Tour 21 ** 151

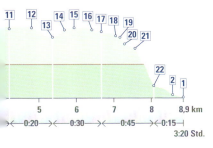

links ein Pfad 17 nach Salò ab (zu diesem Abzweig kehren wir nach dem Abstecher zur Kirche wieder zurück).

Wir aber bleiben für den **Abstecher** auf der Straße, die uns in wenigen Schritten zur **Wallfahrtskirche San Bartolomeo** (→ „Idyllisch gelegene Kirchen") bringt. Neben der Straße befinden sich ein kleiner Parkplatz und der mächtige Stumpf einer Kastanie, aus dem kräftige neue Triebe sprießen. Die Kirche thront auf einer Anhöhe. Von der Mauerbrüstung, die ihren Hof umgibt, hat man im Schatten mächtiger Zypressen einen malerischen Blick auf den See. Wir erkennen seinen südlichen Uferverlauf mit der Rocca di Manerba und der Isola del Garda vor uns. Ein wunderschöner, meditativer Rastplatz!

Zurück am Abzweig nach Salò 17 gehen wir rechts und unterhalb der Kirche entlang. Nach weiteren 50 m biegen wir rechts in einen breiten Fahrweg ein und wandern leicht bergauf Richtung Südwesten an einer Blumenwiese vorbei und kommen etwa 100 m nach der Kirche an ein Viehgatter. Wir gehen hindurch und halten uns dann halb links bergab. An einer bröckelnden Betonmauer zur Rechten vorbei, wandern wir in einem Bogen nach Süden. Zur Rechten Mischwald, links eine Wiese mit einzelnen Bäumen.

Etwa 10 Min. nach der Kirche zweigt nach rechts ein Weg 18 ab, der nach 10 m vor einem verschlossenen Holzgatter endet. Hier heißt es drüberkraxeln oder den oberen, losen Balken hochheben. Unmittelbar nach dem Gatter folgt eine Weggabelung. Wir wählen den unteren Weg 17 und wandern am ▶

Kirchhof mit Zypressen und Ausblick: San Bartolomeo

152   Südlicher Gardasee/Salò

► oberen Rand einer Wiese an einem schönen Holzzaun entlang, begleitet von Laubmischwald zur Rechten. Kurz darauf folgen wir dem mit „Sentiero 17 Salò Carmine" und „Sentiero 16 Corno-Buonchiodo" beschilderten Pfad **19** nach links. Er führt steil und mit lockerem Geröll bedeckt durch Laubmischwald bergab.

Nach etwa 100 m weist nach links ein Schild zum **Aussichtspunkt Belvedere Amici del Golfo**. Wir klettern die wenigen Meter empor und erreichen ein Plateau mit einer Sitzbank **20**. Wir werden mit einem phantastischen Ausblick auf die Häuser von Salò unter uns und die Halbinsel von San Felice del Benaco belohnt! Zurück am Hauptpfad, wandern wir weiter nach links in Richtung Südwesten. Einen Abzweig nach links ignorieren wir und bleiben geradeaus (Weg 16, 17). Zu unserer Rechten ragt eine Felswand empor, an deren Ende wir eine Sitzgruppe unter Bäumen erreichen (hier führt erneut ein kurzer Pfad auf ein Plateau mit einer ähnlichen Aussicht wie kurz zuvor).

Etwa 50 m nach der Sitzgruppe nehmen wir an einer Weggabelung **21** den Weg 16b, der als schmaler Pfad geradeaus führt (nach links zweigt Weg 17 nach Salò ab). Nach gut 20 m erreichen wir einen Rastplatz. Hier gabeln sich erneut die Pfade. Nach rechts führt ein Pfad über Bissinga nach Renzano; nach links geht es über Buonchiodo nach Ren-

Bummeln	Besonders am Abend lohnt ein Bummel entlang der weitläufigen Promenade von Salò, die viele für die schönste am gesamten Gardasee halten.

zano (Wegweiser). Wir wählen die linke Variante in Richtung Buonchiodo, die auch den Weg 16b darstellt (hier aber nicht als solcher ausgeschildert). Die ersten Meter gehen sehr steil und ausgewaschen bergab. Einige Holzbohlen im Hang geben unseren Füßen Halt. Nach etwa 50 m führt der Pfad schmal und steil, aber gut erkennbar und befestigt durch Laubmischwald bergab. Immer wieder gewähren Lücken im Blätterdach Ausblicke auf Salò und den See.

Zur Linken beginnt ein Maschendrahtzaun (Schild „Renzano" am rechten Wegesrand). Unter einem Hochspannungsmasten hindurch wandern wir am Zaun entlang. Am rechten Wegrand begleiten uns Büsche und Ginster. Knapp 5 Min. später führt der Pfad durch eine Zaunlücke nach links und endet nach etwa 10 m an einer Teerstraße **22**.

Hier halten wir uns rechts und wandern auf dem nach wenigen Metern wieder ungeteerten Fahrweg weiter bergab. Zu beiden Seiten des Weges wechseln sich Olivenbäume, Ginster, Unterholz und Heckenrosen ab. Nach einer scharfen Linkskurve wandern wir direkt auf die Dächer von Salò zu.

Knapp 5 Min. nach der Kurve treffen wir am **Bildstock 2** auf die Straße nach Renzano und damit unseren Hinweg. Wir biegen links ein und wandern in etwa 5 Min. zurück zu unserem Ausgangspunkt **1** in **Salò**. ■

Panoramapause hoch über Salò

* Ins Valle delle Cartiere – auf den Spuren mittelalterlicher Papierproduktion

Die kurze, abwechslungsreiche Wanderung bietet interessante Eindrücke aus einer vergangenen Epoche der Papierproduktion und führt uns bis zum Beginn einer spektakulären Klamm.

▶▶ Wir starten unsere Wanderung am nördlichen Ende des Wanderparkplatzes nordwestlich von **Toscolano-Maderno** an einer Infotafel **1** zur Geschichte des **Valle delle Cartiere** (Tal der Papiermühlen).

Geschichte der Papierproduktion im Valle delle Cartiere

Das Valle delle Cartiere, zu Deutsch „Tal der Papiermühlen", blickt auf eine lange Geschichte der Papierproduktion zurück. Die Anfänge liegen im 14. Jh. Damals wurde das Tal Zentrum der Papierproduktion der venezianischen Republik mit Handelsbeziehungen, die bis zu den Märkten der Levante (Gebiet südöstlich von Genua) reichten. Diese Bedeutung blieb über viele Jahrhunderte erhalten. Im 19. Jh. setzte sich die industrielle Form der Papierherstellung in Norditalien durch und führte zu einem Rückgang der Produktion im Tal. Im Jahre 1905 beschloss schließlich die Eröffnung einer neuen, maschinell produzierenden Papierfabrik im Ort Toscolano in der Nähe des Seeufers die Ära der traditionellen Produktion im Tal. Das liebevoll eingerichtete **Museo della Carta (Papiermuseum)** gleich zu Beginn unserer Wanderung gibt einen Einblick in Gerätschaften (u. a. ein Stampfwerk) und Arbeitsprozesse der Vergangenheit.

Öffnungszeiten: April bis Sept. tägl. 10–18 Uhr, Okt. Sa/So 10–17 Uhr; ☎ 0365-641050 oder 540623, www.valledellecartiere.org.

Papiermühlenmuseum

Ein breiter, gekiester Fahrweg führt am Talgrund des **Torrente Toscolano** entlang. Zu beiden Seiten der Schlucht ragen dicht bewachsene Felswände empor. Einige Meter unter uns rauscht der Fluss. Nach etwa 100 m durchqueren wir einen kurzen Tunnel, von dessen Wänden das Wasser tropft. Unmittelbar am Tunnelausgang erblicken wir bereits das malerisch am gegenüberliegenden Flussufer gelegene **Papiermuseum** (→ „Geschichte der Papierproduktion"), Teil des Ortes **Maina Inferiore**. Nach wenigen Metern führt uns knapp 5 Min. nach dem Start eine Steinbrücke **2** über den Fluss zum Eingang des Museums.

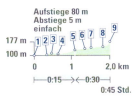

Nach der ausgiebigen Besichtigung des sehenswerten Museums setzen wir unsere Tour auf dem breiten Kiesweg durch das Tal fort. Alle Weiler und Ruinen auf der folgenden Route sind Überreste von alten Arbeiterwohnungen und Produktionsgebäuden (→ „Die weiße Kunst").

Wir wandern oberhalb des rechten Flussufers entlang. Unmittelbar vor den Ruinen des alten **Maina Mezzo** führt nach rechts ein steiler Weg **3** Richtung Gaino hoch (unser späterer Rückweg). Wir bleiben auf unserem Weg und überqueren hinter Maina Mezzo abermals auf einer Steinbrücke den Fluss und gelangen so zu den Häusern von **Maina Superiore**. An einer Hausmauer spendet ein kleiner Brunnen **4** mit Wasserhahn kaltes Wasser zur Erfrischung. Zwischen den Häusern dieses kleinen Ortes endet auch der benzinbetriebene Bimmelzug, der laufunwillige Touristen von Toscolano ein Stück ins Tal hineinfährt.

Wir passieren im weiteren Verlauf verfallene, von Efeu und Gestrüpp überwucherte Mauerreste, Olivenbäume und die Ruinen ▶

Länge/Gehzeit: hin und auf selbem Weg zurück 4,0 km, ca. 1:30 Std.
Charakter: abwechslungsreiche, kinderfreundliche Wanderung auf ebenen, meist breiten Wegen. Im Fluss Toscolano darf man leider nicht baden! Der Rückweg erfolgt auf der Route des Hinwegs, da die Brücke durch die **Klamm seit 2012 gesperrt** ist. In der Karte ist die Fortsetzung des Wegs am anderen Seite des Flusses gestrichelt markiert - Anhaltspunkt für den Fall, dass die Brücke unerwartet doch wieder freigegeben werden sollte...
Markierung: im Tal Infotafeln.
Ausrüstung: festes Schuhwerk.
Verpflegung: keine Einkehrmöglichkeit unterwegs, Proviant mitnehmen. Brunnen bei 4 und 7.
Hin & zurück: Anfahrt über die SS 45. Im Ort Toscolano von Norden kommend unmittelbar vor der Brücke über den Fluss rechts ab Richtung Gaino, nach etwa 100 m links Richtung „Valle delle Cartiere". Ungeteerter Fahrweg durch schmale Schlucht und drei Tunnel. Nach etwa 500 m **Wanderparkplatz**. Bushaltestelle von Norden kommend unmittelbar nach der Brücke über den Torrente. **Busse** der Linie 027 von Riva nach Desenzano alle 60 bis 90 Min. zwischen 7 und 17 Uhr. Von der Haltestelle in etwa 0:15 Std. zum Wanderparkplatz.

▶ von **Vago**. Hier haben wir die Möglichkeit, auf einem Holzsteg zwischen den überdachten Mauerresten hindurchzugehen – ein Hauch von Abenteuer, vor allem für den Nachwuchs!

Vor uns erhebt sich im weiteren Wegverlauf im Nordwesten der mächtige, dicht bewaldete Monte Pizzocolo. Das üppig mit Steineichen, Hopfenbuchen, Ebereschen und in früheren Jahrhunderten zur Erosionsvermeidung angepflanzten Zypressen bewachsene Tal weitet sich etwas. Da Zypressen durch ihre Höhe besonders windanfällig sind, stürzen sie bei starken Stürmen immer wieder um und tragen eher zur Erodierung des Bodens bei, als sie zu verhindern.

Am Ende von Vago wechseln wir wiederum über eine Brücke ans andere Flussufer. Unter uns bahnt sich zwischen Felsen schäumend das Wasser seinen Weg. Am Brückenende laden zu unserer Rechten einige Sitzbänke **5** zu einer Rast ein. Nur wenige Meter weiter erblicken wir zu unserer Linken die Überreste von **Caneto** und spazieren danach an einer von Gestrüpp überwucherten Mauer entlang, an deren Ende ein beschilderter Weg **6** nach rechts oben nach Gaino abzweigt, den wir unbeachtet lassen.

Die düstere Klamm von Covoli

Wir halten uns geradeaus und erreichen nach wenigen Metern die Ruinen von **Gatto** zu unserer Linken etwas unterhalb zwischen uns und dem Flussbett. Einige Stufen führen hinab und ermöglichen uns die Erforschung der Mauerreste. Infotafeln erzählen anschaulich von den verschiedenen Bau- und Produktionsphasen der Fabrik.

Nach den Ruinen von Gatto wechseln wir über eine weitere Brücke wieder auf die gegenüberliegende Talseite. Dort erwartet uns der Weiler **Contrada**. Sitzbänke und ein Brunnen **7** laden zu einer Pause ein. Zur Rechten führt ein Eingangstor auf das Gelände des Campo Luseti Scout Toscolano, eines Jugendcamps.

Unser Weg führt an der westlichen Hangseite weiter ins Tal hinein durch dichten Busch- und Baumbewuchs. Knapp 5 Min. später treffen wir am linken Wegrand auf einen weiteren, einbetonierten Wasserspender, an dem wir uns erfrischen können. Unmittelbar danach zweigt rechts ein Pfad zu einem Privatgrundstück ab, unser Weg aber geht in leichtem Auf und Ab weiter. Nach wenigen Minuten öffnet sich der Blick auf die östliche Talseite. Ein weitläufiger Olivenhain thront am Hang.

Wir treffen gleich darauf auf einen Wegweiser zur Klamm von Covoli und ca. 15 m weiter zweigt auch ein Pfad **8** nach rechts ab.

Wir folgen ihm und erreichen nach etwa 50 m eine Felswand am Beginn der Klamm von Covoli. Oberhalb führt ein in die Felsen betonierter Steig kühn angelegt bis zu einer Brücke, die die Klamm an ihrer schmalsten Stelle überquert. **Leider ist der Steig seit einem verheerenden Hochwasser 2012 gesperrt.**

Am Fuß der Felswand gähnt ein schwarzes Loch. Eine nur etwa 1,20 m hohe Höhle führt hier in den Fels. Lichtlos schleichen wir in gebückter Haltung hinein. Nach knapp 50 m der Ausgang. Wir finden uns auf einem Absatz **9** wieder. Unter uns schäumt der Fluss zwischen mächtigen Felsbrocken hindurch. Oberhalb spannt sich die gesperrte ▶

▶ Brücke von einer Wand zur anderen. Die feuchten Felswände stehen hier so eng, dass die Sonne selten ihren Weg hineinfindet und der Ort schattig, kühl und etwas verwunschen wirkt.

Zurück geht's durch die Höhle. An ihrem Ende steigen wir nach links zum Ufer des Toscolano hinab und können, je nach Wasserstand, auf den Kiesbänken eine gemütliche Rest einlegen. Anschließend wandern wir auf selbem Weg in knapp 0:45 Std. zurück zum Ausgangspunkt. ■

Die weiße Kunst – Schritte der Papierherstellung im Mittelalter

Im Gegensatz zur Druckkunst, die als „schwarze Kunst" bezeichnet wurde, trug die Herstellung von Papier den Titel „weiße Kunst" und galt als hoch spezialisiertes, angesehenes Handwerk.

Grundstoff für die Herstellung waren Baumwoll-, Leinen- und Hanflumpen. Diese mussten zunächst einem Faulungsprozess unterworfen und dann zerfasert werden. Dabei wurden die Lumpen in einem Stampfwerk in wassergefüllten Holztrögen von mächtigen Stampfhämmern bearbeitet. Diese wurden über eine Nockenwelle von einem Wasserrad angetrieben. Deshalb lagen die Stätten der Papierproduktion stets an Bachläufen – wie auch im Valle delle Cartiere.

Nach der Zerfaserung wurde der breiige Stoff stark mit Wasser verdünnt und anschließend mittels eines Siebs eine „Bütte", also eine Lage Papier, geschöpft. Die Blätter wurden auf dickem Filz abgelegt und lagenweise übereinander geschichtet. Anschließend erfolgte der Pressvorgang in einer hölzernen Spindelpresse. Die gepressten, immer noch feuchten Blätter wurden wie auf einer Wäscheleine über Seile aus Rosshaar gehängt. Wichtig bei der abschließenden Trocknung war eine gleichmäßige Belüftung. Sie wurde durch verstellbare Luken in den Trockenräumen gewährleistet.

Schreibpapier musste dann mit Tierleim (Gelatine aus Tierknochen) imprägniert werden – sonst hätte es die Tinte wie Löschpapier aufgesogen. Zuletzt wurde das noch wellige Papier mit Achatsteinen von Hand geglättet.

In einer Papiermühle wie der im Museo della Carta entstanden im Mittelalter täglich etwa 3000 Bogen handgeschöpftes Papier.

Trocknung des handgeschöpften Papiers im Museum

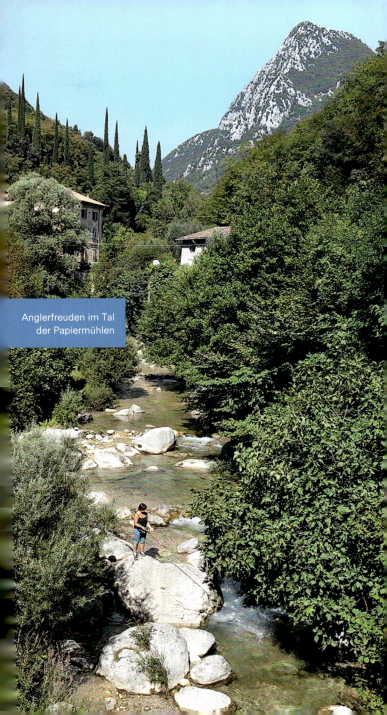

Anglerfreuden im Tal der Papiermühlen

*** Auf den Monte Castello di Gaino

Die abwechslungsreiche, anspruchsvolle Panoramawanderung inmitten des Naturparks Alto Gardo Bresciano verknüpft weitläufige Buchenwälder mit rauem Felsengelände und grandioser Fernsicht. Am Rückweg führt sie durch mediterran anmutende Kulturlandschaft aus Olivenhainen und Zypressen.

▶▶ Der Startpunkt unserer Tour ist das südliche Ende des Parkplatzes vor der Trattoria Fornico **1** in **Fornico**.

Wir halten uns rechts und gehen in südwestlicher Richtung unter einem Torbogen hindurch (Weg Nr. 41), zunächst durch eine schmale Gasse (Via Sole) an alten Häusern vorbei, dann auf einem betonierten Fahrweg bergauf durch Olivenhaine. Wir gewinnen rasch an Höhe und genießen rückblickend einen Panoramablick auf den See und das Massiv des Monte Baldo am anderen Seeufer.

Knapp 10 Min. nach dem Start treffen wir auf eine Weggabelung **2**, an der wir geradeaus weitergehen. Wir wandern einige Meter durch einen Hohlweg, dann an Olivenbäumen zur Linken und dichtem Gestrüpp und Büschen zur Rechten entlang. Nach einer scharfen Rechtskurve geht es Richtung Norden weiter beständig bergauf, vorbei an einer mit einem Tor versehenen Auffahrt. Auf geteertem und später gekiestem Weg passieren wir eine weitere Grundstückszufahrt. Etwa 0:15 Std. nach der Weggabelung gehen wir an einer Abzweigung **3** in Richtung Nordwesten weiter, zunächst auf Beton, dann auf Kies und Geröll zwischen Eichen und Buchen.

An einer weiteren Abzweigung **4** wenden wir uns nach links, unser Weg beschreibt eine Richtungsänderung nach Südwesten. Steil geht es auf lockerem Geröll bergauf. Nach wenigen Minuten schwenkt der Weg nach Norden aus dem Wald heraus. Rechts versteckt sich hinter mächtigen Zypressen eine prachtvolle Villa. An der Mauer zur Linken zeigt die Wegmarkierung 41, dass wir richtig sind. Wir passieren das Villengrundstück in einem Bogen und treffen ca. 5 Min. später auf einen breiten Querweg, der nach rechts zu einem neuen Gebäude führt. Hier gehen wir links, vorbei an Weinreben und einem Haus. Etwa 150 m weiter mündet unser Weg in den breiten Fahrweg Nr. 20.

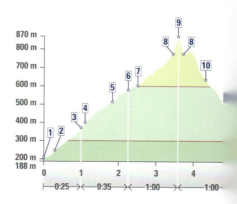

Wir halten uns rechts und sehen kurz darauf zur Rechten ein Eisengatter vor einer Wiese. Zur Linken zweigt der Weg Nr. 21 **5** ab, dem wir folgen. Nach wenigen Metern gabelt er sich. Ein weiß-blaues Schild „Monte Castello" weist uns den Weg nach Süden.

Wir wandern durch niederen Mischwald weiter bergauf. Nach einigen Metern tauchen zur Rechten das verwunschene Gebäude und das ausgedehnte Grundstück der **Villa Lena** auf. Im Hintergrund ragt mächtig der Felsklotz des Monte Pizzocolo empor. An der folgenden Weggabelung **6** gehen wir nach rechts weiter bergauf und passieren den Masten einer Hochspannungsleitung. Wenige Meter nach dem Masten gabelt sich der Weg erneut. Wir halten uns wieder rechts, dem Wegweiser „Monte Castello" folgend. Der Weg verläuft nun eben.

Wir passieren zur Linken einen Wegabzweig zu einer Jagdhütte („capanna de caccia") und bleiben auf dem Hauptweg Richtung Westen. Knapp 10 Min. nach der ▶

Kräftiger Wandersmann macht den Weg frei ...

Länge/Gehzeit: 8,8 km, ca. 4:10 Std.
Charakter: sehr abwechslungsreiche Wanderung mit steilen Auf- und Abstiegen. Im Gipfelbereich etwas ausgesetzt. Bei Nässe im oberen Teil zwischen 7 und 10 rutschig und nicht empfehlenswert.
Markierung: durchgehend rot-weiße Balken, aber nicht immer an relevanten Stellen. Der Weg folgt im Wesentlichen den Markierungen 41, 21 und 19, nach 13 auch „Via Bassa del Garda" (BVG).
Ausrüstung: Bergschuhe, Stöcke.
Verpflegung: Trinkwasser und Proviant mitnehmen. Kleine Quelle kurz nach 11. Einkehrmöglichkeit im Ristoro Il Castello (📞 0365-644101, www.scuderiacastello.it) bei 12.
Hin & zurück: Anfahrt mit dem PKW auf der SS 45 bis Bogliaco. Abzweig im Ort Richtung Zuino und Fornico. Nach knapp 2 km in Fornico an der Chiesa San Valentino nach links in die Via Sole; hier gleich der Parkplatz, alternativ gibt es 100 m weiter die Hauptstraße entlang einen Parkplatz auf der linken Seite. Bushaltestelle in Bogliaco am Seeufer (Linie 027, Halt etwa stündlich). Von hier in etwa 0:30 Std. zu Fuß zum Startpunkt.

Aufstiege 760 m
Abstiege 760 m

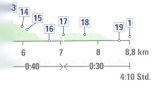

Westlicher Gardasee/Toscolano-Maderno

▶ Weggabelung vor der Hochspannung zweigt nach links ein unscheinbarer Pfad **7** vom Hauptweg ab. Er ist mit einem handgezeichneten Schild „Monte Castello" versehen. Diesem schmalen Trampelpfad folgen wir durch den Wald, bis wir auf eine Lichtung treffen. Unter uns glitzert das Wasser des Gardasees. Der Pfad führt zunächst eine Graskuppe hinauf, dann durch dichten Buchenwald. Wir passieren Überreste von Bunkern und bewältigen einen kurzen felsigen Abschnitt.

In der Folge steigen wir etwa 0:15 Std. durch beeindruckenden Bergbuchenwald die Nordwestflanke des **Monte Castello** hinauf. Der Pfad ist oft steil und von Geröll durchsetzt. Im Wald liegen zahllose Felsbrocken, als wären sie von wütenden Urzeitriesen hingeworfen worden. Etwa 0:30 Std. nach dem letzten Pfadabzweig erreicht unser Pfad den Grat. An einer kleinen flachen Lichtung **8** gabelt sich der Weg. Nach links führt er steil hinab (unser späterer Rückweg), wir aber gehen rechts weiter, am bewaldeten Berghang entlang. Wenige Meter südlich der Lichtung befindet sich unmittelbar am Grat zwischen einigen Felszacken ein phantastischer **Aussichtsplatz**. Er wird von einer kleinen Madonnenstatue beschützt. Hier lässt sich eine windstille Rast mit tollem Blick auf See und Monte Baldo einlegen.

Folgen wir unserem Aufstiegsweg weiter Richtung Südwesten, erreichen wir etwa 5 Min. nach der Lichtung den Beginn einer **seilversicherten Passage**. (Wer nicht **schwindelfrei und trittsicher** ist, kann auf den Aufstieg zum Gipfelkreuz verzichten und die Rundwanderung auf dem Weg nach unten fortsetzen.) Wir erklimmen über große Felsbrocken auf sehr steilem Pfad den Gipfelhang des Monte Castello. Durch das Blätterdach der niedrigen Bäume wird unsere Aufstiegsroute sichtbar. Nach gut 10 Min. enden die Seilversicherungen am Gipfelgrat. Wir halten uns rechts und stehen weitere 5 Min. später vor dem gewaltigen Gipfelkreuz **9** des **Monte Castello di Gaino**.

Eine kleine Bank lädt zur Rast und einem gemächlichen Eintrag ins Gipfelbuch ein. Auf dem ausgedehnten Plateau lässt sich gut speisen und sonnen. Der Rundblick ist umwerfend. Vom weiten, meerähnlichen Verlauf des Gardasees in Richtung Süden bis Sirmione über den wuchtigen Klotz des Pizzocolo im Westen reicht das Panorama. Das Massiv des Monte Baldo zieht sich in seiner imposanten Länge vom mächtigen Altissimo im Nordosten über die Cima Valdritta und die Punta Telegrafo bis zu den sanft geschwungenen südöstlichen Ausläufern hin.

Den Rückweg beginnen wir auf gleicher Route und wandern in gut 10 Min. vom Gipfel (dabei ist beim steilen Abstieg im seilversicherten Abschnitt **Vorsicht** geboten!) zurück zur **Lichtung** 8.

An der Lichtung wenden wir uns nach rechts. Wir kraxeln mit Hilfe einer Reepschnur einen Felsblock hinab und schlängeln uns gleich darauf zwischen zwei Felsplatten hindurch, die am Boden nur wenige Zentimeter auseinander liegen. In der Folge wandern wir am Fuß der von einzelnen Buchen bewachsenen Ostflanke des Monte Castello entlang. Etwa 5 Min. nach der Lichtung passieren wir eine Gedenktafel für einen verunglückten Bergsteiger. Unser Pfad verläuft nun sehr geröllig und steil bergab und ist anstrengend zu gehen. Im Abstand von wenigen Metern weisen uns kleine Steinmännchen den Weg. Im weiteren Verlauf nehmen Fels und Geröll allmählich ab und machen Unterholz und Gestrüpp Platz. ▶

Gipfelblick in endlose Weiten ...

▶ Etwa 0:15 Std. nach der Gedenktafel erreichen wir eine Weggabelung **10**. Wir halten uns links. Als breiter Hohlweg bergab führend, erreicht er ungefähr 10 Min. nach der Gabelung ein Wohngebäude mit breitem Einfahrtstor zu unserer Linken. Ab hier verläuft unsere Route auf schmalem Pfad durch Gebüsch und Gestrüpp und endet an einem betoniertem Fahrweg **11**. Diesem Fahrweg folgen wir nach links bergab. Etwa 50 m weiter passieren wir zu unserer Linken eine winzige **Quelle**. Ein schmaler Strahl köstlich kalten Wassers ergießt sich in eine kleine Betonfassung. Hier lassen sich die Trinkvorräte auffüllen.

Unmittelbar nach der Quelle öffnen sich zur Rechten Wiesen, von unserem Weg durch eine Hecke getrennt. Zur Linken begleiten uns zunächst Laubbäume, dann ein Maschendrahtzaun. Es folgt die Hofeinfahrt zum Grundstück einer Villa. Ab dieser Einfahrt führt ein breiter, abwechselnd geteerter und betonierter Fahrweg, die Via Castello, steil bergab.

An einer Weggabelung an einem Wasserspeicher **12** halten wir uns links und wandern auf einem Kiesweg (Via Folino Cabiane) am **Ristoro Il Castello** mit schöner Aussichtsterrasse vorbei. Hier bietet sich eine Rast mit Blick auf den Monte Baldo an. Es folgen einige Olivenhaine und dann die ersten Häuser von **Folino**. Auf geteerter Straße geht es zwischen Häusern hindurch. Etwa 10 Min. nach dem Wasserspeicher treffen wir auf eine Straßenkreuzung **13**. Wir folgen einem schmalen Kiesweg zwischen Olivenbäumen und Häusern hindurch nach links und erreichen nach wenigen Metern wiederum eine Teerstraße. Wir überqueren sie und wandern weiter in eine schmale Gasse (immer noch die Via Folino Cabiane) zwischen den Mauern alter Gebäude hindurch. Nach einigen Metern endet der Ort an den Wegweisern Nr. 19 und „Via Bassa del Garda", die uns von nun an begleiten.

Wenige Meter nach den Wegweisern folgen wir einem schmalen, steinigen Pfadabzweig **14** nach links in Richtung See. Er führt zunächst durch Gestrüpp, dann durch einen Hohlweg. Am Ende des Hohlwegs treffen wir auf eine Wegkreuzung **15**. Es führen zwei Wege nach links. Wir wählen den unteren der beiden. Nach etwa 100 m beginnt am rechten Rand ein Maschendrahtzaun. Wir wandern eben am Zaun entlang. Rechts blicken wir auf Olivenhaine und den See. Von links plätschert ein Bach durch den Wald auf unseren Weg. Die nächsten ca. 100 m folgt das Wasser dem Wegverlauf. Wir behelfen uns mit Spreizschritten zu beiden Seiten des schmalen Pfads oder hüpfen über kleine Steine. Schließlich fließt der Bach nach rechts in eine schmale Felsklamm ab.

Wir folgen dem wieder trockenen Pfad, bis der Maschendrahtzaun nach wenigen Minuten an einer Weggabelung endet. Der beschilderte Feldweg („Via Bassa del Garda", Weg Nr. 19) führt in nordöstliche Richtung, bis er sich vor einem Hoftor **16** erneut gabelt. Unser Weg führt breit und steinig nach links bergauf. Nach wenigen Metern thront links oberhalb der Wegböschung eine große Scheune. Es folgen ein Olivenhain und an seinem Ende ein verfallenes Wohngebäude. Vor dessen schmiedeeisernem Hoftor **17** verzweigt sich erneut der Weg.

Tour 23 ✶✶✶   165

Wir wandern geradeaus auf breitem Weg, der Via Cervano, zunächst zwischen Hecken hindurch. Durch Kulturlandschaft mit Weinreben und Ölbäumen erreichen wir die verlassen anmutenden Gebäude des Weilers **Cervano** (es gibt einen Agriturismo, www.cervano.com). Wir spazieren vorbei an einer mächtigen Weide und durch eine majestätische Zypressenallee. An ihrem Ende gabelt sich der Weg. Hier befindet sich kleines **Aussichtsplateau** 18 mit schönem Seeblick.

Durch Olivenhaine und Zypressen geht es weiter, immer entlang der bewaldeten Ostflanke des Monte Castello. Nach einer Votivkapelle zur Rechten treffen wir auf eine Teerstraße. Hier halten wir uns rechts. Etwa 0:15 Std. nach dem Plateau biegt der Teerweg 19 in Richtung Seeufer ab. Wir halten uns geradeaus auf einem Kiesweg, der Via Fornico. Entlang alter Mauern erreichen wir nach wenigen Minuten die Häuser von **Fornico**.

Wir überqueren noch eine Straße und folgen immer dem Verlauf der Via nach Norden leicht bergauf, bis wir etwa 5 Min. später den Parkplatz und die Trattoria Fornico 1 erreichen. ■

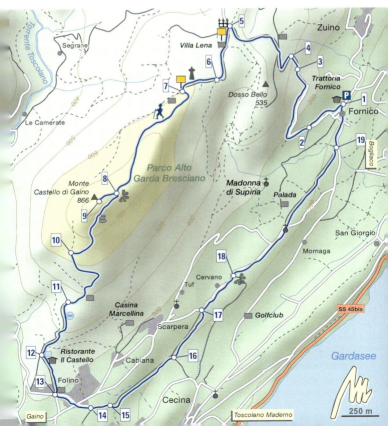

*** Stille Einkehr und grandiose Panoramen: von Sasso über die Eremo San Valentino auf die Cima Comer

Die wald- und panoramareiche Wanderung führt zunächst zur einsam gelegenen Einsiedelei San Valentino. Durch steilen Bergwald geht es weit oberhalb des Gardasees bis auf den windumtosten Gipfel der Cima Comer, der einen phantastischen Panoramablick bietet.

▶▶ Von unserem Parkplatz **1** vor **Sasso** am südlichen Ende eines Spielplatzes gehen wir auf der geteerten Straße auf die Häuser des Orts zu. Nach etwa 150 m erreichen wir den Beginn des alten Ortszentrums mit einer Bar am linken Straßenrand.

Wir wandern geradewegs ins Zentrum hinein und auf der schmalen, gepflasterten Via Sasso nach Nordosten. Etwa 5 Min. nach dem Start erreichen wir das **Waschhaus** **2** am nördlichen Ortsrand. Das Wasser hier ist nicht trinkbar! Wir folgen den Hinweisschildern nach San Valentino. Die Via San Valentino führt wenige Meter geteert, dann sandig an einer Mauer entlang. Zur Rechten bietet sich zum ersten Mal ein schöner Blick auf den Gardasee und das Monte-Baldo-Massiv. Vorbei an einigen Zufahrtstoren zu beiden Seiten des Wegs gelangen wir in einen üppigen Buchen- und Eichenwald. Der Weg verläuft von Steinen und Felsplatten durchsetzt erst mäßig, dann kräftig bergauf.

Ungefähr 0:15 Std. nach dem Waschhaus überqueren wir auf Steinen ein kleines Bachbett **3**. Unser Weg führt als grob gepflasterter ehemaliger **Maultierweg** (ital. „mulattiere") weiter bergauf. Immer wieder ist er von alten Mauerresten gesäumt. Etwa 10 Min. nach dem Bachbett treffen wir auf ein Felsplateau an der Hangabbruchkante nach Südosten. Der Blick auf den See, den Monte Baldo, Gargnano unter uns sowie den Monte Castello di Gaino und den Monte Pizzocolo im Süden ist spektakulär. Er wird uns im weiteren Verlauf der Wanderung noch mehrmals betören.

Wir wandern einige Schritte an der Hangkante entlang und erreichen eine Abzweigung 4. Nach links geht es Richtung Briano, geradeaus führt der Weg zur Einsiedelei (ital. „Eremo"), deren geschichtlichen Hintergrund eine an der Abzweigung verankerte In-

Sonniger Rastplatz an der Eremo San Valentino

fotafel erläutert. Wir nehmen den Weg geradeaus zur Eremo (und kehren später wieder an diesen Abzweig zurück). Zunächst geht es einige Meter eben, dann durch Laubmischwald bergab.

Wir gelangen sogleich zu einer schmalen Felsschlucht, der wir etwa 100 m in Richtung Südosten folgen. Treppenstufen helfen beim steilen Abstieg. Anschließend verläuft der Weg einige Meter eben, dann wieder kurz bergauf, bis er etwa 10 Min. nach der Infotafel erneut eine Felsplattform mit prächtigem Panorama erklimmt.

Nur wenige Meter weiter stehen wir vor einer alten Holztür, die in ein gemauertes Tor eingelassen ist. Sackgasse? Weit gefehlt! Wir öffnen die massive Tür und steigen unmittelbar danach auf schmalem Pfad durch eine steile Felswand empor. Im Schatten einiger mächtiger Zypressen erreichen wir unvermittelt einen ebenen Platz. Zur Linken thront unter einer überhängenden Felswand in spektakulärer Lage die 1630 erbaute Pestkapelle **Eremo San Valentino** 5. Ihr weißer Putz leuchtet weithin. Tief unten blinkt das Wasser des Sees, dahinter die gewaltigen Berge des Baldo-Massivs. Vogelgezwitscher, Blätterrascheln und in der Ferne das dumpfe Grollen des Autoverkehrs auf der Gardesana – zu weit weg, um störend zu wirken! Es ist ein magischer Platz, wie geschaffen für eine ausgiebige **Rast**.

Frisch gestärkt geht es in gut 10 Min. zurück zum Abzweig 4 mit der Infotafel. Nun biegen wir rechts ab und wandern in Richtung Briano und Cima Comer. Auf breitem, mit Resten alter Pflasterung versehenem Weg geht es zwischen Buchen bergauf. Nach wenigen Minuten überqueren wir auf einer Holzbohlenbrücke ein ausgetrocknetes Bachbett. Am Ende der Brücke hilft uns ein kurzes Seil über eine Felsstufe. Der Weg führt am rechten Ufer des soeben überquerten Bachbetts bergauf.

Etwa 0:25 Std. nach der Eremo erreichen wir eine Kuppe 6 mit einer kleinen Wiesenfläche zur Rechten. Unser Weg (Nr. 31) führt geradeaus in nordöstlicher Richtung über Felsplatten hinauf. Am Wegrand grüßen immer wieder Steinmännchen und zeigen uns, dass wir richtig sind. Nach einem Abschnitt mit besonders kräftigen Buchen, unter die ▶

Länge/Gehzeit: 7,8 km, ca. 4:10 Std.
Charakter: längere Wanderung mit einigen ausgesetzten Abschnitten in Gratnähe auf zumeist felsigen und oft recht steilen Wegen. Gute **Kondition** und **Schwindelfreiheit** erforderlich. Fast ausschließlich im Schatten.
Markierung: ausnehmend gut rotweiß markiert, im Gipfelbereich alle paar Meter, was bei Nebel von Vorteil sein kann. Bis 4 31, zur Eremo 5 und zurück 30, bis zum Gipfel 12 31, ab 17 31a, ab 7 wieder 31.
Ausrüstung: robuste Bergschuhe.
Verpflegung: Bar am Ortseingang von Sasso. Bei 16 das Rifugio ANA di Gargnano, nur So geöffnet. Trattoria Gigli an der Abzweigung der SP 9 nach Sasso.
Hin & zurück: von Gargnano auf der SP 9 Richtung Navazzo/Valvestino. Nach 7 km rechts Richtung Sasso, nach 500 m abermals rechts Richtung Sasso. Nach weiteren 500 m kleiner Parkplatz am Südende eines Spielplatzes. Weitere Parkmöglichkeit am Nordende des Spielplatzes und etwa 100 m weiter am Ortseingang von Sasso. Keine geeignete Busverbindung.

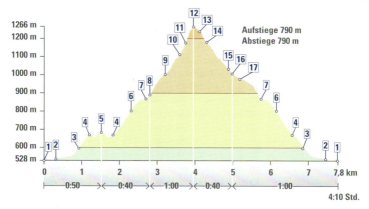

▶ sich einzelne Kastanien mischen, erwartet uns etwa 0:15 Std. nach der Kuppe in einer Senke an einem ausgetrockneten Bachbett eine Weggabelung **7**.

Links geht es Richtung Briano – unser späterer Rückweg. Wir folgen einem Schild zur Cima Comer geradeaus und überqueren das Bachbett. Zwischen knorrigen Steineichen und Buchen wandern wir entlang der Hangkante bergauf. Knapp 5 Min. nach der Gabelung bietet sich uns auf einem Felsplateau 8 ein grandioser Blick nach Osten und Süden. Durch dichter werdenden Bergwald, zunehmend von Felsen durchsetzt, steigen wir weiter bergauf. Ungefähr 0:15 Std. nach dem Felsplateau trifft der Weg auf eine kleine Lichtung. Ein wassergefülltes Loch im Boden dient als Viehtränke. Am Rande der Lichtung steht eine **Wellblechhütte** **9** mit einer klapprigen Holzbank daneben – eine bescheidene Hirtenbehausung.

Wenige Meter nach der Lichtung zweigt nach rechts ein steiler Pfad Richtung Muslone ab. Unser Weg aber führt geradeaus weiter nach Norden. Schwitzend kraxeln wir durch immer felsigeres Gelände. Glücklicherweise spendet der dichte Bergwald Schatten. Etwa 0:15 Std. nach der Hütte zweigt ein weiterer Pfad **10** nach links ab, den wir ebenfalls ignorieren. Wir steigen weiter bergauf durch einen Abschnitt mit zerklüfteten, scharfkantigen Felsen direkt am Grat. Immer wieder blitzt 1000 m unter uns der Gardasee auf – **schwindelfrei** sollte man hier schon sein!

Kurz nach einer kleinen Senke treffen wir auf eine besonders spektakuläre Stelle **11**: vor uns und unter uns mächtige Felsabbrüche. An ihrem oberen Rand zieht sich der dichte Bergwald nach Norden empor.

Danach tauchen wir wieder in den Wald ein, bis wir etwa 5 Min. später auf eine Lichtung treffen. Hier ragt eine Fernsehantenne in Form eines mächtigen Schildes empor. Nach Süden geht der Blick auf den Monte Pizzocolo und den Monte Spino zu seiner Rechten, nach Südwesten zu den Gipfeln des Valvestino. Wir folgen dem felsigen Pfad

Tour 24 ✶✶✶   169

ans obere Ende der Lichtung, wo wir wieder auf den Grat treffen. Hier wachsen nur noch einzelne windzerzauste Buchen und Steineichen. Spektakulär geht der Blick zum See hinab.

Weiter geht es die letzten Meter bis zum Gipfel auf breitem, grasbewachsenem Rücken. Ein metallenes Gipfelkreuz **12**, das wir etwa 10 Min. nach der Antenne erreichen, markiert die **Cima Comer**. Hier beglückt uns ein 360-Grad-Rundblick. Im Norden der Rücken des Monte Denervo, östlich die Rocchetta, daneben die Silhouette des Monte Stivo, dann das Baldo-Massiv, das nach Süden flach ausläuft. Im Süden das gesamte Gardaseeufer mit der Halbinsel von Sirmione, die Rocca di Manerba, dann Salò mit der Isola del Garda, der Monte Castello di Gaino, der Pizzocolo, der Monte Spino, das Hochtal von Briano, der Denervo. Nochmal von vorne?

Es gibt wenige Wanderungen am Gardasee, die ein vergleichbares Panorama bieten. Leider ist der Gipfel aufgrund der ausgesetzten Lage oft windgepeitscht. Auch ziehen häufig Wolken von der Seeseite ▶

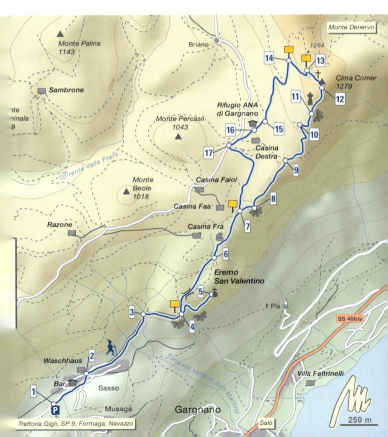

▶ herauf; dennoch ist es ein toller Platz für eine Gipfelrast – wer im Frühjahr kommt, kann mit etwas Glück die rosafarbenen Blütenköpfe der Pfingstrosen bewundern, die am Gipfelhang wachsen.

Vom Gipfelkreuz wandern wir weiter in Richtung Norden. Nach wenigen Metern laufen wir unterhalb einer Installation mehrerer Holzkreuze vorbei, die in einen aufgeschichteten Steinhaufen platziert sind.

Am Gipfel der Cima Comer

Gleich darauf erblicken wir eine Felsplatte am Wegrand, die mit „Denervo–Briano–Sasso" beschriftet ist. Wir folgen dem Weg nach Nordwesten. Er führt steil bergab und taucht sogleich in dichten Buchenwald ein. Knapp 5 Min. nach dem Gipfel treffen wir auf eine Gabelung **13**.

Wir halten uns links in Richtung Briano. Vorbei an einer mächtigen Buche geht es durch schönen Laubwald steil bergab. Etwa 5 Min. nach der Gabelung folgt eine weitere Wegverzweigung **14**. Wir folgen dem Weg Nr. 32 nach links (nördlich geht es Richtung Monte Denervo). In der Folge steigen wir über einen stellenweise ausgewaschenen, felsdurchsetzten Pfad stetig bergab in südliche Richtung durch dichten Laubwald und erreichen ungefähr 0:20 Std. nach der letzten Gabelung den nördlichen Rand **15** einer Almwiese. Hier gabelt sich der Weg.

Zur Linken gibt es schöne Rastmöglichkeiten auf Steinen oder alten Baumstämmen mit Blick ins Hochtal von Briano. Unsere Route führt aber nach halb rechts. Nach wenigen Metern im Wald beschreibt der Weg eine Linkskurve und führt durch eine kleine Buchenallee. An ihrem Ende treffen wir auf das **Rifugio ANA di Gargnano 16**.

Ab der Hütte führt ein betonierter Fahrweg durch Almweiden bergab. Nach etwa 100 m mündet er in die Fahrstraße, die in Richtung Norden nach Briano führt. Der Blick geht auf den Rücken des Monte Denervo und zurück auf die Cima Comer. Im Sommer weiden Schafe und Ziegen im Tal, hörbar schon von Weitem durch das Gebimmel ihrer Glocken. Wir gehen wenige Meter auf der Fahrstraße nach links, dann zweigt links der Weg 31a ⚑ in Richtung Sasso ab, am Rand einer Almwiese entlang. Etwa 5 Min. nach der Abzweigung endet die Wiese und wir tauchen wieder in Buchenwald ein. Zunächst führt der Weg breit und gemächlich, dann steiler und felsdurchsetzt bergab. Er ist teilweise ausgewaschen.

Wenige Meter nach der Überquerung eines trockenen Bachbetts treffen wir etwa 0:15 Std. nach dem Wegabzweig auf die Weggabelung **7**, die wir schon vom Hinweg kennen. Ab hier wandern wir in gut 0:45 Std. auf der Route des Hinwegs zurück zum Parkplatz **1** bei **Sasso**. ∎

*** Von der Cima Rest auf den Monte Caplone

Diese lange Rundwanderung in alpiner Umgebung inmitten des Naturparks Alto Garda Bresciano ist äußerst panoramareich. Sie beginnt an saftigen Almwiesen und führt durch beeindruckende Buchenwälder und auf alten Militärwegen bis zum phantastischen Aussichtsgipfel des Monte Caplone.

▶▶ Wir beginnen unsere Wanderung vor der Infotafel **1** des **Rifugio Cima Rest**, die unmittelbar an der Straße steht. Wir wandern in nordöstlicher Richtung ein Stück auf der Straße zurück, die wir soeben mit dem Auto gekommen sind. Es geht an saftigen Almwiesen entlang. Im Nordosten ragt der mächtige Bergstock des Monte Caplone auf, das noch weit entfernte Ziel unserer Wanderung.

Nach einer Linkskurve zweigt knapp 5 Min. nach dem Start nach rechts ein breiter Betonweg **2** ab. Wir folgen ihm bergauf durch weite Wiesen und zwischen **Almhütten** hindurch in Richtung Nordosten (hier stehen die renovierten Heuschober des Museo Etnografico → „Langobardische Heuschober"). Nach einer Kuppe mit zwei Hütten geht es bergab, zuerst auf grob gepflastertem, dann ungeteertem Weg. Auf der Ostseite der kleinen Bergkuppe wachsen mächtige Buchen mit mehreren Metern Stammumfang. Am Ende des Buchenwaldes erreichen wir die Gebäude der Alm **Malga Alvezza**.

Wir passieren sie auf einem gepflasterten Fahrweg und steigen nach ihrem Ende auf nunmehr betoniertem Weg wieder bergauf. Nach wenigen Metern erreichen wir abermals einen Wald mit knorrigen Buchen. Einige Exemplare haben über der Erde ein Wurzelkonglomerat entwickelt, das sie wie Fabelwesen aus einer alten Sage erscheinen lässt – faszinierend und ein bisschen unheimlich! Etwa 10 Min. nach der ▶

Länge/Gehzeit: 15,4 km, ca. 5:30 Std.

Charakter: lange, abwechslungsreiche Bergwanderung auf schmalen Pfaden und breiten alten Militärwegen. Der Anstieg von 10 zum Gipfel ist steil, sonst ohne größere Schwierigkeiten.

Markierung: rot-weiße Streifen, aber bis 10 spärlich und kein Hinweis auf den Monte Caplone. Ab 10 zum Gipfel auch weiß-gelb.
Von 2 bis 4 auf Weg 69, bis 9 auf 66, bis 10 auf 69/444, rot-weiß markiert zum Gipfel 11, zurück ab 9 bis 3 auf 67, dann wieder auf 69 zum Parkplatz.

Ausrüstung: Bergschuhe und Sonnenschutz.

Verpflegung: ausreichend Proviant und Trinkwasser mitnehmen. Einkehr am Start/Ziel (Rifugio Cima Rest oder Snack Bar Tavagnu, beide unmittelbar am Parkplatz gelegen).

Hin & zurück: von Gargnano 26 km auf der SP 9 kurvenreich vorbei am Stausee Lago di Valvestino nach Magasa. Ab hier 3 km auf kurviger Asphaltstraße zum Rifugio Cima Rest. Dort geräumiger Parkplatz. **Bus:** nur mit Übernachtung möglich! Linie 015 fährt um 11.45, 12.45 oder 17.15 Uhr von Salò nach Magasa (Dauer 1:50 Std.!) und hält an der Abzweigung zur Cima Rest. Ab hier trampen oder die 3 km zu Fuß entlang der Straße. Man kann dann in der Hütte übernachten und am nächsten Tag um 6.18 oder 15.18 Uhr den Bus zurück nehmen.

172 Westlicher Gardasee/Magasa

▶ Kuppe erblicken wir zur Rechten einige Bänke und einen Tisch und stehen wenige Meter weiter an einer Weggabelung **3**. Nach links zweigt der Weg 67 ab (unser späterer Rückweg). Geradeaus geht es ungeteert weiter, bis wir etwa 2 Min. später erneut eine Abzweigung **4** erreichen.

Wir biegen hier links ab auf den **Pfad 66**, an dem erst nach einigen Metern ein Schild „Monte Caplone" steht (geradeaus führt der Weg 69 mit der irreführenden Beschilderung „Monte Caplone" über einen gewaltigen Umweg dorthin!). Am nördlichen Rand einer weiten Wiesenfläche wandern wir auf schmalem, teils steindurchsetztem Pfad bergauf. Kräftige Buchen säumen unseren Weg. Im Südwesten erblicken wir an einem Berghang die verschachtelten Häuser von **Magasa** tief unter uns. Knapp 0:15 Std. nach dem Linksabzweig treffen wir in einem dichteren Waldstück auf eine Sitzgruppe **5** unter schattigen Bäumen.

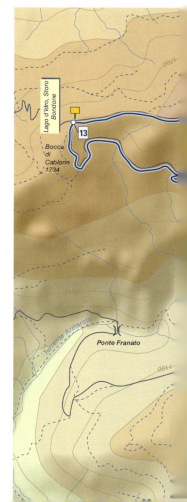

Im felsdurchsetzten Mischwald aus Buchen und Nadelbäumen folgt ein Abschnitt mit mehreren Serpentinen. Dann geht es unterhalb einiger Felsen entlang, immer in Richtung Nordwesten. Gut 5 Min. nach dem Ende der Serpentinen treffen wir unter zwei knorrigen Buchen auf einen Bergbach **6**, der plätschernd den Weg quert. An diesem schattigen, kühlen Platz lässt sich gut eine Rast einlegen.

Im weiteren Wegverlauf wird der Baumbewuchs zunehmend lichter, Nadelbäume lösen die Buchen ab. Der Pfad erreicht eine kleine Felsklamm, durch die ein kleiner Bach fließt. Wir steigen an seinem rechten Ufer bergauf. Nach einem kurzen Schwenk in Richtung Nordosten geht es weiter nördlich durch Almwiesen empor. Wir erblicken links von uns einige betonierte Quellfassungen in einem umzäunten Hangabschnitt. Der Pfad führt schlecht erkennbar am östlichen Ende des Zauns an einem Eingangstor vorbei und trifft gleich darauf auf eine betonierte Viehtränke **7** mit der Wegmarkierung

Tour 25 ★★★   173

66. Von hier bietet sich ein imposanter Blick auf die mächtige Felswand des Monte Caplone im Osten und den Gratverlauf zur westlich gelegenen Cima Tombea.

Wenige Meter nach der Tränke verbreitert sich der Weg und führt als steiniger Fahrweg bergauf. Einige Sitzbänke **8** aus Baumstämmen bieten sich als Rastplatz inmitten der Almwiesen an – mit weitem Blick. Die uns umgebenden Grasmatten sind vom Frühjahr bis zum Sommer ein einziges Blumenmeer. Hinzu kommt eine beeindruckende Stille, die nur vom Gezwitscher der Vögel und dem Surren der Insekten durchbrochen wird. ▶

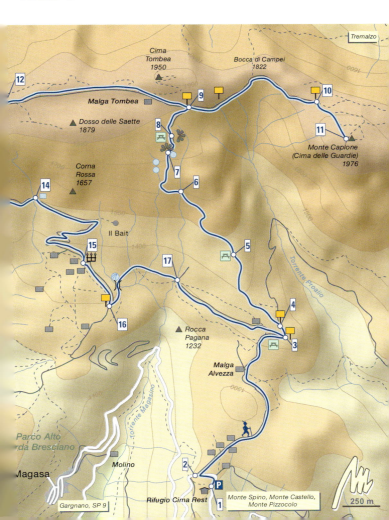

174   Westlicher Gardasee/Magasa

▶ Ungefähr 10 Min. nach den Sitzbänken trifft unser Weg auf eine alte ungeteerte Militärstraße **9**, in die wir nach rechts einbiegen (am Rückweg vom Gipfel führt uns der Weg nach links weiter). Wir folgen den Wegweisern zum Monte Caplone und der Bocca di Campei. Am Grat nördlich von uns (über die Cima Tombea) verlief vor dem Ersten Weltkrieg die Grenze zwischen Italien und Österreich-Ungarn. Deshalb wurden zu beiden Seiten des Grenzverlaufs Militärstraßen und Bunkeranlagen angelegt. Heute grenzt der Grat nach Norden das Gebiet des **Naturparks Alto Garda Bresciano** ab (→ Tour 26 „Besucherzentrum und Museum").

Beschwerlicher Abstieg durch Altschnee am Caplone

Bei guten Wetterverhältnissen erblicken wir hinter den Felswänden des Monte Caplone im Osten den Gratverlauf des Monte-Baldo-Massivs. Im Süden glitzert das Wasser des Gardasees bis hin zur Halbinsel von Sirmione, westlich davon der Montecastello di Gaino, daneben der Monte Pizzocolo und der Monte Spino.

Wir wandern auf dem mit lockerem Geröll bedeckten Weg zunächst leicht bergab in Richtung Osten, zu unserer Linken die zerklüfteten Felsabbrüche der **Cima Tombea**. Rechts geht es steil, teils senkrecht bergab in ein bewaldetes Tal am Fuße des Monte Caplone. Der Wegverlauf ist spektakulär. Teilweise wurde die

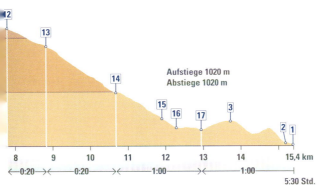

Straße in die Felswand gesprengt. An vielen Stellen ist sie mit in den Hang gesetzten Mauern abgesichert. Wir passieren eine Infotafel zur Flora der Umgebung. Im Folgenden wechseln Grashänge mit Felsabbrüchen und etwa 5 Min. nach der Infotafel durchschreiten wir einen mehrere Meter langen Felstunnel. Danach geht es allmählich wieder bergauf, begleitet von einem phantastischen Ausblick nach Süden und mächtigen Latschenkiefern zu beiden Seiten des Wegs.

Nach einem lang gezogenen Anstieg durch Felsabbrüche folgt eine scharfe Kurve nach Norden. Unvermittelt stehen wir etwa 0:30 Std. nach dem Einbiegen auf die Militärstraße auf einer Passhöhe **10**. Das hier stehende Schild „Bocca di Campei" ist verwirrend – die **Bocca di Campei** liegt als Erhöhung ein Stück nordwestlich. Nach rechts (Südosten) zweigt ein steiler Pfad in Richtung Gipfel des Monte Caplone ab (rot-weiß und weiß-gelb markiert). Wir folgen ihm zunächst durch einen Grashang unterhalb des Felsgrates und dann in einem Schwenk nach Süden steil durch felsiges Gelände bergauf. Etwa 10 Min. nach der Passhöhe durchqueren wir eine kleine Senke.

Ab hier geht es nochmals für etwa 10 Min. sehr steil zwischen Felsen hinauf (etwa 150 Höhenmeter), bis wir ca. 0:20 Std. nach der Passhöhe auf dem kleinen, mit Gras bewachsenen Gipfelplateau **11** des **Monte Caplone** (auch: Cima ▶

Langobardische Heuschober

Das **Museo Etnografico della Valvestino** in der Nähe des Rifugio Cima Rest besteht aus mehreren renovierten Heuschobern. Es vermittelt einen Eindruck von der Bauweise der typisch langobardischen Heuschober (fienili) mit ihren strohgedeckten, spitz zulaufenden Dächern und stellt darüber hinaus Gerätschaften und Arbeitsweisen der Bauern aus früheren Zeiten anschaulich dar. Im Verlauf der Wanderung treffen wir immer wieder auf diese Heuschober, aber auch auf Almgebäude, die im Stil der „fienili" errichtet sind.

Öffnungszeiten: Juni bis Sept. So 14.30–17.30 Uhr.

▶ delle Guardie) stehen. Statt eines Gipfelkreuzes erwartet uns ein eiserner Vermessungstriangel. Zum grandiosen Ausblick nach Süden, den wir schon zuvor genossen haben, kommt noch der Blick auf den Gardasee und das Baldo-Massiv im Osten und den Monte Tremalzo im Nordosten hinzu. Tief unter uns erkennen wir auch die Hütte Cima Rest, und, bei genauem Hinsehen oder mit dem Fernglas, sogar unser Auto!

Nach einer ausgiebigen Gipfelrast steigen wir in gut 10 Min. steil und wenig knieschonend auf dem gleichen Weg hinab zum **Pass 10** und ab da in etwa 0:20 Std. zu dem uns bereits bekannten Abzweig **9**. Wir bleiben geradeaus auf dem breiten Militärweg in Richtung Bocca di Cablone (beschildert) und wandern durch steinübersäte Almwiesen leicht bergauf. Etwa 5 Min. später erreichen wir die Stallungen der Alm **Malga Tombea**. Rechts erhebt sich der weglose Gipfel der **Cima Tombea**.

Leicht ansteigend führt der Weg am nördlichen Ende einer weiten Senke entlang – ein wahres Blumenparadies. Am rechten Wegrand klaffen immer wieder dunkle Löcher im Hang – Eingänge zu Bunkeranlagen aus der Zeit, als hier die Grenze zwischen Italien und Österreich-Ungarn verlief. Am Ende der Senke liegt ein flacher Wassertümpel. Gleich danach öffnet sich wieder der Blick nach Süden.

Nervenkitzel: auf alter Militärstraße durch Felswände

Wenige Meter weiter und etwa 0:15 Std. nach der Alm zweigt nach rechts ein beschilderter Pfad **12** ab, der zu alten Befestigungsanlagen führt. Wir ignorieren ihn und wandern weiter auf unserem Fahrweg in Richtung Südwesten. Vereinzelt tauchen Latschenkiefern am Wegrand auf. Etwa 10 Min. nach dem Pfadabzweig enden die Wiesen und nach Süden senkt sich der Hang steil ins Tal hinab. Der Weg verläuft zunehmend abwärts Richtung Westen und erreicht in einer Kurve die **Bocca di Cablone**. An der dortigen Kreuzung **13** wacht ein kleiner Madonnenschrein.

Nach rechts zweigt ein Weg in Richtung Storo und Bondone zum Lago d'Idro ab, wir aber bleiben auf der Fahrstraße in Richtung Süden. Sie führt von lockerem Geröll bedeckt zwischen Latschenkiefern beständig bergab. Nach etwa 10 Min. beschreibt die Straße einen scharfen Knick in Richtung Nordosten. An der Kurve ist sie mit einem Metallgeländer gesichert. In einem weiten Bogen geht es unterhalb einiger

Felsabbrüche entlang. Passagen mit Nadelbäumen wechseln mit Grasmatten. Etwa 0:20 Std. nach dem Geländer mischen sich erste Buchen unter die Nadelbäume. Der Weg beschreibt zwei enge Serpentinen und führt dann an einem kleinen ebenen Platz vorbei unter dem Blätterdach einiger gewaltiger Buchen hindurch. Nach zwei weiteren Serpentinen führt er südöstlich durch zunehmend dichteren Mischwald.

Wenige Meter nach der Querung eines kleinen Bachs erreichen wir ungefähr 0:40 Std. nach der Bocca di Cablone eine Viehtränke **14** am linken Wegrand. Vorbei an einer Felswand wandern wir weiter, bald geht unser Weg in einen betonierten Fahrweg über. Dieser beschreibt sogleich eine scharfe Rechtskurve. Es folgen einige Serpentinen, zur Rechten taucht eine weite Almwiese mit einigen Almhütten und Heuschobern auf. Von unserem Weg ist sie durch eine dichte Baumreihe abgegrenzt.

Etwa 0:20 Std. nach der Viehtränke wird die Baumreihe durch ein Gatter **15** unterbrochen. Hier haben wir einen besonders schönen Blick auf die hier so typischen **Heuschober** und Hütten mit ihren strohgedeckten Dächern (→ „Langobardische Heuschober").

An der nächsten Weggabelung **16** etwa 5 Min. später folgen wir der Beschilderung „Cima Rest" nach links und wandern einige Meter auf ungeteertem Weg nach Norden, wo wir eine kleine **Klamm** mit einem Wasserfall auf einer Brücke überqueren. Anschließend gehen wir in östlicher Richtung an Almflächen entlang. Zwischen Buchen erreichen wir knapp 10 Min. nach

Bezwungen! Glücksgefühle am Gipfel des Caplone

dem beschilderten Abzweig erneut eine Weggabelung **17**. Ein steiler Fahrweg führt nach links bergauf in den Wald. Wir aber gehen geradeaus auf dem Hauptweg weiter und wandern nun leicht ansteigend über eine Wiese. Zu beiden Seiten des Weges tauchen nun immer wieder **Almhütten** und **Heuschober** auf. Manche sind verfallen, andere erstrahlen in frisch renoviertem Mauerwerk und mit prächtigen Strohdächern.

Knapp 0:15 Std. nach der letzten Gabelung führt uns der Weg unter dem Blätterdach einiger Buchen hindurch und trifft etwa 100 m weiter auf die uns bereits bekannte Weggabelung **3**. Wir biegen nach rechts ab und wandern in ca. 0:25 Std. zurück zur Infotafel **1** am **Rifugio Cima Rest**. ∎

** Von Prabione zur Wallfahrtskirche Santuario di Montecastello

Die kurze Wanderung verläuft nach steilem Anstieg panoramareich am Grat des Monte Cas entlang. Sie passiert die Wallfahrtskirche Santuario di Montecastello, die spektakulär am Felsen klebt, und führt am Westhang des Monte Cas zurück zum Ausgangspunkt.

▶▶ Wir beginnen unsere Wanderung am Eingang des **Besucherzentrums 1** des Naturparks Alto Garda Bresciano (→ „Besucherzentrum und Museum") in **Prabione**, einem Ortsteil von Tignale.

Nach Süden folgen wir dem gepflasterten Weg an mehreren Infotafeln zum ebenfalls hier beginnenden Naturerlebnispfad („osservatorio naturalistico") vorbei. Wir passieren einen kleinen eingezäunten Sportplatz zur Rechten, der Weg wird kiesig. Durch den frei zugänglichen, beschilderten Lehrgarten „Giardino dei cinque Sensi" (Garten der fünf Sinne) erreichen wir etwa 3 Min. nach dem Start eine Kreuzung **2**. Wir biegen links ab und gehen auf zunächst geteertem, dann gekiestem Untergrund an einem Zaun entlang, der einen weiteren Teil des Naturerlebnisgeländes begrenzt. Nach etwa 2 Min. gehen wir an einer weiteren Gabelung nach rechts leicht ansteigend in Richtung Monte Cas (beschildert).

Immer noch am Zaun des Erlebnisgeländes entlang passieren wir zwei kleine Tümpel zur Linken. Bereits nach 5 Min. endet der Zaun an einer **Weggabelung 3**. Rechts geht es nach Tignale (unser späterer Rückweg), wir gehen nach links durch Buchenwald in Richtung Monte Cas. Nach etwa 20 m biegen wir nach rechts in einen steindurchsetzten Pfad ab. Er ist nach wenigen Metern wieder mit „Monte Cas 266" beschildert. Kastanien, Buchen und Steineichen spenden uns während des Aufstiegs Schatten. Nach etwa 5 Min. folgen wir einem schmaleren, **steilen Pfadabzweig 4** nach rechts kräftig bergauf.

Der Pfad ist mit lockeren Steinen und Wurzeln durchsetzt, aber gut befestigt. Nach einigen Minuten führen uns Serpentinen zu einem etwa 30 m breiten **Geröllfeld**. Wir überqueren es und genießen dabei einen spektakulären Blick auf Prabione und den nördlichen Gardasee mit dem Massiv des Monte Baldo am Ostufer. Am Ende des Ge-

---

Besucherzentrum und Museum des Parco Alto Garda Bresciano

Das Besucherzentrum des einzigen Naturparks am Gardasee, in das auch ein naturkundliches Museum integriert ist, befindet sich am Beginn unserer Wanderung. Der Park, der neun Gemeinden von Limone bis Salò einschließt, wurde 1989 gegründet. Er beinhaltet den mit über 11000 ha größten zusammenhängenden Waldbestand der Lombardei. Das Museum vermittelt in einer multimedialen Ausstellung einen Eindruck von Flora, Fauna, Geologie und der Besiedlung der Region.

Öffnungszeiten: April bis Ende Okt. Sa–Do 10–18 Uhr. Eintritt 5 €, erm. 4 €, ☏ 0365-71449, www.cm-parcoaltogarda.bs.it.

Tour 26 ✱✱ 179

röllfelds führt unser Weg **5** nach links in Richtung Süden, rechts zweigt ein Trampelpfad ab, den wir unbeachtet lassen. Wir steigen zwischen Steineichen und jungen Buchen bergauf. Nach einigen weit geschwungenen Serpentinen beginnt ein **felsiger Abschnitt**, der immer wieder über mit Steinen befestigte Treppenstufen verläuft. Zunehmend mischen sich Kiefern und Kastanien unter die Buchen und Steineichen.

Etwa 0:20 Std. nach dem Geröllfeld treffen wir auf einen Pfad **6**, dem wir nach links in südöstlicher Richtung leicht bergauf folgen. Nach etwa 20 m biegen wir nochmals links ab („266"), während der Pfad geradeaus weiterläuft. Nach wenigen Metern durch schattigen Mischwald gelangen wir auf einen kleinen **Felsvorsprung**. Treten wir an den Rand und blicken nach unten, sehen wir 600 m senkrecht unter uns die Gardesana verlaufen! Also **Vorsicht!** Der Blick von hier auf den gesamten südlichen Gardasee und das Kloster Santuario di Montecastello, das vor uns einem Schwalbennest gleich am Fels klebt, ist allerdings atemberaubend.

In der Folge wandern wir weitgehend eben an der Abbruchkante der Felswände entlang. Allerdings verhindern einige Buchen und Steineichen am linken Wegrand, dass wir ständig senkrecht nach unten blicken müssen ... Zu unserer Rechten begleitet uns ein Stück weit eine mehrere Meter hohe Felswand, in der wir Eingänge zu alten Stollen erkennen können. In der Folge laufen wir durch duftenden, von Kiefern durchsetzten Mischwald parallel zur Hangabbruchkante. Immer wieder gibt es phantastische Ausblicke nach Osten und Süden. Etwa 0:15 Std. nach dem Aussichtspunkt am Felsvorsprung erreichen wir einen weiteren großartigen **Aussichtspunkt** **7** unter einigen mächtigen Kiefern in der Nähe des Gipfels des Monte Cas, der aber nicht als solcher zu erkennen ist. ▶

Länge/Gehzeit: 4,8 km, ca. 2:05 Std.
Charakter: relativ kurze Rundwanderung mit tollen Ausblicken auf den Gardasee. Wegen der senkrecht abstürzenden Aussichtsplätze zwischen 6 und 8 für nicht **Schwindelfreie** nur bedingt zu empfehlen. Teilweise steiler Anstieg zum Monte Cas, sonst nicht anstrengend. Überwiegend schattig, außer ganz am Anfang und am Ende.
Markierung: nach 2 Schild rot-weiß-rot „Monte Cas 266", ab 6 nur „266", ab 11 „Campione 266", das letzte Stück ab 3 auf dem Hinweg.
Ausrüstung: festes Schuhwerk erforderlich.
Verpflegung: Trinkwasser mitnehmen! Am Santuario kleine Bar mit kühlen Getränken, Cappuccino und Snacks.
Hin & zurück: von der SS 45 nördlich von Gargnano Richtung Tignale auf die SS 38 abbiegen. Kurvenreich ca. 8 km, dann rechts ab nach Prabione (beschildert). Am Ortseingang **Bushaltestelle** und kleiner Parkplatz. Weiter ins Zentrum, nach ca. 200 m rechts dem Schild „Centro Visitatori" folgen. Nach ca. 250 m Parkplatz rechts an einem Swimmingpool. Hier parken oder 50 m weiter geradeaus und dann rechts in die Sackgasse Via Madre Teresa di Calcutta direkt vor dem Centro Visitatori.
Bus 011 ab Salò um 9.45, 13.15, 14.15, 17.15 Uhr, zurück ab Prabione 12.50, 14.15, 16 Uhr. Von der Bushaltestelle zum Start ca. 10 Min. zu Fuß.

▶ Der Weg beschreibt hier einen leichten Knick nach Südwesten (Schild „Eremo") und führt nun durch schattigen Mischwald bergab. An einer Rechtskurve stehen wir etwa 5 Min. nach dem Aussichtspunkt vor einem gewaltigen Felsblock 8 am linken Wegrand. Wir erklimmen ihn, um die Aussicht zu genießen. Unmittelbar unter uns thront die Wallfahrtskirche. Dahinter verlaufen die Berge Richtung Südwesten entlang der glitzernden Seeoberfläche, bis sie sich im Dunst verlieren. Weiter auf unserem breiten, gerölligen Fahrweg marschieren wir in mehreren Serpentinen abwärts.

Santuario di Montecastello

Etwa 5 Min. nach dem Felsblock erreichen wir das nördliche Ende des **Klostergeländes** an einem kleinen eingezäunten Gärtchen, neben dem ein großes Schild „Eremo" platziert ist. Ab hier führt ein betonierter Fahrweg an den Wohngebäuden des Klosters entlang. Am oberen Ende eines kleinen Parkplatzes befindet sich der Zugang zur **Wallfahrtskirche Santuario di Montecastello** 9 (→ Kasten), daneben ist eine kleine Bar. Die Kirche ist über zwei gewaltige, seitlich verlaufende Treppen zu erreichen, die sich vor dem Portal vereinen und einen wunderbaren Ausblick auf den Lago bieten.

Nach einer kurzen Kirchenbesichtigung gehen wir vom Fuß des Parkplatzes eine breite Zufahrt in steilen Serpentinen bergab. Da es sich um einen Pilgerweg handelt, ist sie von **Bildstöcken** gesäumt. Wir steigen den mit Stufen versehenen Gehweg am Rande der Straße bergab. Er führt uns durch schattigen Mischwald und kürzt knapp 10 Min. nach dem Parkplatz eine Serpentine der Straße ab, indem er unterhalb

Die Wallfahrtskirche Santuario della Madonna di Montecastello

Die Anfänge kirchlicher Besiedlung auf diesem spektakulären Felsvorsprung unterhalb des Monte Cas gehen bis auf das 9. Jh. zurück. Das älteste erhaltene Fresko der Wallfahrtskirche stammt aus dem Jahr 1458. Ein großes Gemälde im Inneren der Kirche stellt die Befreiung der gepeinigten Bevölkerung vom berüchtigten Wegelagerer Zanzanù dar, der Anfang des 17. Jh. die Gegend terrorisiert hatte. Seine blutrünstige Geschichte inspiriert noch heute Künstler wie den naiven Maler Alfredo Beretta, dessen Bilder als Postkarten erhältlich sind.

Ihr heutiges Aussehen hat die Wallfahrtskirche im 17. Jh. erhalten. Die Frontfassade wurde 1903 zuletzt restauriert und umgebaut.
Öffnungszeiten: April bis Okt. 9–19 Uhr.

der Straße in weitem Bogen in den Wald führt. Gleich darauf erreicht er die Zufahrtsstraße erneut. Hier endet der Gehweg und wir wandern weiter die Straße bergab, bis wir etwa

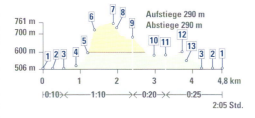

0:15 Std. nach dem Parkplatz die SS 38 erreichen 10. Zur Linken befinden sich ein Parkplatz und eine Votivkapelle. Wir folgen nun der SS 38 in nördlicher Richtung. **Achtung, Autoverkehr!**

Nach wenigen Metern zweigt rechts ein Fahrweg ab, der gleich darauf an einem kleinen Rastplatz neben der SS 38 endet. Wir wandern weiter am Rande der SS 38, bis wir vor dem Beginn eines eingezäunten Grundstücks auf einen Wanderweg 11 nach rechts einbiegen. Er ist mit „Campione, Monte Cas" beschildert. Wir folgen ihm am Zaun entlang.

Nach etwa 20 m folgt ein Pfadabzweig zum Monte Cas steil nach rechts oben, während unser Weg (Schild „Campione") weiter am Zaun entlangführt. Wir passieren mehrere bebaute Grundstücke auf breitem, meist ebenen Fahrweg. Am Ende des Zauns ignorieren wir einen schmalen Steig nach links, und wandern leicht ansteigend in nordöstlicher Richtung weiter, in schattigen Mischwald hinein.

Kurz leicht an- und dann absteigend, beschreibt der nun schmalere Weg eine scharfe Linkskurve 12. Geradeaus führt ein gut befestigter Pfad weiter. Wir halten uns aber links und erreichen etwa 3 Min. nach der Linkskurve einen Querweg 13.

Hier folgen wir dem Schild „Campione" nach rechts. Zunächst eben und dann bergab treffen wir nach wenigen Minuten auf einen Zaun. Wir wandern an seiner östlichen Seite entlang und gelangen nach etwa 5 Min. auf die Weggabelung 3 vom Aufstiegsweg. Von hier wandern wir in knapp 10 Min. zurück zum Ausgangspunkt 1 am **Besucherzentrum**. ■

*** Von Campione auf der Hochebene von Tremosine nach Pieve di Tremosine

Die abwechslungsreiche Rundtour führt nach steilem, spektakulärem Anstieg durch die Schlucht des Wildbachs San Michele hoch über den Gardasee. Am Rand der Hochebene von Tremosine geht es nach Pieve di Tremosine, mit überwältigenden Seeblicken an senkrechten Felsabbrüchen. Es folgen ein steiler Abstieg zum Ufer und ein gemächlicher Rückweg am See.

►► Die Wanderung beginnt auf der zentralen Piazza F. Arrighini in **Campione del Garda** unmittelbar vor der Bar Tonino **1**. Wir gehen wenige Schritte in Richtung Südwesten und überqueren eine Fußgängerbrücke über den **Torrente San Michele**. An ihrem Ende führt eine Betontreppe nach rechts bergauf (Wegweiser „Pregasio Sentiero 267").

Wir folgen den Stufen unter Zypressen hindurch in Richtung Schluchteingang. Etwa 5 Min. nach dem Start überqueren wir auf einer weiteren Fußgängerbrücke **2** die alte Uferstraße. Weiter geht es in steilem Anstieg zwischen Felsen hindurch. Eine Mauer begrenzt unseren Pfad zur Rechten. Dahinter rauscht unvernehmlich der Wildbach, gleich danach ragen Felswände empor. Stellenweise sichert ein Metallgeländer den Weg. Der Weg schraubt sich in **steilen Serpentinen** durch die südliche Felswand der Schlucht empor.

Etwa 10 Min. nach der Fußgängerbrücke treffen wir in einer Kurve auf ein mächtiges Wasserrohr. Es kommt von oben herab und führt auf gemauerten Bögen ins Tal. Wir folgen zunächst dem Fuß der Mauerbögen, um sie dann zu unterqueren. Wenige Meter weiter steht zur Linken auf einem Felsvorsprung eine schneeweiße Madonnenstatue. Von uns abgewandt hat sie Ort und See fest im Blick.

Wir wandern weiter in die Schlucht hinein, unterqueren nach einigen Metern erneut einen Mauerbogen und erreichen etwa 10 Min. nach dem Wasserrohr den Eingang eines Fußgängertunnels **3**. Unterhalb strömt gemächlich das Wasser aus einem Stollen aus dem Felsen hervor und anschließend durch einen gemauerten Kanal in Richtung Osten. Wir durchwan-

Von der Baumwollspinnerei zum Yachthafen: Campione im Wandel

Auf der kleinen Landzunge unterhalb der Schlucht in Campione stand seit Ende des 19. Jh. eine Baumwollspinnerei. Über 700 Menschen arbeiteten und lebten hier. 1980 wurde der Betrieb eingestellt. Die Gebäude blieben als Industriedenkmal erhalten. Außer einigen Surfern interessierte sich niemand für das Fleckchen Erde unter der steilen Felswand. In den letzten Jahren allerdings wurde gewaltig investiert. Ein großer Teil der Industrieruinen wurde seither abgerissen. Appartementbauten und eine große Parkgarage sind bereits entstanden. Seit Sommer 2014 steht am nördlichen Ortsende eine gigantische, moderne Segelschule mit Werkshalle und großzügigem Außengelände. Auf der Website www.campionedelgarda.it erhält man einen Eindruck von der schönen neuen Touristenwelt, die den Charakter des Orts vollständig verändert hat.

dern den höchstens 160 cm hohen Tunnel in gebückter Haltung. An seinem Ende treffen wir abermals auf den Kanal. Wir gehen am rechten Kanalrand zwischen hohen Zäunen weiter in die Schlucht hinein. Zu unserer Rechten bricht senkrecht der Fels ab, und wir können in den nur wenige Meter schmalen, ausgewaschenen Talgrund sehen.

Wir überqueren den Kanal nach wenigen Metern und gehen auf seiner linken Seite voran. Nach etwa 20 m folgt erneut eine Brücke **4**. Während der Weg geradeaus Richtung Prabione (→ Tour 26) weitergeht, halten wir uns rechts, überqueren den Kanal und die enge Schlucht des **Torrente San Michele** und steigen dann in steilen Serpentinen in die Schlucht hinein. Wir gewinnen rasch an Höhe. Nach Osten öffnet sich der Blick zum See und zum Monte Baldo. Unter uns erkennen wir im Gewirr aus Stegen, Kanälen und Zäunen unseren Hinweg. Es ist kühl und schattig. Die Sonne gelangt nur selten in diese enge Felslandschaft.

Nach einigen steilen Serpentinen erreichen wir ein kleines Felsplateau. Wieder lohnt ein Blick zurück auf den See und Campione tief unter uns. Ab hier wandern wir auf steinigem Pfad zunächst eben in Richtung Westen durch dichten Steineichenwald. Nach wenigen Minuten beschreibt der Weg eine scharfe Kurve nach Osten (Wegweiser „Pregasio 267"). Wir klettern ein Stück auf Schrofen durch die Felswand und wandern weiter bergauf zum Schluchtausgang. Diese Passage ist **nur für Schwindelfreie** zu empfehlen – bietet aber umso schönere Ausblicke! Im Süden erkennen wir auf der anderen Seite der Schlucht die Rohrleitung und den Kanal – kaum vorstellbar, dass wir durch diese senkrechte Wand hinaufkamen!

Im weiteren Verlauf entfernt sich unser Pfad allmählich von der Schlucht. Steineichen und ▶

Länge/Gehzeit: 6,9 km, ca. 3:20 Std.

Charakter: abwechslungsreiche Rundtour mit vielen steilen Passagen. In der Schlucht schattig und kühl, nach 5 Wechsel zwischen schattigen und sonnigen Abschnitten. **Schwindelfreiheit** nötig zwischen 4 und 5! Der extrem steile Abstieg nach dem Hotel Miralago bis 12 ist **für Kinder nicht geeignet** und bei Nässe rutschig. Eine Alternative besteht darin, den Bus der Linie 012 ab Pieve nach Campione zu nehmen.

Markierung: großenteils rot-weiß markiert und mit Ortshinweisen versehen. Von 1 bis 8 Weg Nummer 267, von 8 bis 10 Weg Nummer 202, ab 10 bis Hotel Miralago nicht markiert, vom Hotel bis 12 Weg Nummer 201, ab 12 bis zum Ende unmarkiert.

Ausrüstung: festes Schuhwerk notwendig.

Verpflegung: In der Schlucht zwar viel Wasser, aber kein Brunnen, Brunnen nur in Pieve di Tremosine 11. Der Aufstieg ist schweißtreibend. Daher Trinkwasser und Proviant mitnehmen. Einkehrmöglichkeit in Pieve di Tremosine im Hotel Miralago oder der Bar Tremosine nach 11.

Hin & zurück: mit dem Auto von Limone (von Norden) oder Gargnano (von Süden) auf der SS 45. Im langen Tunnel Abfahrt nach Campione. Parkmöglichkeiten in Campione. **Bushaltestellen** der unregelmäßig verkehrenden Linie 012 Gargnano – Limone in Campione und Pieve. Von Gargnano nach Campione 0:20 Std., von Limone nach Pieve 0:45 Std., von Pieve nach Campione ca. 0:20 Std.

Am Rand der Hochebene von Tremosine

▶ Buchen säumen den Weg. Etwa 0:15 Std. nach dem Felsplateau erreichen wir unter einer Hochspannungsleitung ein kleines Kiesplateau 5 auf der rechten Wegseite – abermals ein spektakulärer Aussichtspunkt. Es geht weiter in Serpentinen durch Laubwald bergauf. Durch das Blätterdach erkennen wir oberhalb der Schlucht die Häuser von Prabione. Ungefähr 5 Min. nach dem Ende der Serpentinen zweigt ein Pfad 6 nach links ab. Wir bleiben auf dem Hauptweg mit dem Wegweiser „Pregasio 267". Ab hier wandern wir auf gekiestem Untergrund durch einen ausgedehnten Olivenhain. An seinem nördlichen Ende erwarten uns abermals Serpentinen. Dann folgen wieder Ölbäume und mit Hütten und Ferienhäusern bebaute Parzellen. Wir haben nunmehr den Rand der **Hochebene von Tremosine** erreicht. Auf diesem Hochplateau liegen 17 Weiler verstreut, Hauptort ist Pieve di Tremosine.

Ungefähr 0:15 Std. nach dem Wegweiser folgen wir an einer Weggabelung 7 der geteerten Straße nach links – zur Linken eine Mauer, rechts ein Olivenhain. Kurz nach dem Ende der Mauer verengt sich die Straße. Etwa 10 m weiter zweigt ein unscheinbarer Pfad 8 nach rechts ab. Der zugehörige Wegweiser „Pieve 202" ist von der Straße aus nicht einsehbar, da er auf der uns abgewandten Seite beschriftet ist. Diesem Pfad folgen wir und erblicken alsbald zur Linken ein bewirtschaftetes Grundstück mit malerischem Steingebäude. Wir wandern entlang der Grundstücksmauer in weitem Bogen nach Nordosten durch Kastanien, Eichen und Buchen. Immer wieder können wir den Gardasee und die Bergkette des Monte Baldo erspähen.

Zur Rechten begleitet uns bald ein grüner Maschendrahtzaun auf unserem Weg durch einen dichten und schattigen Buchenhain bergab. Etwa 5 Min. nach Zaunbeginn stoßen wir an einer Toreinfahrt 9 auf einen Fahrweg, dem wir für etwa 0:30 Std. in Richtung Nordosten folgen.

Zu unserer Linken begleiten uns weiterhin Buchen und eine hohe Hecke, zur Rechten wechseln sich Privatgrundstücke und Olivenhaine ab. Links über uns taucht der Turm der alten Kirche von Arias auf,

Tour 27 ✴✴✴ 185

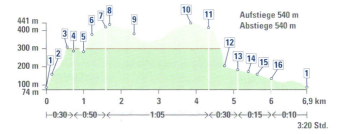

gleich darauf zur Rechten ein Sportplatz. Wenige Meter weiter stoßen wir auf die Straße **10** nach Pieve. Hier halten wir uns rechts und spazieren durch den Weiler **Castone** auf dem Gehsteig bergab. Nach einigen Metern führt rechts ab eine Straße zum **Hotel Paradiso** und dessen berühmter Schauderterrasse. Ein fünfminütiger Umweg ermöglicht uns einen Blick ins Bodenlose – allerdings ist die Terrasse der **Bar Tremosine** auch nicht zu verachten.

Nach gut 5 Min. entlang der Straße erreichen wir den Marktplatz von **Pieve di Tremosine**, die Piazza Guglielmo Marconi mit einem großen Brunnen **11**. Wir gehen in Richtung See in die kurze Via Roma und stehen wenige Meter weiter vor dem **Hotel Miralago** und der ▶

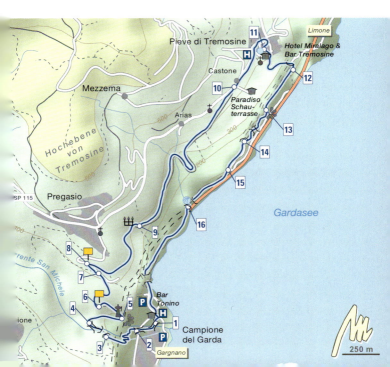

▶ benachbarten **Bar Tremosine**. Hinter den beiden Gebäuden bricht der Fels senkrecht ab. Das Hotel Miralago prunkt mit einem Essraum, der über den Fels hinaus ins Bodenlose ragt. Die Bar Tremosine verfügt über eine nicht minder reizvolle Aussichtsterrasse. Ein Blick über das Geländer zeigt 400 m unter uns das schmale Band der Gardesana am glitzernden See. Auch nicht zu verachten ist der grandiose Rundblick über die gesamte Baldo-Kette mit ihrem langgezogenen Grat, der nach Süden flach abfällt, bis er am Horizont mit dem Seeufer zu verschmelzen scheint.

Nach einem Cappuccino oder Apérol folgen wir den **steilen Treppen**, die unmittelbar am südlichen Ende der Aussichtsterrasse hinabführen (Wegweiser „Ex porto Tremosine 201"). Nach wenigen Metern gehen die Treppen in einen steilen und steinigen Pfad über. Teilweise von Gestrüpp überwuchert, führt er in engen Kehren nach unten. An besonders ausgesetzten Stellen helfen Holzgeländer. Der Weg ist mit viel lockerem Geröll bedeckt, also **vorsichtig gehen!**

Wir steigen mitten durch die Wand ab, aber das viele Gestrüpp und die häufig von Schmarotzerpflanzen überwucherten Laubbäume vermitteln eher den Eindruck eines verwunschenen Waldes. Gut 5 Min. nach der Terrasse öffnet sich zur Rechten am Fuße eines überhängenden Felsens eine Grotte, neben der ein Marienbild steht.

Etwa 10 Min. nach der Grotte passieren wir gewaltige Stahlnetze, die den Hang halten sollen. Es geht weiter sehr steil und geröllig bergab – ein echter Belastungstest für unsere Knie! Knapp 10 Min. später treffen wir auf die alte, stillgelegte Teerstraße **12** nach Pieve.

Wir biegen rechts ein und ignorieren nach etwa 10 m einen Pfadabzweig zum alten Hafen. Stellenweise ist die Straße fast völlig von Moosen und Büschen überwachsen. Zwischen verfallenden Leitplanken und bröckelnden Begrenzungsmauern zwängt sich Wurzelwerk. Wir bekommen hier ein anschauliches Gefühl dafür, wie die Natur menschliche Bauwerke zurückerobert.

Guten Appetit! – der Speisesaal des Hotels Miralago

Tour 27 ✳✳✳   187

In einer ausladenden Kurve **13** nach etwa 10 Min. an der Teerstraße öffnet sich ein weiter Blick auf See und Berge. Drehen wir uns um, sehen wir hoch über uns noch einmal das Hotel Miralago. Kurz darauf müssen wir die Reste eines Felssturzes überqueren. Es folgt ein kurzer Tunnel, und knapp 5 Min. danach erreichen wir die von Pieve kommende neue Straße **14**, die genau am Schnittpunkt mit unserem alten Weg aus einem mehrere Kilometer langen Tunnel wieder ans Licht kommt. Wir überqueren sie vorsichtig und wandern auf schmalem Gehsteig bergab.

Nach etwa 150 m erreichen wir eine kurze Galerie. An ihrem Ende zweigt ein Kiesweg **15** nach rechts ab, der uns an stahlnetzgesicherten Felswänden entlangführt. Nach einigen Minuten tritt die Felswand zurück. Steineichen und Zypressen bestimmen das Bild. Wir durchqueren alsbald einen alten Tunnel **16**, über den ein **Wasserfall** herabstürzt. Blicken wir einige Meter nach dem Tunnelende nach oben, erkennen wir, dass der Wasserfall über die ganze Höhe der Felswand heruntersprüht.

Weiter geht es auf fast komplett zugewachsenem Pfad. Nach wenigen Metern biegen wir links auf einen Teerweg ein und durchqueren einen weiteren Tunnel. An seinem Ende erkennen wir vor uns die moderne neue Segelschule von **Campione del Garda**. Zwischen ihrem Hauptgebäude und der betonierten Tunnelröhre der Zufahrtsstraße führt unser Weg an einen Kreisverkehr. Am hier beginnenden Gehsteig halten wir uns südlich und biegen nach etwa 100 m links in den Ort ab. Gleich darauf erreichen wir zu unserer Rechten die Bar Tonino **1** am zentralen Platz. ■

Am Strand von Campione

Steig durch die enge Schlucht

* Im stillen Hinterland: von Polzone zur Eremo San Michele

Die einfache und weitgehend ebene Talwanderung führt entlang des Torrente San Michele vorbei an steilen Felswänden zur einsam gelegenen mittelalterlichen Einsiedelei San Michele.

▶▶ Bei **Polzone** beginnt an der Infotafel **1** am Parkplatz neben der Straße, die von Vesio kommt, ein breiter Fahrweg, dem wir Richtung Norden folgen.

Entlang einer weitläufigen Wiese wandern wir ins **Valle San Michele** hinein. Wir erblicken in der Ferne, fast am Talende, ein unscheinbares graues Gemäuer zwischen Bäumen: das ist die Einsiedelei (ital. „eremo"), das Ziel unserer Wanderung. Nach wenigen Metern begegnet uns zur Linken ein Bauernhof. Ab hier führt der Weg ungeteert leicht bergauf. Etwa 5 Min. nach dem Start zweigt an einer Infotafel **2** ein Pfad nach Nordosten zum Passo La Cocca ab. Wir aber verbleiben auf dem breiten Fahrweg leicht bergab. Nach einem schattigen Buchenwald öffnen sich Wiesen zu beiden Seiten des Wegs. Oberhalb unserer Route grüßt ein Steinhaus mit einem mächtigen Obstbaum.

Etwa 10 Min. nach der Infotafel quert ein kleiner Wasserlauf unseren Weg. Allmählich wird das Tal enger, die Bergwände rücken näher. Links unter uns rauscht der **Torrente San Michele** am Grunde seiner Schlucht. Buchen begleiten uns, am rechten Wegrand beeindrucken überhängende Felsen. Am Talschluss ragen die Wände des Dosso delle Fame empor.

Etwa 0:15 Std. nach dem Wasserlauf steht am rechten Wegrand ein **Marienschrein 3**, links ragen mächtige Buchenstämme in die Höhe.

Einsamer Rastplatz inmitten der Natur: die Eremo San Michele

Leicht bergab wandernd dringen wir immer weiter ins Tal vor. Das Rauschen des Flusses wird lauter. Wir nähern uns dem Talgrund. Etwa 0:15 Std. nach dem Marienschrein wird der Wegverlauf eben, zur Linken eine weitläufige Kiesfläche neben dem Flussbett. An ihrem Ende ragt ein mehrere Meter hohes Stauwehr empor, das den Fluss zu einem kleinen See aufstaut, an dessen Nordufer ein einzelnes Haus steht.

Unser Weg passiert das Wehr und bringt uns zu einem plätschernden Brunnen **4**. Ein prächtiger **Rastplatz** und eine gute Gelegenheit, den Durst zu stillen! Wenige Meter nach dem Brunnen überquert der Weg auf einer Brücke den Fluss und folgt anschließend dem Wasserlauf in Richtung „Passo Tremalzo, Eremo San Michele" (beschildert). Unmittelbar nach der Brücke gibt es für Wassernixen die Möglichkeit, zum Flussbett hinabzukraxeln und die Füße zu kühlen. ▶

Länge/Gehzeit: gesamt 7,6 km, ca. 2:10 Std. (hin ca. 1:10 Std., zurück ca. 1 Std.).

Charakter: eine kürzere, weitgehend schattige Wanderung ohne großes Auf und Ab. Angenehm im Sommer abseits des Trubels und der Hitze am Gardaseeufer. Für Kinder geeignet, mit einer Möglichkeit zum Plantschen im Wasser. Der Rückweg erfolgt auf der Route des Hinwegs.

Markierung: Infotafel am Start. Der Weg zur Eremo ist beschildert.

Ausrüstung: festes Schuhwerk wegen der letzten Meter empfehlenswert.

Verpflegung: unterwegs keine Einkehrmöglichkeit, daher Proviant mitnehmen. Brunnen mit Trinkwasser bei 4.

Hin & zurück: in Limone auf die SP 15 nach Tremosine. Nach 6 km nach rechts auf die SP 38 Richtung Vesio. Nach 3 km rechts an der Via San Michele ein kleiner Parkplatz (Polzone); gegenüber ist die Abzweigung nach Pregasio. **Bus:** Haltestelle der Linie LN 012 (Limone – Gargnano) direkt an der Pregasio-Abzweigung. Busse etwa zwischen 9 und 18 Uhr, z. T. große Zeitabstände. Vorher überprüfen!

▶ Der breite Forstweg folgt dem Fluss nun an seinem westlichen Ufer. Bald verschwindet das tosende Wasser für einige Meter in einer kurzen Klamm. Am linken Wegrand passieren wir ein Lagerhaus. 50 m weiter lädt eine Sitzgruppe **5** zum Verweilen ein. Daneben ist ein kleiner Parkplatz angelegt. Der Weg schwenkt Richtung Süden (Linkskurve) und führt gepflastert steil bergauf (Beschilderung „Tremalzo, Eremo"). Knapp 5 Min. nach der Sitzgruppe zweigt ein schmaler Pfad (Schild „Eremo") **6** nach links ab.

Er führt einige Meter bergab und dann steil bergauf am Rande einer Kuppe durch dichten Buchenbestand. Vorbei an überwachsenen Mauerresten erreichen wir unvermittelt das Gemäuer der **Eremo San Michele** **7** (→ „Rückzugsort") auf der Spitze der Kuppe. Die Eingangstür ist leider verschlossen. Man kann das mittelalterliche Gebäude aber in wenigen Schritten umrunden und findet dabei sicherlich ein Plätzchen zum Rasten. Das leise Rauschen des Flusses, der

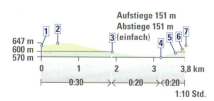

Kraxelspaß im Bachbett: Torrente San Michele

meist kräftig durchs Tal hereinwehende Wind und das Zwitschern der Vögel untermalen den phantastischen Blick nach Südosten auf die mächtige Bergkette des Monte-Baldo-Massivs.

Nach einer ausgiebigen Rast wandern wir in etwa 1 Std. auf dem gleichen Weg zurück zum Ausgangspunkt **1** am Parkplatz bei **Polzone**. ■

Rückzugsort Eremo San Michele

Die Lage der Kirche auf einer Anhöhe lässt ebenso wie der Fund frühmittelalterlicher Keramiken an dieser Stelle auf eine alte bewohnte Befestigungsanlage schließen. Die Ursprünge des jetzigen Gebäudes gehen auf das 14. Jh. zurück. Im Jahre 1679 wählte der Veroneser Priester Florenio Filiberi den Ort als Einsiedelei. Er zog dorthin, lebte hier bis zu seinem Tode und wurde auch hier begraben.

Zweimal jährlich erwacht der stille Ort zum Leben: jeweils am 8. Mai und am 29. September, den Gedenktagen des Heiligen Michael, führen Prozessionen zur Eremo.

Derzeit wird das Gebäude von lombardischen Franziskanermönchen instandgehalten und betreut.

** Auf dem Sentiero del Sole bei Limone

Die Wanderung führt durch das malerische Zentrum von Limone, an Zypressen und alten Zitronenplantagen vorbei, und anschließend auf dem Sentiero del Sole, einem schmalem Bergpfad, unterhalb himmelhoher Felswände am westlichen Ufer des Gardasees entlang.

▶▶ Wir starten unsere Wanderung in **Limone** am nördlichen Ende der autofreien Seepromenade Lungomare Marconi an der kleinen Piazzetta Erminia. Hier befindet sich ein Büro der Touristeninformation **1**, eingerahmt von öffentlichen Toiletten und der Polizeistation. Ein kleiner Brunnen am Seeufer lädt zu einer kurzen Erfrischung.

Wir halten uns links, der Promenade folgend, und biegen nach wenigen Metern rechts in die belebte Via Porto ein. Nach wenigen Metern passieren wir die Piazza Garibaldi, schlendern dann an einem winzigen **Hafenbecken** mit einigen bunten Fischerbooten vorbei und laufen unter den mittelalterlichen Arkaden des Hotels Monte Baldo hindurch. Am Ende der Via Porto **2** schwenken wir nach links in die gepflasterte Via Nova. Zwischen Mauern führt sie ansteigend in Richtung Nordosten. Etwa 10 Min. nach dem Start überqueren wir auf einer kleinen Brücke **3** den Bach Sé. Er entspringt irgendwo in den hohen Felswänden über uns. Nach Osten haben wir zwischen Gebäuden hindurch einen malerischen Blick auf den See.

Auf geteertem Weg passieren wir mehrere Hotels und wandern durch lichte Olivenhaine. Ungefähr 10 Min. nach der Brücke erreichen wir den kleinen Parkplatz des Hotels **Villa Romantica** 4. An seinem Ende zweigt ein Kiesweg Richtung See ab (Beschilderung „spiaggia"). Wir aber verbleiben auf der Via Nova, die am Hotel Locanda Ruscello und einem Olivenhain vorbei leicht bergauf führt.

Malerischer Bootshafen im alten Zentrum von Limone

Etwa 5 Min. später biegt die Via Nova Richtung Seeufer ab. Ein kleiner sprudelnder Brunnen **5** verschafft uns Abkühlung. Ein Schild verweist auf das baldige Ende der Via Nova (in 150 m) und den darauffolgenden Beginn des **Sentiero del Sole**. Wir genießen den phantastischen Rundblick auf das Massiv des Monte Baldo, beginnend im Süden mit der Punta Telegrafo (→ Tour 14) über die Zacken der Cima Valdritta und die Felswände der Cime di Ventrar (→ Tour 11) bis hin zur gewaltigen Flanke des Monte Altissimo (→ Tour 9) im Nordosten.

Weiter folgen wir dem gepflasterten Weg. In einer Kurve überqueren wir einen kleinen Bach, der sich zwischen Hauswänden murmelnd seinen Weg Richtung Seeufer bahnt. Unser Weg verläuft jetzt geteert und schattig zwischen hohen Mauern, hinter denen Zypressen, Oliven, Kakteen und Zitronen gedeihen. Nach dem Schild „Via Reamol" **6** führt der Weg unter hohen, von Metallnetzen gegen Steinschlag geschützten Felswänden entlang. Rechts glitzert die blaue Wasseroberfläche. Wir passieren Mauern, Zäune und ein Hoteltor und wandern zwischen Zypressen, Steineichen, Olivenbäumen und vereinzelten Rhododendren leicht ansteigend Richtung Nordosten. Am Ende einer scharfen Linkskurve mündet unser Weg etwa 10 Min. nach dem Schild „Via Reamol" in eine kleine Parkbucht an der Gardesana.

Wir folgen dem Wegweiser **7** „sentiero del sole" in östlicher Richtung an der Straße entlang, bis wir nach ca. 100 m, ebenfalls einem Wegweiser folgend, die Gardesana überqueren (**Vorsicht, Autoverkehr!**). Auf der anderen Straßenseite treffen wir auf das mit einem Tor markierte südliche Ende des großen Parkplatzes des Hotels Panorama und folgen dem mit „sentiero del sole" beschilderten Pfad bergauf in westlicher Richtung in den Wald. Nach einem kurzen **Steilstück** biegen wir ca. 3 Min. später in einer scharfen Rechtskurve auf den geröllbedeckten Abzweig **8** nach rechts ab. ▶

Länge/Gehzeit: 6,9 km, ca. 2:40 Std.

Charakter: panoramareiche, sonnige Wanderung mit südlichem Flair. Bis **7** eher ein Spaziergang auf gepflasterten und geteerten Wegen, sogar mit sportlichem Kinderwagen möglich. Ab **7** Bergwanderung auf schmalem, gut befestigten, manchmal gerölligen Pfad mit mehreren steileren An- und Abstiegen.

Markierung: Der Weg ist ab **7** mit gelber Schrift auf braunem Grund als „sentiero del sole" ausgeschildert. Vorher ist er nicht markiert, aber gut zu finden.

Ausrüstung: festes Schuhwerk und Sonnenschutz erforderlich.

Verpflegung: Brunnen am Start **1** und bei **5**. Unterwegs keine Einkehrmöglichkeit. Da es im Sommer heiß wird, ausreichend Trinkwasser mitnehmen! Zahllose Einkehrmöglichkeiten in Limone zur Stärkung vor dem Start oder zur Erholung nach der Tour.

Hin & zurück: großer Parkplatz am südlichen Ende des Hafens Porto Nuovo am See, dort auch ein Parkhaus. Beschilderte Zufahrt zum Hafen von der Gardesana aus. Die erste Stunde kostet 2 €, jede weitere Stunde 1,50 €. Von dort zum Startpunkt sind es knapp 10 Min.

Busse der Linie 027 fahren etwa stündlich von 7 bis 18 Uhr zwischen Riva und Desenzano. Die zentrale Busstation liegt etwas oberhalb der Gardesana beim Kongresszentrum an der Via IV Novembre (ausgeschildert). Von dort etwa 10 Min. zu Fuß zum See.

194　Nordwestlicher Gardasee/Limone

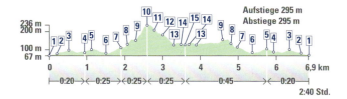

▶ Der Beschilderung folgend wandern wir durch einen Mischwald aus Zypressen, Kiefern, Pinien und Kastanien bergauf. Über uns ragen Metallnetze zum Schutz vor Steinschlag aus dem Boden. Nach einigen Serpentinen erreichen wir unvermittelt den Rand einer etwa 20 m breiten baumlosen Schneise, die sich von den Felswänden über uns bis hinunter zum Hotel Panorama an der Gardesana zieht. Die kahle Geröllrinne ist in Stufenform aufwändig mit Metallnetzen gesichert – eigentlich ein erschreckendes Zeugnis der Erosionsproblematik, eröffnet sie uns einen weiten Blick über den See und das Baldo-Massiv.

Nach der Durchquerung der Schneise führt der Pfad wieder durch Wald und gabelt sich **9** etwa 100 m weiter. Die untere Abzweigung stellt unseren Rückweg dar. Wir folgen der Beschilderung „sentiero del sole" nach links. In Serpentinen wandern wir kräftig bergauf. Der Lärm der Gardesana mischt sich mit dem Gezwitscher der Vögel. Der Duft der Pinien durchzieht die Luft. Wir erreichen erneut den Rand der Erosionsschneise. Ein toller Blick auf Limone und den südlich gelegenen Felsklotz des Monte Cas empfängt uns. Am Wegrand lädt eine Bank zu einer Verschnaufpause ein.

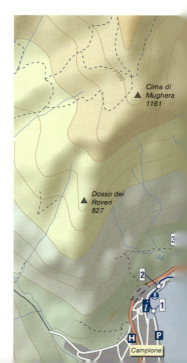

Nach weiteren Serpentinen parallel zur Erosionsschneise wendet sich unser Weg nach Norden und wir erreichen knapp 0:15 Std. nach der Abzweigung auf einem kleinen Rücken erneut eine Gabelung **10** mit zwei weiteren Bänken. Wir haben den schönsten und zugleich höchsten Punkt der gesamten Wanderung erreicht. Über uns im Westen türmen sich die Felswände, im Süden winken die Häuser von Limone herüber und im Osten zieht sich das Baldo-Massiv das Seeufer entlang. Was für ein Panorama!

Nach Norden steigt steil der Pfad 122 zum Rocchetta-Pass empor. Wir aber wandern nach einer ausgiebigen Rast weiter in Richtung Seeufer und folgen dem **Sentiero del Sole** durch lockeres Buschwerk und Pinien nun bergab. Etwa 5 Min. nach den Sitzbänken erreichen wir die Ruinen eines alten **Kalkofens** 11, einer sog. calchera (→ Tour 12 „Kleine Geschichte der Kalköfen").

Etwa 5 Min. später passieren wir die Überreste eines alten Betonbunkers 12. Unter uns erspähen wir zwischen den Bäumen den Verlauf der Gardesana und eine alte **Zitronenplantage** (→ „Die Zitronen von Limone") am Seeufer. Der Weg beschreibt Serpentinen bergab und bringt uns etwa 10 Min. nach dem Bunker an eine Weggabelung 13. Rechts verläuft der Weg auf einige Metallnetze zu (unser späterer Rückweg). Wir aber gehen links in Richtung Nordosten und passieren ein Schild mit der Beschriftung „sentiero del sole" und einem Sonnensymbol (die letzte Markierung auf unserem Weg).

Nach wenigen Minuten biegt der Pfad scharf nach rechts ab und nach etwa zehn steilen Metern bergab gabelt 14 er sich abermals. Geradeaus endet er in etwa 100 m an der Gardesana. Wir gehen links eben auf ein Felsplateau zu, das sich über einer Tunneleinfahrt der Gardesana erhebt. Es wird von zwei malerischen Zypressen gekrönt. Am Felsplateau 15 laden zwei grob behauene Sitzbänke zum Verweilen ▶

An der Via Reamol

ein. Der Blick auf das Baldo-Massiv, die Gardesana unter uns und das Hotel Reamol am Seeufer ist spektakulär. Das **Kap Reamol** ist der nördlichste Punkt unserer Wanderung. Die Felsen hinter uns sind untertunnelt und dienten im Zweiten Weltkrieg als Schutzbunker. Obwohl nur wenige Meter über der Straße gelegen, wirkt dieser Ort abgeschieden und magisch.

Nach einer ausgiebigen Pause wandern wir auf gleichem Weg in ca. 5 Min. zurück zur Weggabelung **13**. Nun gehen wir geradeaus auf die Metallnetze zu und an ihrem unteren Rand entlang, passieren bald einen Hochspannungsmast und hohe Zypressen. Zur Rechten kommen wir nach einigen Minuten an einem weiteren Kalkofen vorbei und durchwandern anschließend einen Olivenhain. Immer wieder gibt die Vegetation Blicke auf den See frei, schattige Passagen wechseln mit sonnigen Abschnitten. Endlose Metallnetze und bewachsene Erosionsrinnen lassen die Kraft der winterlichen Regengüsse erahnen.

An einer gewaltigen Pinie beschreibt der Weg etwa 0:15 Std. später eine scharfe Kurve nach Nordosten. In Serpentinen führt er bergauf und erreicht nach ungefähr 5 Min. die uns vom Hinweg bekannte Weggabelung **9**.

Richtung Süden wandern auf der uns bekannten Route des Hinwegs in etwa 0:40 Std. zurück zum Ausgangspunkt **1** in **Limone**. ∎

Die Zitronen von Limone

Die ersten Zitronen wurden im 13. Jh. von Mönchen aus Ligurien an den Gardasee gebracht. Der Anbau fand zunächst in Gargnano und Toscolano statt, ab Anfang des 17. Jh. auch in Limone. Dabei stammt der Name des Ortes nicht von den Zitronen, sondern entweder vom keltischen „lemos" (Ulme) oder „limen" (Grenze) oder „lima" (Fluss).

Der Zitronenanbau und der damit verbundene Handel florierten bis ins 19. Jh., ehe Krankheiten, günstigere Massenproduktion in Süditalien und die Entdeckung des künstlichen Zitronenaromas den Niedergang herbeiführten.

Heute können wieder einige der alten Zitronenplantagen (ital. „Limonaia" oder „Sardi" im Dialekt) mit ihrer komplexen Struktur nach zum Teil aufwändigen Renovierungen besichtigt werden. Eine davon ist die **Limonaia del Castel** im alten Ortskern von Limone, die vom Wildbach San Giovanni gespeist wird. Hier werden seit der Wiedereröffnung 2004 etwa 80 Zitrussorten angebaut. Ein Besuch ist auch für Kinder interessant!

Öffnungszeiten: April bis Okt. tägl. 10–18 Uhr, ☎ 0365-954008.

**** Höhentour über Limone: von Pregasina über die Punta dei Larici und die Cima Bal

Die lange Höhenrundtour führt oberhalb der Steilwände, die nördlich von Limone emporragen, zum Aussichtspunkt Punta dei Larici. Über eine weitläufige Almfläche und durch Buchenwald wandern wir weiter zum Rocchetta-Pass. Auf einer atemberaubenden Gratroute mit Dauerpanoramen über die gesamte Gardaseeregion geht es zum Schluss auf sehr steilen Pfaden zurück nach Pregasina.

▶▶ Wir starten am nördlichen Ende des Parkplatzes **1** unterhalb der Kirche von **Pregasina**. Auf gepflastertem Weg zwischen alten Häusern hindurch erreichen wir nach wenigen Metern in Richtung der Kirche eine Querstraße mit einem Brunnen und einem Marienschrein.

Wir halten uns links und passieren die **Kirche** und den Friedhof dahinter. An einer Mauer zur Rechten wandern wir leicht bergauf. Im Osten thront die gewaltige Felsflanke des Monte Altissimo (→ Tour 9), welch ein Anblick! Der Blick nach Nordosten schweift über Riva, den Monte Brione (→ Tour 34) und die weiten Hänge des Monte Stivo (→ Tour 3).

Etwa 5 Min. nach dem Marienschrein erreichen wir eine Weggabelung **2**. Wir gehen links, dem Schild „Bocca dei Larici" folgend (von rechts kommen wir am Rückweg wieder an diese Weggabelung). Auf breitem Forstweg, abwechselnd betoniert und gekiest, geht es zwischen Buchen bergauf. Immer wieder können wir spektakuläre Blicke auf das glitzernde Wasser des Gardasees, den Monte Altissimo und die zerklüfteten Felsabbrüche ▶

Länge/Gehzeit: 11,3 km, ca. 5:20 Std.
Charakter: bis zur Punta dei Larici familientauglich. Dann eine hochalpine Wanderung mit ausgesetzten Passagen, die **Kondition** und absolute **Schwindelfreiheit** erfordern. Im Mittelteil schattenlos, ansonsten abwechselnd schattig und sonnig. Bei unsicherem Wetter keinesfalls zu empfehlen!
Markierung: rot-weiß-rot markiert. Von 1 bis 7 422b, nach 7 bis 9 422, von 9 bis 20 430, von 20 bis 23 429, von 23 bis 2 422, ab dann wieder 422b.
Ausrüstung: robuste Bergschuhe und Sonnenschutz, evtl. Wanderstöcke wegen des steilen Abstiegs.
Verpflegung: ausreichend Proviant und Trinkwasser mitnehmen, da unterwegs keine Verpflegungsmöglichkeit besteht. Brunnen bei 1 und 7. Einkehr am Ausgangs- und Endpunkt in Pregasina in mehreren Bars und Gaststätten möglich.
Hin & zurück: Von Riva auf der SS 240 Richtung Ledrosee; nach dem zweiten Tunnel links ab Richtung Pregasina. Durch einen weiteren Tunnel (danach schmale Straße!) und ca. 3 km nach der Abzweigung im alten Zentrum von Pregasina nach links dem Parkplatz-Schild folgen. Etwa 100 m nach dem Zentrum ca. 10 Parkplätze. Frühzeitig da sein!
Busse der Linie 214 fahren zwar stündl. zwischen Riva und dem Lago di Ledro. Sie halten aber nur an der Abzweigung an der SS 240 nach Pregasina. Ab dort ist man auf eine (durchaus mögliche) Mitfahrgelegenheit angewiesen – oder man läuft durch den Tunnel, was nicht angenehm ist.

▶ unmittelbar zu unserer Linken genießen. Etwa 10 Min. nach der Gabelung verzweigt sich ❸ unser Weg erneut.

Wir halten uns südlich in Richtung Bocca dei Larici und Passo Rocchetta. Auf betoniertem Weg passieren wir die Kurve „Tornante Leonico", gekennzeichnet durch einen bemalten Felsen. Der Fels bricht hier senkrecht zum See hin ab. In der Folge wandern wir oberhalb der Abbruchkante durch Buchenwald, gemischt mit einzelnen Kiefern. Im waldigen Gelände liegen wie von Riesenhand hingeworfen mächtige überwachsene Felsblöcke.

Etwa 10 Min. nach der Gabelung beschreibt der Weg eine scharfe Rechtskurve und trifft 5 Min. später auf eine weitere Gabelung ❹. Hier gehen wir links in weit geschwungenen Serpentinen bergauf. Zunehmend mischen sich Kiefern und Lärchen (larici = Lärche!) unter die Buchen. Im Frühjahr ist der Waldboden mit rot blühender Erika bedeckt. Zu unserer Linken ragt die waldbedeckte Felsflanke der Punta dei Larici empor. Etwa 0:25 Std. nach der letzten Gabelung öffnet sich der Wald und wir stehen unvermittelt auf der Anhöhe **Bocca dei Larici** ❺. Von hier blicken wir auf das Baldo-Massiv in seiner gesamten Länge und bei klarem Wetter im Süden auf die Landzunge von Sirmione. Bevor wir unsere Rundwanderung nach rechts fortsetzen, biegen wir zunächst links ab, einem Pfad in südöstlicher Richtung folgend, vorbei am Steingebäude der alten Alm von Larici und unter dem Geäst einer mächtigen Buche hindurch. Nur wenige Schritte weiter stehen wir knapp 5 Min. nach der Bocca auf der felsigen, windumtosten **Punta dei Larici** ❻. Ein beispielloser Panoramablick schweift vom Monte Stivo über die Baldo-Kette, das Südufer des Gardasees bis zum Monte Cas mit dem Santuario di Montecastello (→ Tour 26). Von der Punta wandern wir in knapp 5 Min. zurück zur **Bocca dei Larici** ❺.

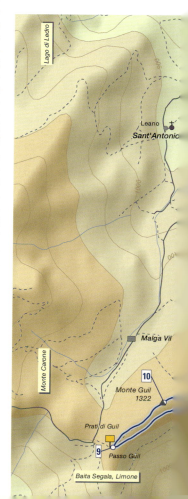

Tour 30 ★★★★   199

Wir folgen den Wegweisern „Malga Palaer" und „Passo Rocchetta" (Weg 422 B). Der breite, steinige Forstweg führt durch Kiefernwald weiter bergauf. Etwa 10 Min. nach der Bocca lichtet sich der Wald und am Fuße einer weitläufigen Almwiese taucht die Almhütte **Casina Palaer** 7 auf, ein altes Steingebäude. Wenige Meter unterhalb liegt im Schutz einiger Bäume ein kräftig sprudelnder Brunnen. Hier bietet sich eine perfekte Gelegenheit, die Wasservorräte vor dem langen, noch anstehenden Marsch aufzufüllen.

Unser Weg passiert das Steingebäude und führt unter einer mächtigen Buche hindurch geradewegs durch die Almwiesen bergauf. Ausgewaschen zieht er sich entlang einer Buchenallee bis zum oberen Ende ▶

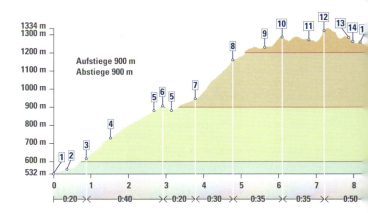

▶ der Wiesenfläche. Hier taucht der Weg in einen Mischwald ein und verläuft weiterhin steinig und steil, von lockerem Geröll bedeckt, bergauf. Schmale Pfadabschnitte wechseln mit gerölligem Hohlweg, ein anstrengender Anstieg! Etwa 0:20 Std. nach dem Beginn des Waldes erreichen wir eine Anhöhe mit einer kleinen Steinhütte, den **Passo Rocchetta**. Unter uns brechen die Felswände fast senkrecht zum Seeufer hin ab. Wir gehen links an einer Schranke vorbei und stehen nach wenigen Metern an einer Weggabelung **8** vor einem Felszapfen. Geradeaus führt der Weg über die Hütte Baita Segala bis nach Limone. Wir gehen nach rechts steil bergauf an verfallenen Mauern vorbei in Richtung Passo Guil (Weg 422), stets einen phantastischen Blick auf den See genießend.

Grasbewachsenes Gelände wechselt mit Mischwald. Etwa 5 Min. nach der Gabelung führen Serpentinen noch steiler bergauf. Es folgt ein Abschnitt entlang eines Felsabbruchs. Viel totes Holz weist auf einen früheren Waldbrand hin. Etwa 0:20 Std. nach der Gabelung treffen wir auf die Anhöhe **Passo Guil** **9**. Die Almwiesen ziehen sich hinunter bis an die entfernten Flanken des Monte Carone.

Unser Pfad biegt nach Nordosten ab, am oberen Rand der Almwiesen entlang (Schild „Cima Nora, Cima Bal", Weg 430). Nach etwa 5 Min. enden die Almwiesen. In der Folge windet sich der Kammpfad am Felsgrat entlang, an der westlichen Seite immer wieder von Buchenwald begleitet, im Osten Felsabbrüche. Etwa 0:15 Std. nach dem Passo Guil erreichen wir die Anhöhe **10** des **Monte Guil**. Bei klarer Sicht geht der Blick hier vom Alpenhauptkamm bis Sirmione, fast der schönste Ausblick der gesamten Wanderung!

Unmittelbar anschließend folgt ein steiler **felsiger Abstieg** von etwa 100 m Länge, bei dem **Trittsicherheit** gefragt ist. Im weiteren Verlauf geht es sanfter bergab, immer am Kamm entlang. Etwa 10 Min. nach dem Monte Guil durchwandern wir eine Senke. Danach geht es wech-

Tour 30 ✳✳✳✳   201

selnd bergauf und bergab, mal zwischen Buchen, mal unterhalb kleiner Felsabbrüche.

Etwa 0:20 Std. nach dem Monte Guil taucht tief unter uns im Osten die Almfläche Malga Palaer auf, die wir zuvor durchwandert haben. Kurz danach gehen wir am Fuße einer mehrere Meter hohen Felswand entlang und passieren dabei einen **Stollen** **11**, der die Felswand in westlicher Richtung durchquert. Ungefähr 5 Min. später treffen wir auf eine kleine Senke im Gratverlauf, den **Passo Chiz**. Hier wechselt der Pfad vorübergehend auf die östliche Kammseite. Er schraubt sich in weitgeschwungenen Serpentinen durch felsigen Mischwald empor, um dann wieder auf die westliche Kammseite zurückzukehren.

Ungefähr 10 Min. nach dem Passo Chiz zweigt ein schmaler **Klettersteig** **12** mit der Markierung EE (nur für Geübte!) nach links ab. Er verläuft in der Folge ziemlich markierungslos über lose Felsen am Grat der Cima della Nara entlang. Steigen wir ihn einige Meter empor, werden wir mit tollen Blicken auf den Lago di Ledro und die ihn umgebenden Berge belohnt. Wir aber setzen die Tour auf unserem Pfad (Weg 430) fort. Auch hier heißt es wegen des felsigen Wegverlaufs und der senkrechten Abbrüche nach Osten **vorsichtig sein**! Tief unter uns leuchten die Dächer von Pregasina und der helle Kirchturm.

Ungefähr 10 Min. nach dem Abzweig zum Klettersteig führen einige Serpentinen unterhalb einer Felswand steil bergab. Dann geht es ▶

Windumtoster Aufstieg zur Punta dei Larici

▶ immer recht steil abwechselnd rauf und runter. Nach weiteren 10 Min. trifft von oben der Klettersteig wieder auf unseren Weg **13**.

Bei einem Stollendurchbruch **14** im Felsen zur Linken nur wenig später eröffnet sich ein weiter Blick auf das Ponaletal und den Ledrosee. Der Weg führt in der Folge wieder bergauf, dem Kammverlauf folgend. Nach etwa 10 Min. felsiger Kraxelei erreichen wir eine Anhöhe **15**, die uns erneut einen atemberaubenden Rundumblick beschert.

Ab hier geht es bergab, am Grat entlang – durch Erika, vorbei an einzelnen Birken, Buchen und Kiefern, zwischen Felsblöcken hindurch. Etwa 0:15 Std. nach der Anhöhe erreichen wir den eher unscheinbaren Gipfel **Cima Bal** mit einem kleinen Kreuz **16**.

Gleich darauf senkt sich der Grat steil ins Ponale-Tal hinab, so dass wir fast senkrecht unter uns die Dächer von Biacesa leuchten sehen. Am Beginn des Abstiegs **17** etwa 5 Min. nach der Cima Bal geht es zunächst sehr steil in nordwestliche Richtung über geröllbedeckte Serpentinen bergab, bis wir eine kleine Senke erreichen. Im weiteren Verlauf queren wir in östlicher Richtung einen Grashang, dem wieder felsigere Wegabschnitte mit Serpentinen folgen.

Etwa 0:20 Std. nach der Cima Bal treffen wir auf eine ganze Reihe Stolleneingänge und verfallene Mauern an den Felshängen zu unserer Rechten. Es handelt sich um Überreste **militärischer Befestigungsanlagen**. Wir durchqueren das Gelände in steilen Serpentinen und landen nach einem kurzen Gegenanstieg etwa 10 Min. nach den Stollen auf einer Kuppe **18**. Von hier reicht der Blick weit bis nach Riva, Torbole und über das Sarcatal nach Nordosten. Steineichen, einzelne Kiefern und Lärchen begleiten unseren anstrengenden Abstieg durch gerölliges, bisweilen felsiges Gelände, auch eine kurze **Seilversicherung** hilft uns. An der Weggabelung **19** etwa 0:25 Std. nach der Kuppe biegen wir rechts ab.

In östlicher Richtung wandern wir auf dem Weg 429 auf und ab durch dichten Mischwald, bis wir etwa 5 Min. später die Anhöhe **Bocca da Lé 20** erreichen. Ab hier geht es in südlicher Richtung bergab. Nach etwa 3 Min. zweigt nach links der Weg **21** zur „Scala Santa" ab, einer in den Fels gehauenen Treppe auf den Gipfel des **Nodice** (= Cima di Lé).

Uns dagegen zieht es nur noch nach unten. Durch Mischwald spazieren wir weiter bergab in Richtung Pregasina, dessen Dächer ab und an durch den Blätterwald spitzen. Ungefähr 10 Min. nach dem Abzweig zur Scala Santa öffnet sich der Wald und gibt von einer Anhöhe **22** am Wegrand einen schönen Blick auf das malerische Pregasina frei.

Etwa 5 Min. nach der Anhöhe gehen wir an einer Weggabelung **23** links und stapfen auf lockerem Geröll bergab, eine hässliche Betonruine passierend. Danach folgt ein sehr steiler betonierter Fahrweg – die reinste Folter für unsere müden Gelenke!

Am Ende des Fahrwegs treffen wir auf die uns vom Hinweg bekannte Gabelung **2** und wandern in gut 5 Min. zurück zum Ausgangspunkt **1** in **Pregasina**. ∎

** Badespaß und Buchenwälder: rund um den Lago di Ledro

Die durchgehend ebene Wanderung führt an der Nordseite des Lago di Ledro an Badestränden vorbei durch die malerischen Ortschaften Mezzolago und Pieve di Ledro. Im südlichen Teil treffen wir auf ausgedehnte Buchenwälder mit zum Teil jahrhundertealten Bäumen und beschließen die Tour mit einem Besuch im Pfahlbaumuseum von Molina di Ledro.

►► Wir starten unsere Tour am nördlichen Ende des Parkplatzes in **Molina di Ledro** vor der Infotafel des Hotels San Carlo **1**.

Zunächst folgen wir dem Gehsteig an der Straße Richtung Nordosten. Wir passieren nach etwa 50 m einen weiteren Parkplatz. An seinem Ende folgen wir einem Kiesweg (Schild „Spiaggia Pubblica") zum Seeufer hinunter. Dem Verlauf des Seeufers folgend gehen wir durch einen ausgedehnten Park mit Spielplatz und mächtigen Trauerweiden. Der breite Kiesstrand lädt zum **Baden** ein. Am Ende des Parks treffen wir auf einen Holzsteg **2**. Er führt an Camping Al Sole vorbei am Seeufer entlang. Am Ende des Stegs verläuft der Weg gekiest unter einzelnen Laubbäumen. Im Westen ragt der mächtige Monte Corno empor.

Etwa 10 Min. nach dem Holzsteg passieren wir ein mit mächtigen Holzbohlen am Hang befestigtes Wegstück. An seinem Ende laden Sitzbänke und Tische zu einer Rast ein. Der Weg beschreibt eine Kurve nach Norden und erreicht etwa 5 Min. später die Straße SS 240 **3**. Wir überqueren sie auf dem Zebrastreifen. Dann gehen wir rechts ostwärts an der Straße entlang und biegen nach etwa 50 m links hoch in die Via Belvedere (Wegweiser nach Mezzolago und Pieve).

Wir wandern leicht ansteigend auf geteertem Weg unter schönen Laubbäumen hindurch Richtung Westen. Nach einigen Minuten gehen wir am Fuß einer Felswand entlang und treffen in einer Kurve knapp 10 Min. nach dem Zebrastreifen auf eine Sitzbank. Von hier haben wir einen weiten Blick auf den See und den Monte Corno auf der anderen Seite.

Im weiteren Wegverlauf kommen wir zur Linken an einer ►

Länge/Gehzeit: 9,5 km, ca. 3:40 Std.

Charakter: eine Seeumrundung ohne Steigungen mit zahlreichen Bademöglichkeiten. Nur einige schattige Abschnitte im Buchenwald, sonst sonnig und im Hochsommer auch heiß.

Markierung: mit rot-gelben Pfeilen und Wegweisern gut markiert. Nur das Stück vom Hotel Lido **7** bis **10** ist nicht markiert, aber nicht zu verfehlen.

Ausrüstung: Sonnenschutz mitnehmen und die Badesachen nicht vergessen!

Verpflegung: Einkehrmöglichkeiten in Molina **1**, Mezzolago **4** und Pieve (ab **7**); Brunnen bei **5**, **6** und nach **7**.

Hin & zurück: mit dem Auto auf der SS 240 von Riva in etwa 8 km nach Molina di Ledro. Unmittelbar am Parkplatz ist auch die Bushaltestelle. Der **Bus** fährt vom Busbahnhof in Riva zwischen 6.30 und 10 Uhr sowie 10 und 18.30 Uhr etwa stündlich nach Molina. Zurück um 15.43, 16.34 (Schultage) und 13.10, 14.06 Uhr (werktags) sowie 13.59 und 17.46 Uhr am Wochenende.

verschnörkelten Villa vorbei, zur Rechten öffnen sich Wiesenflächen. Dahinter steigt der gewaltige Felskamm von Cima Pari und Cima Sclapa empor. Wir erblicken vor uns bereits die Häuser von **Mezzolago** und erreichen knapp 0:15 Std. nach dem Aussichtspunkt die **Kirche San Michele** 4. An ihrer südlichen Außenwand erkennen wir eine Sonnenuhr und ein Fresko aus dem 15. Jh. Es zeigt den Schutzheiligen der Reisenden, den Hl. Christophorus.

Hier endet die Via Belvedere. Wir überqueren die Via S. Michele und wandern westlich in die Via Aldo Toccali hinein. Sie führt gepflastert zwischen den malerischen alten Häusern von Mezzolago (ital. für „in der Mitte des Sees") hindurch. An den Fenstern fallen die zahlreichen Blumenkästen ins Auge. Außerdem sind die Stromkästen an den Hauswänden phantasievoll bemalt. Wir biegen nach knapp 100 m, dem Wegweiser nach Pieve folgend, nach links in die Via C. Risatti. Wenige Meter weiter stehen wir wieder vor der SS 240. Wir überqueren sie auf dem Zebrastreifen und halten uns nordwestlich. Der gepflasterte Gehweg führt an der Straße entlang. Zur Linken liegt eine Wiese mit Spielgeräten am Seeufer. Hier gibt es auch **Bademöglichkeiten**. Wenige Meter weiter wartet ein Brunnen 5 am Straßenrand, am Seeufer vermietet Ledro Boats Segel- und Tretboote.

Wir folgen unserem Weg am See entlang, vorbei an einem aufgeschütteten Kiesstrand. Mit einem Metallgeländer gesichert, verläuft der Weg an der Uferböschung nur wenige Meter unterhalb der SS 240. Im weiteren Verlauf entfernt sich die Straße etwas nach oben. Zwischen einer Mauer und einem Holzgeländer gehen wir bis zu einer Wiese, wo uns etwa 0:15 Std. nach Ledro Boats an einer Auffahrt zur SS 240 ein weiterer Brunnen 6 erwartet. Hier können wir uns erfrischen, bevor es an Sitzbänken vorbei und anschließend unter Laubbäumen hindurch dem nordwestlichen Seeende entgegengeht.

Vor uns thront der prächtige Bau des zu **Pieve di Ledro** gehörenden Hotels Lido an der Uferpromenade. Etwa 0:15 Std. nach dem Brunnen

Tour 31 ✶✶ 205

überqueren wir am Seeende eine kleine Brücke nur wenige Meter nördlich des **Hotels Lido 7**.

Wir lassen das Hotel zunächst links liegen (kommen aber wieder hierher zurück) und folgen der Zufahrtsstraße in nördlicher Richtung, bis wir am Ende des kleinen Friedhofs von Pieve di Ledro auf die SS 240 treffen. Unmittelbar neben dem Zebrastreifen steht an der Friedhofsmauer erneut ein Brunnen. Wir überqueren die SS 240 und biegen in die wenige Meter ostwärts beginnende Via Vittoria ein. Durch eine Birkenallee erreichen wir knapp ▶

Tipp für Familien

Ab dem Hotel Lido oder spätestens ab dem Yachthafen ist die Wanderung mit Kindern ein ziemlicher Hatscher auf geteerten Straßen. Gerade im Sommer bietet es sich daher an, am nördlichen Seeufer den gleichen Weg zurück zu gehen. Die schönen Badestrände bei 13 oder noch etwas westlich bei Pur können nämlich von Molino in wenigen Minuten mit dem Auto erreicht werden, und Parkmöglichkeiten gibt es da auch ausreichend!

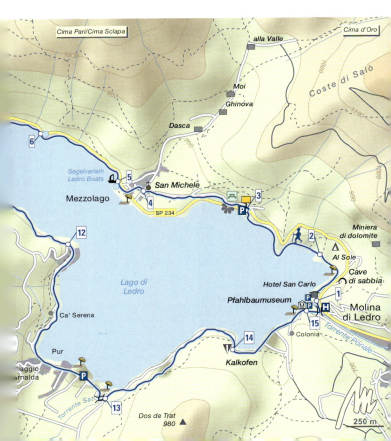

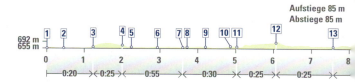

▶ 5 Min. nach dem Brunnen den Ortseingang von Pieve di Ledro mit dem mächtigen grauen Bau seiner **Kirche** 8 und ihrem gepflasterten Vorplatz.

Nach einem Bummel durch die Gassen des alten Ortes wandern wir auf dem gleichen Weg in etwa 10 Min. zurück zum **Hotel Lido** 7, wo wir auf windgeschützter Terrasse mit prächtigem Blick auf See und Berge einen Cappuccino genießen können.

Anschließend folgen wir der gepflasterten **Strandpromenade**, die direkt vor dem Hotel am See entlang läuft. Mächtige Trauerweiden stehen am Ufer. Der breite Kiesstrand bietet ausgiebigen Platz zum **Baden**. Unser Weg folgt dem Uferverlauf. Etwa 5 Min. nach dem Hotel Lido überqueren wir auf einer weißen Stahlbrücke 8 eine Bucht.

Pfahlbaumuseum am Lago di Ledro

Auf der anderen Seite folgen wir weiter dem Uferverlauf des Sees. Zu unserer Rechten erstreckt sich das weitläufige Gelände der Campingplätze Azzurro und Al Lago. Ungefähr 10 Min. nach der Brücke überqueren wir auf einer weiteren Brücke 9 den **Torrente Massangla**. Es geht wenige Meter bergan, und wir treffen auf eine Fahrstraße 10. Hier halten wir uns links.

Wir passieren einen kleinen Yachthafen, an dessen Zufahrt sich ein Parkplatz befindet. Am Ende des Parkplatzes zweigt ein Weg 11 von der Straße ab, der weiter am Ufer entlangführt.

Wir folgen dem breiten Kiesweg und tauchen nach wenigen Metern in dichten Buchenwald ein, der uns Schatten bietet. An der Uferböschung wachsen gewaltige Bäume mit mehreren Metern Umfang. Nach wenigen Minuten lichtet sich der Wald für kurze Zeit und macht auf der Uferseite einigen Wohngebäuden Platz.

Tour 31 ✶✶ 207

9,5 km
3:40 Std.

Etwa 0:15 Std. nach der letzten Abzweigung gibt der Wald den Blick frei auf Mezzolago am gegenüberliegenden Seeufer. Wir wandern noch weitere 10 Min. durch Buchenwald und erreichen dann die geteerte Via Val Maria **12**, an der wir dem Ufer folgend entlanggehen, vorbei an den Ferienhäusern und Hecken des Weilers **Dos di Pur**. Nach einem Schwenk in südöstlicher Richtung gelangen wir in die Feriensiedlung Villaggio M. Arnalda und in die Ortschaft **Pur**.

Gut 10 Min. nach dem Schwenk erreichen wir eine ausgedehnte Liegewiese mit Spielplatz – erneut eine Gelegenheit zu einem erfrischenden Bad im See. Unmittelbar nach der Liegewiese endet die Siedlung. Die Straße beschreibt eine Kurve nach Süden, überquert den **Torrente Sat** auf einer Brücke und mündet etwa 5 Min. nach der Liegewiese in eine weitere Teerstraße **13**.

Hier halten wir uns links in nordöstlicher Richtung. Nach wenigen Metern kann man zur kleinen Bucht hinabsteigen, in der der Torrente Sat in den See mündet. Auch hier lässt sich gut baden. Unsere Straße führt weiter einige Meter oberhalb des Sees am Ufer entlang. Die Uferböschung ist wieder mit zum Teil mächtigen Buchen bewachsen. Zu unserer Rechten ragen Felswände empor, die mit Drahtnetzen gesichert sind. Immer wieder eröffnen sich Ausblicke auf Mezzolago und die umliegenden Berge.

Etwa 0:15 Std. nach der Mündung des Torrente Sat erreichen wir einen besonders spektakulären Wegabschnitt. Die Straße verläuft über dem senkrecht abbrechenden Seeufer, und wir haben einen weiten Blick über das Gardaseeufer vom Monte Corno bis zur Cima d'Oro. Buchen und Felswände begleiten uns. Etwa 10 Min. nach dem aussichtsreichen Abschnitt erblicken wir zur Linken einen alten **Kalkofen** **14**, eine sog. calchera (→ Tour 12 „Kleine Geschichte der Kalköfen").

Wir umwandern eine kleine, türkisgrüne Bucht, passieren einen Bootssteg und erreichen die ersten Häuser von **Molina di Ledro**. Ein gepflasterter Weg am Ufer führt uns zum Parkplatz vor dem **Pfahlbaumuseum** **15** (→ „Museo delle Pallafitte").

Vorbei am Museumsgelände erreichen wir in knapp 5 Min. unseren Ausgangspunkt am Hotel San Carlo **1**. ∎

Museo delle Pallafitte – Pfahlbaumuseum

Das Museum zeigt eine Sammlung von Keramikgegenständen, Bronzeteilen, Werkzeugen aus Knochen und Horn sowie Holzgegenständen, die neben mehr als 10.000 Pfählen auf dem Grunde des Ledrosees entdeckt wurden. Außerdem gibt es mehrere Nachbauten von Pfahlbauhütten zu besichtigen, die jedoch nicht auf wissenschaftlichen Erkenntnissen des Lebens in der Region beruhen. Daher sind sie weniger von archäologischem als vielmehr von unterhaltendem Wert (insbesondere für Kinder).

Öffnungszeiten/Preise: März bis Juni und Sept. bis Nov. 9–17 Uhr, Mo geschl.; Juli und Aug. tägl. 10–18 Uhr. Eintritt 3,50 €, erm. 2 €. ☎ 0464-508182, www.palafitteledro.it

** Die Via del Ponale: von Pré nach Riva auf historischen Wegen

Die Wanderung führt zunächst mäßig steil durch das üppig bewachsene, im oberen Bereich sanfte Tal des Wildbachs Ponale. Im zweiten Teil folgt sie der spektakulär in den Fels gehauenen Ponalestraße bis nach Riva und bietet dabei eine Fülle von Panoramen.

▶▶ Wir starten am Brunnen **1** neben der Bushaltestelle in **Pré di Ledro**. Zunächst wandern wir einige Schritte zurück in östlicher Richtung auf den verschlafenen Marktplatz des Ortes, wo sich ein weiterer, gemauerter Brunnen befindet.

Am östlichen Ende des Marktplatzes weisen an einer Hauswand zwei Schilder nach rechts in südliche Richtung: „Percorso Consigliato MTB" und darunter „Riva". Wir folgen ihnen durch die schmale, gepflasterte Via S. Giacomo. Ein kräftiges Rauschen lässt uns die Nähe des Bachs erahnen. Am Ende der Via befindet sich abermals ein kleiner Brunnen.

Unmittelbar danach führt eine Brücke über den **Ponale**. Wir überqueren sie und stehen auf der gegenüberliegenden Flussseite vor einem alten gemauerten **Kalkofen**, einer sog. calchera (→ Tour 12 „Kleine Geschichte der Kalköfen"). Sitzbänke und Tische laden zum Verweilen ein. Am rechten Wegrand weist ein Schild **2** zum „Lago di Garda, Sentiero del Ponale".

Wir folgen ihm und wandern den zunächst betonierten, dann gekiesten Weg parallel zum rauschenden Wildbach Ponale in Richtung See. Das Flussbett ist von dichtem Gestrüpp überwuchert. Zu unserer Rechten steigt steil der Hang empor, bedeckt von Laubwald und

In den Fels gehauen: alte Ponalestraße

Tour 32 ✶✶ 209

einzelnen Felsplatten. Auf der gegenüberliegenden, nördlichen Talseite begleiten uns zunächst die Häuser von Pré, dann kleine Felder und Brachland mit einzelnen Feigenbäumen.

Etwa 0:15 Std. nach dem letzten Wegweiser öffnet sich vor uns eine Wiesenfläche mit einigen Ahornbäumen. Der Blick schweift dem Talverlauf folgend nach Osten bis zur Kirche von **Biacesa di Ledro**. Unser Weg führt in weitem Bogen am rechten Rand der Wiese entlang, die im Sommer als Schafweide dient. Wir verlassen hier den Bach, der sich an der nördlichen Talseite seinen Weg bahnt. Das Tal wird breiter.

Wir wandern an einer niedrigen bemoosten Mauer entlang. Wiesenflächen mit einzelnen Bäumen und einigen, teils verwilderten Rebstöcken bedecken den Talgrund. Am Ende der Wiesen treffen wir im sich verengenden Talgrund auf eine Brücke **3**. Sie führt über den Fluss nach Biacesa.

Wir aber verbleiben auf der rechten Uferseite und wandern den überwucherten Bachlauf entlang: zur Rechten am felsdurchsetzten Hang dichter Buchenwald, zur Linken Wiesen, Brachflächen, Weinstöcke und darüber die Häuser von Biacesa. Nach wenigen Minuten passieren wir die ausgedehnten Wasserbecken einer Forellen- und Saiblingszucht. Leider versperren ein hoher Zaun und ein Sichtschutz den Blick auf die Beckenanlage. Allerdings führt unmittelbar am Ende des Sichtschutzes gut 5 Min. nach der Brücke auf der rechten Wegseite ein schmaler steiler Abstecher **4** den Hang empor. Wer sich die knapp 100 m über einige Kehren und lockeres Geröll hochkämpft, wird an einem kleinen Geländevorsprung mit einem schönen Blick auf die Fischbecken belohnt.

Zurück auf dem Hauptweg, erreichen wir etwa 50 m nach dem Ende des Sichtzaunes einen weiteren **Kalkofen** und gleich darauf einen Brunnen. Etwa 50 m ▶

Länge/Gehzeit: 8,2 km, ca. 2:50 Std.
Charakter: abwechslungs- und panoramareiche kindergeeignete Streckenwanderung durch üppige Tallandschaft und spektakuläre Felswände auf überwiegend breiten Wegen und geteerter Straße. Steilere Abschnitte mit alter Pflasterung und historischen Treppenresten nur zwischen [7] und [8]. Hier auch Rutschgefahr bei Nässe! Im unteren Teil der Ponalestraße durch die vielen Radfahrer ausgewaschene Spuren. Insbesondere im zweiten Teil stark befahrene Mountainbikeroute zwischen [8] und [12].
Markierung: am Start ein Schild nach Riva. In der Folge grüne und blau-rot-gelb markierte Pfeile in gegenläufiger Richtung. Ab [8] Wegweiser „Sentiero Giacomo Cis D01".
Ausrüstung: Sonnenschutz und robustes Schuhwerk.
Verpflegung: Bar Ponale Belvedere [9] und mehrere Brunnen: am Start [1] auf dem Marktplatz und an der Brücke von Pré, kurz vor [5]. Proviant mitnehmen ist auch eine Option, es gibt viele schöne Rastplätze am Weg! In Riva schließlich findet der ermüdete Wanderer alles, was sein kulinarisches Herz begehrt …
Hin & zurück: Das Auto kann in Riva am Parkplatz am zentralen **Busbahnhof** („Autostazione") in der Viale Trento (1 €/Std.) oder kostenlos am Largo Marconi etwa 5 Gehminuten entfernt geparkt werden. Hier fährt der **Bus** der Linie 214 zwischen 6.30 und 10 Uhr sowie 15 und 18.30 Uhr etwa stündlich in Richtung Ledrosee. Einfache Fahrt (ca. 0:20 Std.) 2 €. In Pré am Marktplatz aussteigen.

210 Nordwestlicher Gardasee/Riva

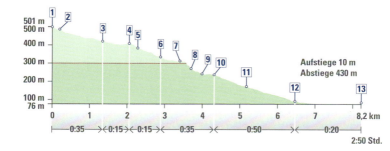

▶ nach dem Brunnen treffen wir auf die Straße **5** SP 234. Wir wandern die breite Straße nach rechts bergab und passieren zu unserer Linken eine Kläranlage. Die Straße entfernt sich zunehmend vom Talgrund. Über uns ragen mächtig die felsigen, baumbestandenen Talwände empor. Zur Linken passieren wir ein aus hunderten Hufeisen zusammengeschweißtes Eingangstor zu einem bebauten Grundstück. Etwa 20 m weiter zweigt unmittelbar vor dem **Tunnel**, in dem die Straße verschwindet, ein Weg **6** nach links ab.

Er führt uns zunächst durch einen nur wenige Meter langen Tunnelbogen hindurch. Anschließend wandern wir auf breitem, gekiestem Untergrund hoch oberhalb des Baches Richtung See. Nach wenigen Minuten passieren wir zur Rechten an einer kleinen Höhle eine Felsquelle. Das Wasser tropft und rinnt hier aus Moosen und Flechten herab.

Etwa 10 Min. nach der letzten Abzweigung erreichen wir abermals einen **Kalkofen** **7** mit Ruhebänken und einer Infotafel. Wir setzen unseren Weg durch niederen Mischwald fort, vorbei an einem alten Grenzstein, unterqueren eine Hochspannungsleitung und treffen etwa

Der Bau der alten Ponalestraße

Bereits im 12. Jh. bestand eine Verbindung vom alten Ponale-Hafen zum Ledrotal. Der **Fußweg** war in zahllosen Stufen in den Fels gehauen – an mindestens einer Stelle (kurz nach 7) ist das auch heute noch sichtbar. Ab 1847 wurde dann die jetzige **Straße** nach Plänen von Giacomo Cis erbaut (deshalb heißt auch der Sentiero „Giacomo Cis"). Mit Unterbrechungen dauerte der Bau mehrere Jahre. Anno 1891 fuhren dann die ersten Automobile auf dem gefeierten „Wunderwerk der Technik" von Riva ins Ledrotal und hatten dabei die insgesamt fünf Tunnels zu durchqueren. Später führten Erdstürze immer wieder dazu, dass die Straße für längere Zeit gesperrt werden musste. Die neuen Tunnels der heutigen Straße ins Ledrotal wurden 1990 eröffnet. Die hergerichtete alte Straße steht seit 2004 nun ausschließlich Radfahrern und Fußgängern zur Verfügung.

Tour 32 ✶✶ 211

5 Min. nach dem Kalkofen auf einen Aussichtspunkt. Tief unter uns glitzert das Wasser des Sees.

Ab hier führt der Weg als steiler, grob gepflasterter Pfad bergab. Stellenweise sind die alten, in den Fels gehauenen Treppenstufen noch deutlich zu erkennen (→ „Der Bau ..."). Ein Holzgeländer hilft uns beim Abstieg. Gut 5 Min. nach dem Aussichtspunkt trifft der Steig unter einem stahlnetzgesicherten Felsüberhang auf die alte Teerstraße **8** von Riva nach Pregasina mit der Beschilderung „Sentiero del Ponale Giacomo Cis D01". Wir folgen ihr nach einer scharfen Linkskurve in nordwestlicher Richtung. Die Straße ist eine beliebte **Mountainbikestrecke**, deshalb müssen wir uns von nun an auf Radfahrer einstellen. Da sie nicht selten mit hoher Geschwindigkeit ins Tal rasen, gilt es **aufzupassen**.

Varianten

Die Tour kann auch in der umgekehrten Richtung von Riva nach Pré (Busverbindungen zurück s. u.) gewandert werden und dauert dann etwa 3:30 Std. Wer noch weiter wandern möchte, kann dann von Pré in einer knappen Stunde auf zumeist geteerten und gut beschilderten Wegen bis zum Ledrosee (→ Tour 31) laufen. Der Bus fährt von dort (Haltestelle am Startpunkt der Tour 31) zurück um 13.10, 14.06 Uhr (Mo–Fr) und 13.59 und 17.46 Uhr (Wochenende).

Wir wandern in der Folge dem Straßenverlauf durch die Felswände des Gardaseeufers folgend und werden bis zum Ziel unserer Tour vom grandiosen Panorama des Sees, des Monte-Baldo-Massivs im Osten und des Monte Stivo im Norden begleitet.

Unser Weg führt uns zunächst in weitem Bogen in die **Ponale-Schlucht**. Wir überqueren sie nach wenigen Minuten auf einer spektakulären Brücke hoch über dem Talgrund. Dann wandern wir eben unter überhängenden Felswänden wieder nach Osten. Unsere von Pregasina kommende Straße mündet kurz nach der Brücke in die **alte Ponalestraße** **9** (→ „Der Bau ..."). Wir folgen ihr Richtung Riva. Nach wenigen Metern erreichen wir die neu eröffnete **Bar Ponale Belvedere** mit schöner Aussichtsterrasse. Hier stand einst das Hotel Belvedere, zu Beginn des 20. Jh. ein beliebtes Ausflugsziel. ▶

Scusa – krieg' ich was von deiner Brotzeit?

▶Senkrecht unter uns erkennen wir die überwachsenen Ruinen des alten Hafens von Ponale. Kurz nach dem Belvedere endet der Teerbelag. Der Weg führt ab hier kiesig, teils erdig und von vielen Fahrrädern ausgefahren hoch über dem Seeufer bergab. Wir erreichen den ersten Tunnel **10**. Er ist finster, der Fels nur von wenigen Fenstern durchbrochen. Immerhin sind die Wegspuren für Radfahrer und Fußgänger durch ein Holzgeländer voneinander abgetrennt. Das sprichwörtliche Licht am Ende des Tunnels beschert unserem geblendeten Auge wiederum großartige Ausblicke auf See und Berge.

> **Saison-Tipp**
> Im März oder ab Ende Oktober ist die Wanderung besonders entspannt: dann fehlen auf der alten Ponalestraße fast völlig die Mountainbiker, die den Weg im Sommer zum etwas nervenaufreibenden Vergnügen zwischen herankeuchenden oder mit quietschenden Reifen herabstürzenden Radfahrerhorden machen.

Im weiteren Wegverlauf durchqueren wir zwei kürzere Tunnels. Immer wieder sind die Felswände über uns mit aufwändigen Stahlkonstruktionen vor dem Herabstürzen gesichert. Etwa 0:20 Std. nach dem ersten Tunnel passieren wir zur Linken die Überreste eines Betonbunkers **11**, dessen Zugang mit einem Gittertor versperrt ist.

Wenige Minuten später erreichen wir einen weiteren Tunnel, dessen Eingangsbereich mit Stahlnetzen gesichert ist. Er ist fast 200 m lang.

Von den plätschernden Bächen im oberen Ponaletal durch düstere Tunnel bis nach Riva ...

Der Weg führt danach weiter in Kurven bergab. Einzelne Kiefern, Feigenbäume, Olivenbäume, Steineichen und Zypressen säumen den Weg. Ein weiterer Tunnel entlässt uns vor einem verfallenen Gebäude. Es folgen zwei weitere Tunnels. Am Ausgang des letzten erwartet uns eine Sitzbank mit pittoreskem Blick auf den Hafen und die Häuser von Riva del Garda. Etwa 0:30 Std. nach dem Betonbunker stehen wir vor einer Schranke **12**, nach der wir links (Einbahnstraße!) gehen und in einer 180-Grad-Kurve das letzte Wegstück unseres Sentiero eine kurze Unterführung zurücklegen und schließlich die SS 45 erreichen. Ab hier wandern wir auf dem Gehsteig Richtung Riva (alternativ zweigt nach der Unterführung eine steile Treppe zum Seeufer hinunter ab). Wir passieren das Elektrizitätswerk zur Linken.

An der SS 45 erreicht man entweder auf direktem Weg in etwa 0:20 Std. den Busbahnhof in **Riva del Garda**, wir wandern aber in gleicher Zeit durchs Zentrum. Dafür biegen wir am Ende des E-Werks nach rechts ab. Über die zentrale Piazza III Novembre geht es vorbei am Turm, durch die Via Gazzoletti, über die Piazza Garibaldi und die Piazza Cavour. Durch die Viale Roma gelangt man zum Largo Marconi (wo sich ein kostenfreier Parkplatz befindet) und weiter über die Viale Trento zum **Busbahnhof 13** (dort auch Parkplatz). Für einen leckeren Abschluss der Wanderung würden wir die Variante durchs Zentrum empfehlen ... ■

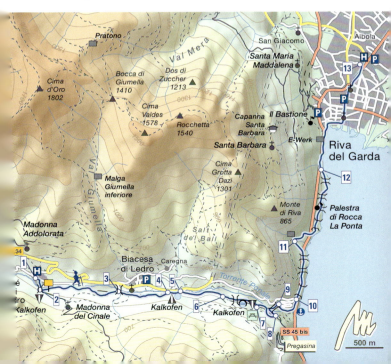

*** Zur Kapelle Santa Barbara hoch über Riva

Vorbei an der mächtigen venezianischen Festung Il Bastione wandern wir auf steilen und luftigen Pfaden zur kleinen Kapelle Santa Barbara mit spektakulärem Blick auf den Gardasee und die ihn umgebende Gebirgslandschaft.

▶▶ Wir beginnen unsere Wanderung am Kreisverkehr südlich des neuen Tunnels am südwestlichen Ortsausgang von **Riva del Garda** in Richtung Limone. Am westlichen Straßenrand der SS 45 zweigt die schmale Via Bastione ab. An ihrem Beginn steht ein Wegweiser **1** „Bastione", dem wir folgen. Nach wenigen Metern beschreibt die Via eine Rechtskurve.

Fortan führt sie als gepflasterter Weg mit zwei betonierten Fahrspuren in Serpentinen bergauf. Mäuerchen und Wohngebäude säumen unseren Weg, ebenso Olivenbäume und Kastanien. Immer wieder ermöglichen Lücken im Blätterdach Ausblicke auf die Dächer der Altstadt von Riva. Nach etwa 10 Min. öffnet sich zur Linken ein Plateau mit Sitzbänken vor dem Eingangstor einer Villa – ein schöner Platz, um den Blick über Riva, den Monte Stivo im Nordosten und das Monte-Baldo-Massiv im Südosten schweifen zu lassen.

Zwischen Zypressen, Steineichen und Kiefern steigen wir weiter bergauf, vorbei an Bänken am Wegrand, und erfreuen uns an schönen Talblicken. In einer Rechtskurve passieren wir einen Picknickplatz und gleich darauf ein Kruzifix. Wenige Meter weiter und etwa 10 Min. nach dem Plateau gabelt sich der Weg an einem mit Schildern überladenen Wegweiser **2**. Wir folgen dem Schild „Bastione" nach links in Richtung Süden leicht bergauf durch Mischwald.

Etwa 3 Min. nach dem Wegweiser ignorieren wir die Abzweigung rechts bergauf zur Capanna (Schutzhütte) Santa Barbara, die oberhalb der Bastione entlangführt. Wir gehen geradeaus (südöstlich) und stehen dann nach etwa 100 m auf dem großen gepflasterten Platz vor der Festung **Il Bastione 3**. Hier bietet sich ein spektakuläres Panorama: die Dächer von Riva unter uns, das blau schimmernde Wasser des Gardasees und die gewaltigen Bergwände von Monte Stivo und Baldo im Osten. Ein kleines Café unmittelbar neben dem Turm der Festung lädt zu einer Erfrischung ein. Der halb verfallene Turm der Bastione, die zu Beginn des 16. Jh. von den Venezianern erbaut und 1703 beim Abzug der Franzosen von diesen zerstört wurde, kann mithilfe von Treppengängen erklettert werden. Ein großes Kraxelvergnügen insbesondere für Kinder!

Wir folgen einem mit Eisengeländern gesicherten Pfad auf der Südseite des Turms und treffen wenige Meter oberhalb der Turmruine auf den bereits erwähnten Weg zur Capanna Santa Barbara. Wir steigen durch Kiefern- und Steineichenbestand auf. Der steinige und steile Weg ist mit mächtigen Holzbohlen befestigt, die uns als Treppenstufen dienen. Im Wald liegen immer mehr riesige Felsbrocken. Nach etwa 0:15 Std. kräftezehrendem Anstieg treffen wir auf einen breiten Fahrweg **4**, in den wir nach links Richtung Süden einbiegen.

Er führt gekiest und bald darauf betoniert in Richtung Capanna Santa Barbara. Kurz vor einem mächtigen Wasserrohr, das ursprünglich das Elektrizitätswerk in Riva speiste, zweigen wir auf einen Pfad **5** nach rechts in nordwestliche Richtung ab. Er ist mit „Capanna" und „Cima SAT" beschildert und führt schmal, von Wurzeln und Steinen durchsetzt, weiter bergauf. Eine Lücke im Blätterdach ermöglicht uns einen Blick auf die Felsgrate hoch über uns mit dem Gipfelkreuz auf dem Felssporn der Cima SAT. Nach ▶

Die Kapelle Santa Barbara

Länge/Gehzeit: Gesamtlänge 4,6 km, Gesamtdauer ca. 2:30 Std. (hin 1:30 Std., zurück ca. 1 Std.).
Charakter: bis zur Bastione eine bequeme Wanderung auf breitem Weg, auch für kleinere Kinder geeignet. Im weiteren Verlauf steil, steinig und anstrengend, bei Nässe auch rutschig (das gilt insbesondere für den Abstieg). Überwiegend schattig. Streckenwanderung (hin und zurück).
Markierung: durchgehend rot-weiße Markierung des Weges 404. Außerdem ausgiebig mit „Bastione", „Capanna", „Capella" beschildert.
Ausrüstung: festes Schuhwerk, evtl. Stöcke wegen des steilen Abstiegs.
Verpflegung: kleines Café an der Bastione (Mi Ruhetag). Sonst keine Einkehrmöglichkeit. Proviant und Trinkwasser mitnehmen.
Hin & zurück: Der Startpunkt ist vom Zentrum Rivas in wenigen Minuten zu Fuß erreichbar. Die nächste **Bushaltestelle** befindet sich etwa 200 m westlich in der Viale Martiri. Dort halten so gut wie alle lokalen Buslinien. Der nächste kostenfreie Parkplatz (Höhenbegrenzung 1,90 m) befindet sich nördlich vom Lago Marconi, etwa 10 Min. vom Startpunkt entfernt. Außerdem kostenlose Parkmöglichkeiten direkt an der SS 45, kostenpflichtig in zahlreichen Nebenstraßen (1 €/Std.) und im neuen Parkhaus Monte Oro direkt südlich vom Kreisverkehr (2 €/Std.)

216 Nordwestlicher Gardasee/Riva

wenigen Minuten erreichen wir einen mehrere Meter hohen Betonwall. An seinem Ende geht es über mehrere steile Kehren nach links bergauf.

Nach etwa 0:15 Std. lädt eine Bank am Wegrand zum Verschnaufen ein. Etwa 5 Min. später überqueren wir auf einem Holzsteg **6** eine schmale Geländerinne. Unser Aufstieg führt im weiteren Verlauf über steile Serpentinen auf felsdurchsetztem Pfad durch Kiefernwald. Immer wieder bieten sich schöne Ausblicke ins Tal. Etwa 10 Min. nach dem Holzsteg erreichen wir die Schutzhütte **Capanna Santa Barbara** **7**. Sie wurde 1919 von den Arbeitern erbaut, die die Tunnel für die Wasserrohre vom Ledrosee nach Riva durch die Felsen der Rocchetta sprengten, und gehört jetzt dem italienischen Alpenverein. Zwar ist sie nicht bewirtschaftet, aber ihre Aussichtsterrasse mit Sitzbänken und Tischen ist ein perfekter Rastplatz.

Am südlichen Ende der Terrasse führt unser Weg über Holzbohlen und Steine durch Mischwald weiter bergauf. Vor uns im Süden thront unser Ziel, der weiße Bau der Kapelle Santa Barbara, inmitten der Felswände. Etwa 5 Min. nach der Capanna treffen wir vor einer Betonruine auf eine Weggabelung **8**. Nach rechts geht es weiter zur Cima SAT, wir aber gehen nach links in südlicher Richtung in offenes Gelände und treffen nach wenigen Metern auf einen versperrten Tunneleingang an einer kleinen Felswand. Wir passieren die Felswand an ihrem östlichen Ende über steile Treppenstufen, steigen noch einige Serpentinen empor und stehen dann am Fuß der **Kapelle Santa Barbara** **9**.

Mehrere betonierte Absätze, die martialisch mit riesigen Granathülsen verziert sind, führen uns zum überdachten Altarraum. Die Kapelle wurde wie die Capanna von den Tunnelbauern errichtet. Sie dankten damit ihrer Schutzpatronin, der Hl. Barbara, für den erfolgreichen Abschluss der Bauarbeiten. Heute können wir uns im Besucherbuch im Altarraum verewigen und den phantastischen Blick auf Riva, das nördliche Seeufer, den Monte Stivo und das Sarcatal genießen. Vielleicht bleibt dabei ein Augenblick des Innehaltens für diejenigen, die vor etwa 100 Jahren unter großen Mühen dafür sorgten, dass heute das elektrische Licht in den Zimmern unserer Hotels und Pensionen leuchtet.

Nach einer ausgiebigen Rast kehren wir auf der Route des Hinwegs in etwa 1 Std. zurück zum Ausgangspunkt in **Riva**. ■

Nachtspaziergang
Der Weg bis zur Festung II Bastione ist nachts ausgeleuchtet. So ergibt sich die Möglichkeit zu einer Panoramawanderung in milden Sommernächten – mit prächtigem Blick auf die schimmernden Lichter am Gardaseeufer und einer guten Flasche Rotwein auf der Aussichtsterrasse der Bastione.

** Auf den Monte Brione

Die kurzweilige Wanderung führt von Riva an den Überresten alter Militäranlagen vorbei entlang der senkrechten Ostwand des Monte Brione und eröffnet spektakuläre Ausblicke auf den Gardasee. Sie endet nach steilem Abstieg an einer pittoresken Einkehrmöglichkeit.

▶▶ Wir starten unsere Rundwanderung am westlichen Ende des Parkplatzes **1** am Yachthafen Porto San Nicolò in **Riva del Garda**. Wir überqueren die **verkehrsreiche** Gardesana, die südöstlich des Hafens in einem Tunnel verschwindet, auf dem Zebrastreifen.

Anschließend gehen wir auf den Tunnel zu und steigen nach der Überquerung einer Seitenstraße eine schmale Steintreppe **2** hinauf, die links vom Tunneleingang nach oben führt. Über dem Tunneleingang geht es rechts, am Ende einer kurzen Betonmauer nach links eine Treppe hinauf und über einen gepflasterten Platz. An dessen Ende führt eine gepflasterte, steile Treppe weiter bergauf. Ihr Beginn ist mit dem Wegweiser **Sentiero della Pace** (→ „Der Friedensweg") versehen.

Es geht steil zwischen schattigen Bäumen bergauf. Etwa 3 Min. nach dem Schild öffnet sich an einer Mauerbrüstung ein phantastischer Ausblick nach Süden auf die weite Wasserfläche des Gardasees unter uns. Im weiteren Verlauf führt der Weg steil bergauf. Er ist abwechselnd mit Holzbohlen oder steinernen Treppenstufen befestigt. Durch Laubwald windet sich der Pfad die südliche Felsabbruchkante des **Monte Brione** entlang. Die immer wieder abzweigenden Trampelpfade lassen wir, im wahrsten Sinne des Wortes, „links liegen".

Etwa 0:15 Std. nach dem Start erreichen wir einen Aussichtspunkt **3**, durch ein Geländer abgesichert. Hier präsentiert sich die Landschaft um den Lago in all ihrer Schönheit: das dunkelgrüne Wasser der Sarca mischt sich an seiner Mündung mit dem tiefen Blau des Seewassers, zahllose ▶

Länge/Gehzeit: 6,1 km, ca. 2:05 Std.
Charakter: mittelschwere, relativ kurze Rundwanderung mit steilen Abschnitten. Bis **11** schattig mit sonnigen Wegstücken, ab **11** ohne Schatten und im Sommer heiß. Gut befestigte Pfade und breite Wege, zwischen **10** und **11** steil, geröllig und bei Nässe rutschig. Im Aufstieg immer wieder (gut gesicherte) Ausblicke bis zu 200 m senkrecht nach unten – wer nicht **schwindelfrei** ist, sollte das bedenken!
Markierung: nach **2** Infoschild „Sentiero della Pace", im weiteren Wegverlauf teilweise blauer Strich und roter Punkt, aber unregelmäßig und unvollständig.
Ausrüstung: festes Schuhwerk, Sonnenschutz.
Verpflegung: Trinkwasser und Proviant mitnehmen. Einkehrmöglichkeit erst fast am Ende der Wanderung im La Colombera **13** (→ „Einkehr-Tipp").
Hin & zurück: Parkplatz am Yachthafen Porto San Nicolò am westlichen Tunneleingang, zwischen 8 und 22 Uhr, 1 €/Std. Höhenbegrenzung 1,90 m. Kostenlose Parkmöglichkeiten z. B. in der Via Longa und ihren Querstraßen. **Bushaltestelle** der Linien 1–3, die zwischen Riva, Arco und Torbole verkehren, ca. 100 m westlich vom Parkplatz (mind. alle 0:15 Std.).

▶ Surfer flitzen über die glitzernde Fläche und zu beiden Seiten des Sees ragen mächtige Berge empor. Im Südosten ist es das Massiv des Monte Baldo, im Westen die felsige Cima SAT, im Süden der Monte Cas.

> **Biotop Monte Brione**
>
> Der Monte Brione ist seit 1992 ein geschütztes Biotop mit einer Fülle seltener Blumen. Auch Vögel wie der Schwarzmilan, die Blaumerle, der Buntspecht und der Wiedehopf finden sich hier. An einzelnen Stellen (einige liegen unmittelbar auf dem Weg – wo, wird nicht verraten!) sind auch Versteinerungen von Muscheln zu finden.

Wir steigen weiter bergauf und erreichen sogleich das mächtige Betondach des 1907 erbauten **Forte Garda**, gesäumt von mächtigen Zypressen. Wir passieren es an seiner Ostseite und wandern weiter entlang der Hangkante bergauf. Kurz darauf öffnet sich zu unserer Linken ein kleiner Olivenhain, an dem wir entlang wandern, bis wir eine von Norden kommende Teerstraße **4** erreichen. Unser steindurchsetzter Pfad führt von nun an oberhalb dieser Straße durch Mischwald. Wir halten uns immer entlang der Hangkante. Weitere Sitzbänke laden zu Pausen mit schönen Aussichten ein. Nach etwa 5 Min. treffen wir erneut auf einen Olivenhain und überqueren nach weiteren 5 Min. eine betonierte Fahrrinne **5**, die in südlicher Richtung nach wenigen Metern an einem verfallenen Militärausguck endet.

Wir folgen weiter unserem Pfad entlang des Olivenhains und anschließend wieder der Hangabbruchkante. Kurze schattige Abschnitte wechseln mit Aussichtsplätzen, die einen Blick auf die grüne Sarca, auf Wein- und Apfelplantagen tief unter uns gestatten. Der Weg führt uns über mächtige Holzbohlenstufen, die ihn vor Erosion schützen sollen, kräftig bergauf und wird zunehmend steinig. Nach etwa 0:15 Std. erreichen wir ein Holzgeländer, das quer über den Pfad führt und so die Zufahrt von Radfahrern verhindern soll.

Bunkerblick: weite Aussicht von der Batteria di Mezzo

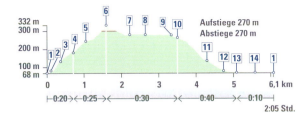

Wir klettern hindurch und stehen am Fuße eines mächtigen Betonbaus, der um 1885 erbauten Festungsanlage **Batteria di Mezzo** 6. Sie lässt sich problemlos besteigen. Von der Dachfläche bietet sich ein überwältigender Blick auf das westliche Sarcatal, Riva, den Lago und die ihn umgebenden Berge – ein perfekter Rastplatz! Nicht nur für Kinder ist das Herumkraxeln hier ein großer Spaß. Allerdings ist auch Vorsicht geboten, da das Dach ungesichert ist.

Am nördlichen Ende der Festung führen zwei Wege weiter. Einer geht als schmaler Pfad weiter den Grat entlang und endet bald an einem Kreuz, das zu Ehren der gefallenen Soldaten des Ersten Weltkriegs im Jahr 2003 errichtet wurde. Noch ein Stück weiter nördlich liegt der mit Antennen bestückte und nicht zugängliche (da mit einem Zaun abgesperrte) eigentliche Gipfel des **Monte Brione**.

Wir wählen den linken Weg und erreichen nach einigen Stufen am Nordende der Festung einen sandigen Fahrweg, Aufstiegsroute für Mountainbiker, die sich zahlreich hier oben tummeln (dieser Weg führt in nordöstlicher Richtung ebenfalls bergauf weiter bis zu einem Tor, das den Zugang zum Gipfelbereich des Monte Brione mit seinen Antennen verwehrt). Wir aber gehen den Fahrweg bergab.

Er führt uns zwischen mächtigen Zypressen und dann in Serpentinen durch Laubmischwald. Etwa 10 Min. nach der Batteria di Mezzo treffen wir wieder auf die geteerte Fahrstraße 7.

Wir folgen ihr nach rechts durch schattigen Wald. Nach etwa 10 Min. zweigt links ein Trail für Mountainbiker ab 8. Wir bleiben geradeaus auf der Teerstraße leicht bergab. Etwa 10 Min. nach dem Trailabzweig endet der Asphalt in einer Linkskurve 9. Nach rechts oben zweigt ein steiniger Weg ab, wir aber folgen dem Verlauf der Linkskurve nach unten. Nach ▶

> **Der Friedensweg – Sentiero della Pace**
>
> Der Sentiero della Pace ist einer der großen Fernwanderwege Italiens und gilt als wichtiges Versöhnungsprojekt zwischen Österreich und Italien. Angelegt wurde er auf alten Kriegspfaden des Ersten Weltkriegs entlang des alten Frontverlaufs. Daher finden sich auch viele Bunker und andere Befestigungsanlagen wie Forte Garda und Batteria di Mezzo sowie Forte Sant' Alessandro entlang seiner Route. Er erstreckt sich über weite Teile der Südtiroler und Italienischen Dolomiten und ist insgesamt etwa 500 km lang. Der kleine Abschnitt, den wir auf unserer Tour gehen, zählt zum südlichsten Teil des Friedenswegs.

Felswand über Apfelbäumen: der Monte Brione von Nordosten

▶ einer Serpentine passieren wir ein altes rostiges Tor und erreichen nach wenigen Metern die überwachsenen Überreste des **Forte Sant' Alessandro** 🔟.

An ihrem nördlichen Ende zweigen mehrere Pfade ab. Wir nehmen den linken und steigen auf diesem schmalen, steindurchsetzten Pfad bergab. Nach etwa 5 Min. passieren wir weitere Mauerreste. In der Folge wird der schattige Weg zunehmend steiler, geröllger und ausgewaschener. Hier ist erhöhte **Aufmerksamkeit** gefordert. Nach gut 10 Min. lichtet sich der Wald allmählich. Im Tal erkennen wir Gewächshäuser und vor uns blitzt der See.

Etwa 0:20 Std. nach den Ruinen trifft unser Bergpfad am Rande eines Olivenhains auf einen abwechselnd geteerten und gepflasterten Fahrweg 1⃣1⃣. Wir folgen ihm bergab in südlicher Richtung und durchqueren den Hain. An seinem Ende kommen wir am mächtigen Eingangstor eines bebauten Grundstücks vorbei. Auf dem ab hier geteerten Fahrweg gehen wir in weitgeschwungenen Serpentinen zwischen weiteren Olivenbäumen bergab, auf die Häuser von **Sant'Alessandro** zu.

An der prächtigen **Villa Lutti** halten wir uns links und stehen nach wenigen Metern auf einer Kreuzung 1⃣2⃣. Wir überqueren sie geradeaus und gehen in die Via Sisto Mazzoldi. An ihrem Ende überqueren wir die Via Sant'Alessandro auf dem Zebrastreifen und folgen der schmalen ungeteerten Via Longa. Ein Schild weist uns den Weg zum ehemaligen Schloss La Colombera.

Unter Olivenbäumen wandern wir idyllisch an einer Mauer entlang auf das mächtige alte Gebäude zu. An ihrem Ende geht es durch ein Eingangstor zur Linken in den von Weinreben überdachten Innenhof des Schlosses

> **Einkehr-Tipp**
>
> Eine Einkehr im prächtigen alten Gebäude des Hofes „La Colombera" fast am Ende der Wanderung ist ein Muss. Ob im schattigen Innenhof unter dichten Weinreben oder im stilvollen historischen Gewölbe, ob ein Caffè und ein leckeres Tiramisù oder ein genussvolles Menü – hier dürfte jede/r nach seiner Fasson selig werden!
> La Colombera, Via Rovigo 30, S. Alessandro, ✆ 0464-556033, www.lacolombera.it.

La Colombera 13, das heute ein Restaurant und Bar beherbergt. Hier ist der ideale Platz für ein kühles Getränk oder einen Caffè (fast) am Ende der Wanderung!

Nach der wohlverdienten Stärkung wandern wir weiter auf der Via Longa an einigen Wohnhäusern vorbei und überqueren die Via Filanda auf Höhe der modernen Kirche **Ss. Pietro e Paolo**. Wir folgen der Via Longa nach Süden durch Wiesen und Weinreben. Im Osten erkennen wir den Grat des Monte Brione mit der Batteria di Mezzo – und vielleicht sogar einige Wanderer, die auf ihrem Dach herumspazieren! Es ist nur schwer vorstellbar, dass dieser Berg, der sich hier auf seiner Westseite sanft, mit endlosen, schon seit dem 14. Jh. bestehenden Olivenhainen bepflanzt, emporschwingt, auf der anderen Seite senkrecht abfällt.

Etwa 5 Min. nach La Colombera verbreitert sich die Via Longa zu einer geteerten Fahrstraße 14. Vorbei an mehreren Hotels erreichen wir nach wenigen Minuten die lärmende Gardesana, halten uns links und gelangen so wieder zum Parkplatz am Hafen San Nicolò 1 in **Riva**. ■

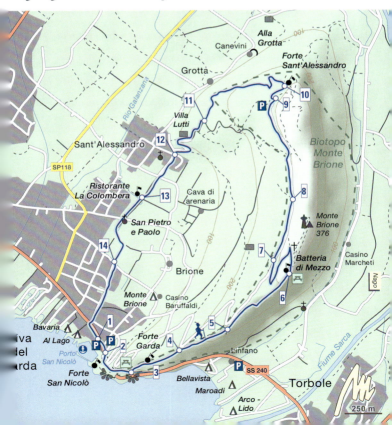

* Rund um den Lago di Tenno und nach Canale

Diese kurze Rundwanderung führt um den schimmernden, von Bergen umgebenen Badesee Lago di Tenno. Ein Abstecher bringt uns ins mittelalterliche Bergdorf Canale, das als eines der schönsten Dörfer Italiens ausgezeichnet wurde.

▶▶ Ausgangspunkt unserer Wanderung ist die Infotafel **1** am östlichen Ende des Parkplatzes im Westen oberhalb des **Lago di Tenno**. Hier halten wir uns links in nordöstlicher Richtung (Schild „Lago") und wandern zwischen zwei Hotels hindurch auf den See zu. Nach wenigen Metern erblicken wir zwischen Bäumen sein grün schimmerndes Wasser.

Nasse Füße: Da der Wasserspiegel des Lago di Tenno jahreszeitenabhängig um bis zu 15 m variieren kann, ist es möglich, dass im Winter und Frühjahr oder nach längeren starken Regenfällen Teile des Rundwegs überschwemmt **3** oder zumindest sumpfig sind. Andererseits ist der im Sommer überlaufene See in der Nebensaison und bei hohem Wasserstand wesentlich attraktiver (da heißt es dann eben: Schuhe ausziehen … oder umdrehen).

Eine gepflasterte Treppe führt steil Richtung Ufer hinab. Am Ende der Pflasterung knapp 5 Min. nach der Infotafel zweigt eine kleine Treppe **2** in wenigen Stufen nach links zum kiesigen Ufer ab. Im klaren Wasser flitzen Scharen von Fischen. Der Blick entlang des Uferverlaufs zeigt den teilweise dichten Bewuchs mit kräftigen Weiden, aber auch die zahlreichen **Badeplätze** am Ost- und Nordufer des Sees, die zu einem Sprung ins kühle Nass einladen. Umgeben ist der See von den bewaldeten Hängen des Monte Calino und Misone im Osten und Nordosten und Vender im Nordwesten.

Der Lago di Tenno

Am Ufer folgen wir einem schmalen Pfad, der zur Linken von einer kleinen Mauer begrenzt wird. Rechts schimmert das Wasser zwischen Weiden und Strauchbewuchs hindurch. Nach wenigen Minuten beginnt oberhalb der Mauer eine dicht bewachsene, teils von Gestrüpp überwucherte Blumenwiese. Nach wenigen Minuten weicht diese Wiese einem Zaun, der mehrere bebaute Grundstücke vom Weg abgrenzt. Zur Rechten begleitet uns weiter dichter Baumbestand, der nur vereinzelt von schmalen Zugängen zum Ufer unterbrochen wird.

Am Ende des Zauns führen nach ca. 10 Min. auf dem Uferweg einige Treppenstufen in eine Senke **3** hinab, die bei Hochwasser überschwemmt ist (→ „Nasse Füße"). In der Senke verzweigt sich der Weg. Nach rechts führt ein Pfad in wenigen Metern zu einer Badestelle, nach links verläuft ein Weg in den Wald. Wir folgen dem dritten Weg, der geradeaus zunächst zwischen Bäumen hindurch und dann nach Norden in weit geschwungenem Bogen am Rand des **Rio Secco** entlang führt.

Nach wenigen Metern biegen wir an einem Abzweig **4** nach rechts zum Bachbett hinunter. Wir folgen dem Bachlauf und bahnen uns auf dem lockeren Geröll einen Weg über das gurgelnde Wasser. Das dürfte vor allem für Kinder ein großer Spaß sein! Am gegenüberliegenden Bachufer angelangt, weisen uns einige mit einem Holzgeländer versehene Treppenstufen den weiteren Weg. Nach wenigen Metern stehen wir auf ausgedehnten Bergwiesen – von Frühjahr bis Herbst ein bunter Blumenteppich. Zwischen mächtigen Kastanien versteckt sich inmitten dieser Wiesen ein einsames **Haus**, dessen Besitzer schon von so manchem Wanderer beneidet worden sein dürfte!

Wir wandern entlang dem westlichen Rand dieser Traumwiese in Richtung See. Auf wurzeldurchsetztem Pfad erreichen wir eine Rasenfläche **5** am Ufer. Ab hier verläuft unser Pfad in leichtem Auf und Ab parallel zum Seeufer. Badeplätze wechseln mit Baumbewuchs. An der nordöstlichen Ecke des Sees tritt ein schmaler Bach aus der Erde hervor. Wenige Meter neben seiner Quelle trifft unser Pfad auf einen Feldweg **6**.

Wir biegen nach rechts in Richtung Süden in den Feldweg ein. Er führt uns weiter am Ufer entlang. Wir durchqueren einen ▶

Länge/Gehzeit: 4,6 km, ca. 1:25 Std.

Charakter: einfache Rundwanderung fast ohne Steigungen, familientauglich. Wechsel von schattigen und sonnigen Passagen. Im Sommer unbedingt Badesachen mitnehmen!

Markierung: Tafel am Weganfang, unterwegs kleine Holztafeln und z. T. rote Markierung auf Steinen.

Ausrüstung: Turnschuhe; nach Regen sumpfig, dann festeres Schuhwerk nötig! Badesachen nicht vergessen!

Verpflegung: Da aus der kurzen Wanderung leicht ein ausgiebiger Badetag werden kann, Proviant keinesfalls vergessen! Einkehrmöglichkeit (auch wenige warme Speisen) in der Bar bei [7].

Hin & zurück: Anfahrt mit dem Auto von Riva über Varone und Tenno auf der SS 421 (ca. 10 km) bis zum Parkplatz (1 €/Std.) direkt an der Hauptstraße, hier auch die Bushaltestelle. Von Arco beschildert auf der SS 36 bis Varone und dann wie oben. Mit dem **Bus** 211 von Riva (erster Bus erst 12.40 Uhr, dann etwa stündlich, zurück vom See schon um 14.19 Uhr letzter Bus) – die Zeit ist etwas knapp.

Im Frühjahr können bei hohem Wasserstand Umwege nötig sein

▶ kleinen Buchenhain entlang einer Mauer und stoßen danach auf ausgedehnte Wiesen- und Kiesflächen, die zum Ufer hin abfallen. Mit kurzen Unterbrechungen ziehen sich diese Flächen bis zur südöstlichen Seeecke hin. Im Hochsommer wachen sogar Bademeister in dieser Uferzone über die Schwimmer!

Der Weg verläuft etwas oberhalb des Ufers unter einigen Pappeln hindurch. Am südöstlichen Ende des Sees liegt unterhalb einer Bar und einiger Picknickbänke eine ausgedehnte **Badezone** mit schönem Blick auf eine im Wasser thronende, baumbewachsene Insel. Sie stellt ein begehrtes Ziel der Schwimmer und Gummibootfahrer dar und ist bei Niedrigwasser zu Fuß erreichbar. Am Rand der Badezone steht eine Infotafel **7**, die wir ca. 10 Min. nach dem Beginn des Feldweges erreichen (wir kehren nach der Besichtigung von Canale wieder an diesen Punkt zurück).

Wir erklimmen in wenigen Schritten den Platz vor der Bar, die nur im Sommer geöffnet hat. Hier können wir nach etwa 0:40 Std. Wanderzeit einen ersten Cappuccino trinken oder ein ausgiebiges Bad nehmen. Auf der linken Seite der Bar führt uns ein gepflasterter Weg bergauf zu einem breiten Fahrweg **8**.

Wir biegen rechts ab und spazieren in südlicher Richtung auf breitem, ungeteerten Weg durch einige Maisfelder. An ihrem Ende wandern wir über eine kleine Kuppe und dann auf alten Pflastersteinen an einem kleinen Kiefernwald entlang bergab. Nach wenigen Metern tref-

Mittelalterliches Canale – Wiederbelebung oder Freilichtmuseum?

Ein dunkles Gewirr von kopfsteingepflasterten Gassen und Gässchen, geschmackvoll restaurierte mittelalterliche Häuser mit prachtvollen zweistöckigen Holzbalkonen und blumengeschmückte Fenster – man kann sich gut vorstellen, wie hier einmal Holzkarren durchrumpelten und die Bewohner ihrem harten Tagwerk nachgingen. Dennoch bleibt der Eindruck haften, Canale sei ein aufwändig restauriertes Freilichtmuseum. Nur wenige Häuser wirken dauerhaft bewohnt. Es gibt Künstlerateliers und im Sommer auch Veranstaltungen. Die zahlreichen Touristen streifen durch den Ort, schießen ein paar Fotos und wandern oder fahren weiter. Immerhin: ein historisches Kleinod wurde vor dem Verfall bewahrt. Es wirklich wiederzubeleben, scheint noch eine Herausforderung für die Zukunft zu sein.

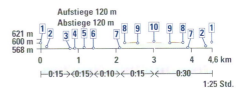

fen wir auf eine Kreuzung **9**, von der drei Wege abgehen. Wir wählen die linke Variante (Schild „Borgo Medievale Canale") und wandern an einer Mauer entlang. Vor uns drängen sich die mittelalterlichen Steinhäuser von Canale, einem Ortsteil der sog. **Ville del Monte**, an den Berghang. Oberhalb der Mauer breiten sich weitläufig terrassierte Wiesenflächen aus, die von einzelnen Gemüseparzellen durchsetzt sind.

Nach einigen Minuten werden sie von einem kurzen Waldstück abgelöst. An seinem Ende stehen wir ungefähr 10 Min. nach der Kreuzung vor den Mauern von **Canale**. Wir betreten den Ort durch einen Torbogen **10** und erkunden ihn in einer ausgiebigen Tour durch die verwinkelten Gassen (→ „Mittelalterliches Canale").

Nach der Besichtigung von Canale verlassen wir das Dorf durch den Torbogen und wandern auf dem Hinweg in ca. 0:15 Std. zurück zur Infotafel **7** am See.

An der Tafel halten wir uns links und wandern in westlicher Richtung oberhalb des Badestrands entlang. Nach einigen Minuten weicht der Strand dichtem Strauchbewuchs. Unser Pfad wird von einzelnen mächtigen Weiden gesäumt. Danach folgt ein kurzes Stück mit dichtem Buchenwald oberhalb des Wegs, bis wir nach etwa 10 Min. das Ende des gepflasterten Treppenweges **2** erreichen.

In etwa 5 Min. steigen wir auf der Route des Hinwegs zur Infotafel **1** am Parkplatz hinauf. ∎

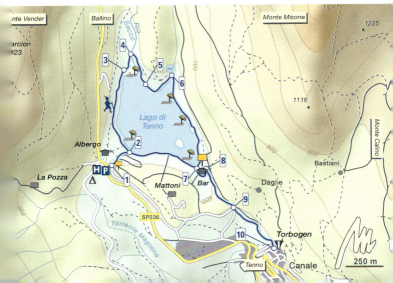

Register

Albisano 105
Alta Via del Monte Baldo 28
Arco 6, 9, 10, 19, 25, 29, 30, 31, 34, 43, 49, 55, 59, 64, 65, 66, 68, 73, 217, 223
Arias 184
Ausrüstung 23
Autofähre 33

Baia delle Sirene 109
Bardolino 11, 19, 26, 30, 136, 137
Bassa Via del Garda 28
Bergrettung 24
Biacesa di Ledro 202, 209
Biazza 102
Bogliaco 161
Bolognano 55
Brentonico 14, 91, 94
Brenzone 11, 16, 25, 30
Brescia 31

Burgen
  Castello di Arco 59, 64, 69, 70
  Castello di Drena 38
  Il Bastione 214, 216
Bus 31
Busverbindungen 31

Cà Sartori 110
Cà Schena 114
Campione del Garda 182, 183
Campo 101
Canale 222, 224, 225
Caneto 156
Caprino Veronese 21, 26, 28, 115, 121, 129
Cassone 28, 96, 97, 102
Castelletto di Brenzone 102
Castone 185
Cavedine 39
Cavra (hist. Lastenaufzug) 45, 47, 48
Ceniga 61, 62
Cervano 165
Chiarano 71
Cima Bal 12, 202
Cima Comer 11, 169
Cima delle Guardie 176
Cima di Lé 202
Cima Tombea 174, 176
Cima Valdritta 10, 14
Cime di Ventrar 10, 91

Cisano 21, 137, 138
Colma di Malcesine 79, 95
Contrada 156
Corrubio 121, 129
Costabella 10, 115, 118, 128
Crero 104

Desenzano 11, 32, 33, 147, 155, 193
Dosso Croce 111
Downloads II
Drena 38, 39, 42
Dro 19, 38, 39, 43, 48, 57
Drò 9

Einteilung der Touren II

Fahrkarten 32
Fahrpläne 31, 33
Falesia Policromuro (Kletterwände) 55
Faltkarte II
Fauna 22
Fazor 102
Felskunde 17
Fernwanderwege 28
Ferrara di Monte Baldo 21
Fiori del Baldo, Rifugio 115

Gesehen in Pieve di Ledro (Tour 31)

Register 227

Flora 18
Folino 164
Fornico 160, 161, 165
Forte di Naole 119

Gämsen 22
Garda 9, 11, 16, 26, 30, 115, 121, 129, 132, 133, 135, 136, 137
Gardone Riviera 11, 14, 30
Gargnano 11, 26, 30, 167, 171, 179, 183, 189, 196
Gatto 156
Geologie 17
Giardino Botanico Hruska 19
Giro del Benaco 29
Giro del Crero 29
Glossar 32
GPS II

Haftungsausschluss III
Heller, André 19
Hochebene von Tremosine 182, 184

Internetseiten 33

Jahreszeiten 13

Kalkofen 65, 98, 195, 196, 207, 208, 209, 210
Kalksteinbruch 55, 56
Karten 34
Kartenlegende IV
Kartierung III
Kastanienfest (sagra di castagne) 114
Kirchen
  Collegiata 73
  Eremo Camaldolesi di San Giorgio 135
  Eremo di San Paolo 64, 66
  Eremo San Michele 190
  Eremo San Paolo 65
  Eremo San Valentino 167
  Madonna del Buon Consiglio 148
  Madonna del Rio 147
  San Bartolomeo 151
  San Giorgio 145
  San Martino 55
  San Michele 204
  San Siro 104
  Sant'Antonio Abate 71
  Sant'Antonio delle Pontare 99
  Sant'Apollinare di Prabi 64
  Santa Barbara 12, 216
  Santa Maria di Laghel 59, 63, 69
  Santuario di Montecastello 12, 180
Klima 13

Laghel 59, 69
Lago di Cavedine (See) 40
Lago di Ledro 12, 197
Lago di Tenno 12, 222
Lazise 11, 26, 30, 137, 140
Le Tese 114
Ledrosee 203, 209
Ledrotal 12
Limone 9, 12, 19, 26, 28, 29, 30, 33, 183, 189, 192
Literaturtipps 35
Lombardei 9
Lumini 20, 115, 121, 128, 129

Magasa 171
Maina 155
Maina Inferiore 155
Maina Mezzo 155
Maina Superiore 155
Malcesine 11, 15, 16, 25, 29, 30, 33, 75, 79, 86, 87, 90, 91
Manerba del Garda 11, 141
Markierungen 26
Marocche 18
Marocche di Dro 10, 38, 42
Mezzolago 204
Milord 148
Milordino 148
Molina di Ledro 203, 207
Monte Altissimo di Nago 10, 83
Monte Baldo 13, 16, 17, 18, 20, 22, 79, 87, 91, 94, 125
Monte Baone 71
Monte Belpo 130
Monte Brione 12, 17, 28, 217
Monte Brione 219
Monte Caplone 11, 16, 17, 20, 175
Monte Cas 12, 178, 179
Monte Castello di Gaino 11, 162
Monte Colodri 10, 60, 65, 69
Monte Colt 10, 62
Monte Guil 200
Monte Luppia 29, 103, 106
Monte Pizzocolo 11
Monte Stivo 9, 16, 49, 52
Monte-Baldo-Massiv 8, 10, 74, 79, 95, 115
Monte-Baldo-Seilbahn 79, 86, 87, 91, 94
Montinelle 141
Mori 91, 94
Murmeltiere 22

Museen
  Museo delle Pallafitte (Pfahlbaumuseum) 205, 207
  Museo Etnografico della Valvestino 175

228   Register

Naole, Festungsanlage 119
Naturparks 12
Navazzo 167
Navene 28
Niederschlagsmengen 14
Nodice 202
Notrufnummer 24

Oliven 21
Orto Botanico del Monte Baldo 21

Pai 103
Parco Alto Garda Bresciano (Naturpark) 11, 171, 174, 178
Parco Alto Gardo Bresciano (Naturpark) 160
Parco Archeologico Naturalistico Rocca di Manerba del Garda 142
Percorso delle Cavre 45
Peschiera 11, 75
Piaghen 103
Pianaura 58
Pieve di Ledro 204
Pieve di Tremosine 182, 183, 184, 185
Polzone 188, 189
Ponalestraße 12, 211
Ponaletal 208
Prabi 64
Prabione 178, 179
Prada 20
Prada Alta 115, 120, 121
Prada-Costabella-Seilbahn 116
Pré di Ledro 12, 208, 209
Pregasina 12, 197, 202
Pregasio 189
Punta dei Larici 12, 198
Punta Piaghen 103
Punta San Vigilio 18, 28, 109
Punta Telegrafo 10, 21
Pur 207

Renzano 146, 147

Rifugi
   Rifugio ANA di Gargnano 170
Rifugio Cima Rest 171, 177
Rifugio Damiano Chiesa 82
Rifugio Fiori del Baldo 115, 116, 117
Rifugio Graziani 83
Rifugio P. Marchetti 52

Rilke, Rainer Maria 10, 64, 66, 68, 69
Rilke-Promenade 66
Ritzzeichnungen 58, 104, 108
Riva 9, 12, 25, 28, 29, 30, 31, 32, 33, 34, 39, 43, 55, 59, 65, 66, 69, 79, 87, 97, 103, 133, 147, 155, 193, 197, 203, 209, 215, 217, 221, 223
Riva del Garda 213, 214, 217
Rocca di Manerba 142
Rocca Vecchia 11, 132, 133, 136
Rovereto 31

Salò 9, 11, 14, 18, 19, 26, 28, 30, 31, 146, 147, 152, 171, 179
San Giacomo 28
San Martino 54, 55
San Valentino 94
San Zeno 115, 121, 129
San Zeno di Montagna 26, 30, 35, 110
Sant'Alessandro 220
Santa Barbara 49
Sarcatal 8, 9, 18, 19, 41, 61, 64, 68
Sasso 166, 167, 170
Schiff 31
Schiffsverbindungen 33
Schwierigkeitsgrade II
Sentiero degli Scaloni 44
Sentiero del Sole 193, 195
Sentiero del Ventrar 91, 92
Sentiero dell'Anglone 48
Sentiero della Pace 28, 217, 219
Sentiero Panoramico Busatte – Tempesta 75

Sicherheitshinweis III
Sirmione 11
Sommavilla 97
Standorte 25
Steinkunde 17
Straßenkarten 34

Technische Hinweise II, III
Tempesta 9, 78
Tenno 30, 223
Tierwelt 22
Tignale 11, 30, 178, 179
Torbole 9, 11, 12, 25, 28, 30, 31, 74, 75, 217
Torri 115, 121, 129
Torri del Benaco 11, 25, 30, 33, 105
Toscolano-Maderno 11, 30, 33, 154, 196
Touristeninformation 29
Touristeninformation vor Ort 29
Tourplanung 24
Tremosine 12, 26, 30, 189
Trentino 9
Trento 31, 39, 43, 59, 65, 69
Trockensteinmauern 10, 101

Vago 156
Valle delle Cartiere 11, 17, 154, 158
Varignano 71
Varone 223
Vastre 57
Vegetation 18
Venetien 9
Ventrar 95
Verona 32, 79, 97, 103
Verpflegung 23
Vesio 188, 189
Via del Ponale 208
Vigne 73
Ville del Monte 225

Wanderkarten 34
Wanderregionen 8
Wandersaison 15
Wanderwege 26
Wegpunkte III
Weg-Zeit-Höhen-Diagramme II

Zuino 161

MM-Wandern

Die Wanderführer-Reihe aus dem

Lieferbare Titel (Stand 2014)

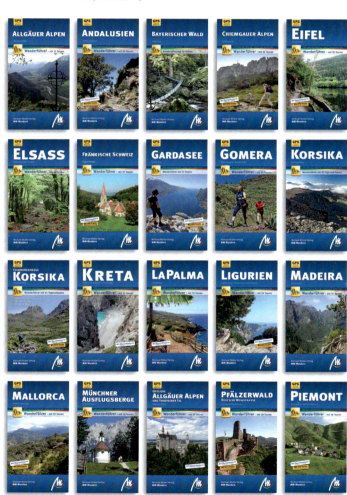

ÜBERSICHTSKARTE GARDASEE

Maßstab 1:200.000

Kartenlegende

Symbole

- Turm
- Sende-/Strommast
- Campingplatz
- Schwimmbad
- bewirtsch. Hütte/Gastronomie
- Gebäude
- Schutzhütte
- Hausruine
- Schild
- Berggipfel
- Kreuz/Bildstock/Marienschrein
- Aussichtspunkt
- Mine/Steinbruch
- Höhle/Tor
- Felsen
- bes. Baum
- Rastplatz
- Naturattraktion
- Steinmännchen
- Brunnen/Pozzo
- Wasserfall
- Quelle
- Viehtränke/Wasserbecken
- Gatter/Zaun
- Mauer
- Information
- Kloster
- Kirche
- Burg/Schloss/Befestigungsanlage
- Burg-/Schlossruine/ehem. Befestigung
- Besonderheit
- Sehenswürdigkeit
- Archäologische Stätte
- Museum
- Friedhof
- Stadion
- Hafen
- Bushaltestelle
- Parkplatz
- Bahnhof
- Brücke/Unterführung
- Tunnel
- Autobahnausfahrt
- Schnellstraßenausfahrt

Höhenschichten

- bis 300 m
- 300 bis 600 m
- 600 bis 900 m
- 900 bis 1200 m
- 1200 bis 1500 m
- 1500 bis 1800 m
- 1800 bis 2100 m
- 2100 bis 2400 m
- über 2400 m
- Höhenlinie
- Höhenpunkt

Straßen und Wege

- Autobahn
- Fernstraße
- Hauptstraße
- Nebenstraße
- Piste
- Fußweg
- Tunnel
- Eisenbahn
- Seilbahn

Grenzen

- Nationalpark/Schutzgebiet

Wanderung

- Wandersepp (Wanderrichtung)
- Wegpunkt mit Nr.
- Tourverlauf
- Variante

Gewässer

- Wasserfläche
- Fluss
- Kanal

Orte

- bebautes Gebiet
- Ort

Sämtliche Karten in diesem Buch sind nach Norden ausgerichtet.
Die Beschriftungen der Höhenlinien zeigen talwärts.
Beim Maßstab 1:25.000 entspricht 1 cm in der Karte 250 m in der Natur,
beim Maßstab 1:50.000 entspricht 1 cm in der Karte 500 m in der Natur.